Marius Schwemmer / Joachim Werz (Hg.)
Unter Mitarbeit von Theresa Seitz

„Bleibt österlich gestimmt!"

Gedenkschrift für Msgr. Prof. Dr. Wolfgang Bretschneider (1941–2021)

ACV-Schriftenreihe Band 30

Marius Schwemmer / Joachim Werz (Hg.)
Unter Mitarbeit von Theresa Seitz

„Bleibt österlich gestimmt!"

Gedenkschrift für Msgr. Prof. Dr. Wolfgang Bretschneider (1941–2021)

Aschendorff
Verlag

Bibliografische Information der Deutschen Bibliothek
Die Deutsche Bibliothek verzeichnet diese Publikation in der
Deutschen Nationalbibliografie; detaillierte bibliografische Daten
sind im Internet über <http://dnb.ddb.de> abrufbar.

© 2021 Aschendorff Verlag GmbH & Co. KG, Münster

www.aschendorff-buchverlag.de

Cover-Abbildung (v. S. 139): Robin Mödder, „New Beginning" (2021)

Printed in Germany
ISBN 978-3-402-24799-0

Inhalt

**IV. „Kirchenmusik ist keine Reise ins Plusquamperfekt."
(Wolfgang Bretschneider) Perspektiven von Wolfgang Bretschneider**

Vorwort

„Bleibt österlich gestimmt!" – So endeten zahlreiche Briefe und elektronische Nachrichten von Wolfgang Bretschneider. Wer ihn kannte, weiß, dass dieser Ausspruch weder eine reine Floskel noch ein frommer Wunsch war, sondern seine tiefste Überzeugung für das gelingende Leben eines Christen widerspiegelt.

„Bleibt österlich gestimmt!" – Das ist der Leitgedanke eines Theologen, der Zeugnis von der Hoffnung ablegte, die diesen Menschen in all seinem Tun zutiefst erfüllte (vgl. 1 Petr 3,15). Zugleich darf dieser Ausspruch aber auch als Appell eines Kirchenmusikers verstanden werden, dessen Leben von der Freude am Evangelium getragen war. Wer ihn reden und musizieren hörte, wer seine Texte kennt und ihn agieren sah oder ihm einmal persönlich begegnete, der weiß, dass Wolfgang Bretschneider selbst durch und durch ein österlicher Mensch war, der das Mysterium des Kreuzes vom leeren Grab her erahnte.

„Bleibt österlich gestimmt!" – Das ist neben zahlreichen Verdiensten in Kirche, Theologie und Kirchenmusik das prägnante Testament von Wolfgang Bretschneider. Unwillkürlich kam diese Sentenz seinem Nachfolger im Amt des ACV-Präsidenten als Erstes in den Sinn, als ihn die überraschende Nachricht von Wolfgang Bretschneiders Tod nach kurzer Krankheit am 12. März 2021 erreichte. Ganz bewusst steht daher dieser Satz, der infolge des ACV-Nachrufs auch in zahlreichen Gedenkschreiben aufgegriffen wurde, über dieser Gedenkschrift für den Musiker-Theologen, der am 7. August sein 80. Lebensjahr hätte vollenden dürfen.

„Bleibt österlich gestimmt!" – Dieses ganz persönliche Wort Wolfgang Bretschneiders bedingt zudem, dass die vorliegende Gedenkschrift nicht ein rein theologisches oder musikwissenschaftliches Œuvre ist. Das Anliegen der Herausgeber besteht vielmehr darin, eine wichtige Persönlichkeit des kulturellen und kirchlichen Lebens in Deutschland und darüber hinaus zu würdigen. Dadurch sollen das Gedenken und die Erinnerung an einen Menschen wachgehalten werden, dem zahlreiche Menschen, Vereine, Verbände und Institutionen vieles zu verdanken haben. Es ist schlichtweg nicht möglich, alle Erinnerungen und Eindrücke aus diesem beinahe 80-jährigen und so überaus reichen Leben einzufangen. Dennoch soll hier in Bild und Wort dokumentiert werden, wer Wolfgang Bretschneider war, was er und was

ihn bewegte – sowie von wem er im Innersten geprägt und bewegt wurde und, zumindest exemplarisch, wen er wiederum geprägt hat.

Wir danken allen, die dazu beigetragen haben, dass die Leserinnen und Leser dieser Gedenkschrift das Leben und Wirken Wolfgang Bretschneiders in lebendiger und dankbarer Erinnerung behalten können. Allen voran den Autorinnen und Autoren, die in der Kürze der Zeit Erinnerungen und Gedanken an den Verstorbenen niedergeschrieben haben. Unser Dank gilt darüber hinaus dem Verband der Diözesen Deutschlands (VDD), dem Deutschen Musikrat (DMR), dem Erzbistum Köln sowie dem Priesterseminar Köln, die durch großzügige Druckkostenzuschüsse die Publikation dieses Bandes ermöglichten. Theresa Seitz danken wir für ihre Unterstützung bei der Erstellung des tabellarischen Lebenslaufs und der Publikationsliste sowie bei der redaktionellen Betreuung der abgedruckten Publikationen Bretschneiders. Dem Aschendorff Verlag in Münster sind wir für die Aufnahme in das Verlagsprogramm sowie die zuverlässige Begleitung der Drucklegung zu Dank verpflichtet.

Regensburg, den 7. August 2021   *Marius Schwemmer und Joachim Werz*

TABULA MEMORIALIS

I. „Die Wahrheit ist konkret" (Berthold Brecht).
Leben im Dienst der Kirchenmusik

1   Der Weihejahrgang von Wolfgang Bretschneider vor
     dem Albertinum in Bonn

2   Wolfgang Bretschneider
     (links) als Diakon bei
     einer Primiz

4   Wolfgang Bretschnei-
     der als junger Priester
     bei einer Messe unter
     freiem Himmel

3   Wolfgang Bretschneider im
     diakonalen Dienst bei der
     Primiz eines Neupriesters

5   Wolfgang Bretschneider an
     der Orgel

6   Repetent Bretschneider
     (links) mit Alfons Adel-
     kamp (rechts) bei einer
     Studienreise nach Paris
     und Straßburg zwischen
     1972 und 1974

7   Arbeitssitzung für „Mor-
     genlob – Abendlob" mit
     Paul Ringeisen (Mitte)
     und Markus Eham (links)

8   Arbeitssitzung für „Morgenlob
     – Abendlob" mit Stefan Klöck-
     ner (Mitte) und Heinz Martin
     Lonquich (rechts)

9   Arbeitssitzung für „Morgen-
     lob – Abendlob" mit und Heinz
     Martin Lonquich (rechts)

10 Arbeitssitzung für „Morgenlob – Abendlob" mit
   Stefan Klöckner (links)

11 Die „Morgenlob –
   Abendlob"-Arbeits-
   gruppe (v. l. n. r.):
   Wolfgang Bretschnei-
   der, Stefan Klöckner, die
   Pensionsbetreiberin,
   Heinz Martin Lonquich,
   Paul Ringseisen

12 Wolfgang Bretschnei-
der lag zeitlebens viel
an der Vermittlung der
Kirchenmusik an Große
und Kleine – hier an der
Orgel von St. Emmeram
in Regensburg im Jahr
1985

14   In zahlreichen Gottesdiensten und Konzerten spielte Wolfgang Bretschneider an
     der Orgel im Bonner Münster

13   Seine jahrzehntelange Hauptwirkungsstätte war das Bonner Münster

15   Musikalische Leitung
der Bonner Münster-
schola

16 Wissenschaftler und Kirchenmusiker – Wolfgang Bretschneider
bei der Arbeit an seinem heimi-
schen Schreibtisch im Sommer
2020

17 Wolfgang Bretschnei-
der in der Begegnung
mit Papst Benedikt XVI.
beim Deutschlandbe-
such im Jahr 2011

18 Über 30 Jahre war
Wolfgang Bretschneider
Präsident des Allgemei-
nen Cäcilien-Verbandes
für Deutschland (hier
beim Festakt 2018)

19 Weg- und zukunftsweisend brachte sich Wolfgang Bretschneider bis zum Ende für den ACV
ein (hier bei der Mitgliederversammlung 2018)

20 Zahlreiche Ehrungen nahm Wolfgang Bretschneider als ACV-
Präsident vor; hier mit Präses Markus Magin bei der Ehrung
von Reiner Schuhenn mit der Ambrosius-Medaille im Jahr
2018

21 Eine Ära geht zu Ende: Wahl von Marius Schwemmer
als Nachfolger von Wolfgang Bretschneider

22 Ernennung von Wolf-
gang Bretschneider
zum Ehrenpräsidenten
des ACV auf Lebzeiten
im September 2018 in
Regensburg

23 In vielen nationalen und
internationalen Gre-
mien wirkte Wolfgang
Bretschneider; er war als
kritischer und aufmerk-
samer Geist bekannt
und geschätzt

24 Viele Jahre arbeitete Wolfgang Bretschneider aktiv in der Arbeitsgruppe Kirchenmusik des Deutschen Musikrates mit

25 Der Präsident des Deutschen Musikrates, Martin Maria Krüger, ernennt Wolfgang Bretschneider zum Ehrenmitglied des Deutschen Musikrates im Jahre 2018

26, 27   Heiter, fröhlich, Rheinländer – Wolfgang Bretschneider
im Passauer Dom (Abb. 26, Herbst 2019) und in seinem
Garten (Abb. 27, Sommer 2020)

28 Totenvesper am
16. März 2021 für
Wolfgang Bretschneider
in St. Remigius, Bonn

29 Aufbahrung des Sargs in der Seitenkapelle in St. Remigius, Bonn

30 Stadtdechant Wolfgang Picken stellt den Primizkelch von Wolfgang Bretschneider auf dem Sarg

31 Der Kölner Erzbischof Rainer Maria Kardinal Woelki feierte das Requiem am 17. März 2021

32 Richard Mailänder als Kantor beim Requiem in St. Remigius am 17. März 2021

Nächste Seite:
33 Das feierliche Requiem in St. Remigius am 17. März 2021

II. „Die Freude Gottes ist der lebendige Mensch"
(Irenäus von Lyon). Wirken zum Lob Gottes

Aktuelle Empörung – geschichtliche Geduld
Von der bleibenden Herausforderung des II. Vatikanischen Konzils

Stefan Klöckner

„VERHEUTIGUNG" ODER „RENAISSANCE"?

Der Frankfurter Kirchenhistoriker Klaus Schatz stellte neulich Thesen zum Thema „Reformen in der Kirche" vor.[1] Mit Blick auf das Zweite Vatikanische Konzil, das bis heute gerne – je nach Position des Betrachters – entweder als halbherzig umgesetzter Impuls der Erneuerung oder als traditionsschädlicher Widerhaken gesehen wird, schärfte Schatz den Blick für die Ambivalenz des Reformbegriffs. Reformkonzile, die bis dato in der Geschichte der Kirche stattgefunden hatten, verstanden ihren Auftrag als einen Impuls zur Wiederherstellung verlorener Formen: „Die bisherigen Leitideen von Reform waren im Grunde statisch, nicht dynamisch: Re-form, wie schon der Name sagt, als Abstellung zeitbedingter `Missstände´ und Zurück zur ursprünglicheren Form. Natürlich war man sich auch früher, in Trient und auf anderen Konzilien, darüber bewusst, dass die Gesetze, die man schuf, neu waren. Aber sie dienten der Wiederherstellung des Alten, in Trient der `Wiederherstellung der Seelsorge´, die dann tatsächlich in dieser Intensität etwas epochal Neues war."[2] Dem gegenüber hatte das Zweite Vatikanische Konzil weder die Abwehr falscher noch die Dogmatisierung neuer Inhalte der katholischen Lehre zum Anlass. Erstmals in der Geschichte der Kirche war es die geistige und geistliche Auseinandersetzung mit den Herausforderungen der Gegenwart, die nicht als Feind, sondern als pastorale Aufgabe verstanden wurden und die den Papst veranlassten, die größte Kirchenversammlung in der Geschichte der römisch-katholischen Universalkirche einzuberufen. Johannes XXIII. hatte kein explizites Programm, sondern gab nur eine allgemeine Richtung vor: Aggiornamento – „Heutig-Werden des Glaubens", wie dies der Fundamentaltheologe Heinrich Fries übersetzte. Papst Johannes setzte das Zweite Vatikanum sehr bewusst vom Ersten Vatikanum ab: zum einen in der Zählung – indem er die aufgrund des Kriegsausbruchs 1870 nicht regulär beende-

---

1   Klaus Schatz, Reformen in der Kirche, in: Stimmen der Zeit 4 (2021), S. 302–313.

2   Ebd., S. 311.

te Kirchenversammlung nicht wieder aufnahm, sondern ein neues Konzil begann;[3] zum anderen im gänzlichen Fehlen von Dogmatisierungen als Abgrenzungen von der aktuellen Zeit und Welt.

Intendiert war ein Pastoralkonzil in einem bis dato noch nie dagewesenes Format:

> „Reform als `Aggiornamento´, als `Verheutigung´, als Positionierung in eine neue Zeit, sich […] den `Zeichen der Zeit´ zu stellen, und dies unter der Voraussetzung, dass diesen Herausforderungen nicht bloß negativ mit Abwehr begegnet werde kann, ist ein Spezifikum des Zweiten Vatikanums und geschichtlich ein Novum. Weder eine idealisierte Vergangenheit noch ein statisches zeitenthobenes Ideal ist hier der Bezugspunkt, freilich auch nicht einfach die `moderne Zeit´, sondern das Evangelium als etwas ständig `Neues´, im Dialog mit dem heutigen Menschen zu Entdeckendes."[4]

Dass Johannes XXIII. für das Konzil bei dessen Ankündigung kein konkretes Programm und keine Tagesordnung vorsah, erfüllte nicht wenige in der römischen Kurie mit großer Sorge, fürchteten sie doch eine unberechenbare Flut von Eingaben und daraufhin einen nicht mehr im kurialen Sinne steuerbaren konziliaren Prozess; diese Sorge teilten strukturkonservative Katholiken weltweit – auch solche in gehobener politischer Verantwortung, wie. z. B. der damalige deutsche Bundeskanzler Konrad Adenauer, der sich an den ehemaligen Nuntiatursekretär von Papst Johannes XXIII. und nachmaligen Erzbischof Bruno Heim wandte: „Zweimal hat der Adenauer zu mir gesagt: Für mich ist das unbegreiflich, dass der ein Konzil angekündet hat, ohne einen Plan zu haben und ohne alles schon vorausbestimmt zu haben, wie es verlaufen musste."[5]

Was wenig verwunderlich war: Am Anfang des Konzils stand erst einmal ein Eklat! Die Kurie hatte zahlreiche Entwürfe vorbereitet und Listen für die Kommissionen erstellt; man wollte auf Nummer sicher gehen. Wo aber nun seitens der päpstlichen Behörden ein gehorsames Kopfnicken der Konzilsväter erwartet wurde, brach massiver Widerstand der Bischöfe aus der Weltkirche offen aus. Vor allem die Kardinä-

---

3   Nach der Kriegserklärung Frankreichs an Preußen und dem darauf erfolgenden Abzug der französischen Schutztruppen aus Rom war der Kirchenstaat am 20.09.1870 durch Italien annektiert worden. Pius IX. vertagte daraufhin die Fortsetzung des Konzils, ohne ein genaues Datum für die Wiederaufnahme nennen zu können („sine die").

4   Schatz, Reformen in der Kirche(wie Anm. 1), S. 312.

5   Erzbischof Bruno Heim (1947 bis 1950 Sekretär von Nuntius Roncalli in Paris) in der Fernsehsendung „Die Macht der Päpste/Zweite Folge: Johannes XXIII. und der Aufbruch". Dokumentarfilm von Harald Schott u.a., Deutschland 1997.

le Joseph Frings (Köln) und Achille Liénart (Lille) bündelten die Einsprüche gegen diese zentralistische Vorgehensweise. Frings stützte sich hierbei seinerzeit auf zwei theologische Berater: den Kirchenhistoriker Hubert Jedin, der die Geschichte von Konzilien (besonders die des Trienter Konzils) wie kein zweiter aufgearbeitet hatte – und den jungen Dogmatiker Joseph Ratzinger. Beide drängten den Kardinal, auf dem Recht der Konzilsväter zu bestehen, sowohl das Programm als auch die Kommissionen des Konzils zu bestimmen.[6] Nach der unerwartet deutlichen Eröffnungsrede von Johannes XXIII., in der dieser die Dynamik der Geschichte als Lehrmeisterin der Kirche bezeichnete und alles Geraune der „Unglückspropheten" zurückwies, folgte eine Abstimmung in der Vollversammlung, in der alle vorbereiteten Mitgliedslisten der Kommissionen abgelehnt wurden. Diese Vorgänge wurden von nicht wenigen Theologen – so Hans Küng und Eduard Schillebeeckx – als „Urknall" und eigentliches Erwachen des Konzils bezeichnet.

Der Paradigmenwechsel in der Auffassung konziliarer bzw. synodaler Prozesse lag also eindeutig dadurch vor, dass man nicht mit einem vorgefertigten abgrenzenden Lehrgebäude auf die moderne Welt reagieren wollte, sondern zuerst danach trachtete, diese Welt als solche und in ihr den Menschen zur Kenntnis zu nehmen, ihn mit seinen Nöten, Ängsten und Problemen zu Wort kommen zu lassen und die Fragen über Wesen und Aufgabe der Kirche im Licht der so gewonnenen Erkenntnisse neu zu beantworten. Das *Instrumentum laboris* hierfür war vor allem das Bewusstsein um die Vielgestaltigkeit der kirchlichen Tradition, um deren mannigfachen Wandel mit den zahlreichen Veränderungen in kirchlicher Lehre und Praxis – kurz: um die geschichtlich gewonnene Einsicht, dass es unmöglich ist zu bewahren, ohne ständig neu zu definieren.

In den folgenden Jahrzehnten sorgte das Aufeinanderprallen der „Bewahrer" und der „Veränderer" für heftigen Streit, der sich vor allem in einem Kampf um die richtige Hermeneutik der Konzilsbeschlüsse und um deren Umsetzung äußerte. Von

---

6   Der damalige Geheimsekretär von Frings und spätere Bischof von Essen, Hubert Luthe, äußerte in einem persönlichen Gespräch, dass es besonders Ratzinger war, der Frings auf die begründeten Kompetenzen einer Konzilsversammlung hinwies, so wie sie sich aus der Lehre und der Geschichte der Kirche ableiteten. Der auch emotional heftige Angriff von Kardinal Frings fand am 8. November 1963 in der Konzilsaula in Form einer in perfektem Latein vorgetragenen Rede statt und zielte auf die „Heilige Kongregation für die Glaubenslehre" (eine Nachfolgerin der Inquisition bzw. des „Heiligen Offiziums") unter dem Vorsitz des sichtlich um Fassung ringenden Kardinals Alfredo Ottaviani. Dieser wollte für die Kongregation beanspruchen, über die Rechtmäßigkeit oder Nicht-Rechtmäßigkeit der Konzilsbeschlüsse final entscheiden zu können, was die Autorität der Konzilsväter ad absurdum geführt hätte. Es ist nicht ohne Pikanterie: Ottavianis zweiter Nachfolger als Präfekt wurde 1981 Kardinal Joseph Ratzinger!

entscheidender Bedeutung schien dabei zu sein, welchen der eingangs erwähnten Traditionsbegriffe man primär zur Anwendung brachte. Die theologischen Arbeiten im Vorfeld des Konzils (vor allem auf dem Feld der biblischen und der liturgischen Bewegung) hatten verschüttete oder verdrängte Traditionen wieder ans Tageslicht gebracht, die für den Reformprozess fruchtbar gemacht wurden. Das hatte auch zu einer historischen Einordnung und damit zu einer Relativierung anderer Traditionsstränge geführt – wie z. B. so manche theologischen Schwerpunktsetzungen des Trienter Konzils, die sich in neuscholastischer Lesart zu einem statischen Gemäuer scheinbar nicht aufgebbarer „ewiger" Wahrheiten verfestigt hatten:

> „Diese beiden neuen Elemente, Reform als `Verheutigung´ und Reform als `Renaissance´, als Rückgriff als vergessene Tradition, können freilich auch in Spannung und Konflikt zueinander stehen. […] All dies erfordert einen Spagat und eine schwierige Geisterunterscheidung und macht eine einfache Identität des `Katholischen´ wie in der pianischen Ära kaum mehr möglich. In den meisten heute umstrittenen Fragen stehen diese beiden Reformbegriffe einander gegenüber […]."[7]

INHALTLICHE SPANNUNGEN UND BRÜCHE IN DEN KONZILSDOKUMENTEN SELBST

Es wäre nun freilich zu plakativ, das Zweite Vatikanum mit all seinen Dokumenten zur Gänze dem Reformbegriff der „Verheutigung" zuzuschreiben; dass dies nicht der Fall ist, stellt auch Klaus Schatz fest, wenn er über „Aggiornamento" und „Renaissance" als Paradigmen von Reform schreibt:

> „Diese Spannung zeigt sich schon im Konzil und seinen Dokumenten: *Gaudium et spes*, die Konstitution über die Kirche in der Welt von heute, lebt vom ersten, *Lumen gentium* über die Kirche vom zweiten."[8]

Aber auch innerhalb eines Dokumentes besteht diese Spannung, wie ein Blick auf die kirchenmusikalischen Artikel der am 04. Dezember 1963 verabschiedeten Liturgiekonstitution *Sacrosanctum Concilium* in aufschlussreicher Weise zeigt.

Die Liturgiekonstitution war das erste der vier zentralen Dokumente des Zweiten Vatikanischen Konzils. Im Abstand von fast einem Jahr folgte am 14.11.1964 die Kirchenkonstitution *Lumen gentium*, und kurz vor Ende des Konzils wurden die

---

7   Schatz, Reformen der Kirche (wie Anm. 1), S. 312–313.

8   Ebd., S. 312.

Offenbarungskonstitution *Dei Verbum* (18.11.1965) und die Pastoralkonstitution *Gaudium et spes* (7.12.1965 – am letzten Arbeitstag des Konzils, das von Paul VI. am 8.12.1965 feierlich beendet wurde) beschlossen.

Die Fragestellung, ob diese Reihenfolge sinnvoll war (z.B. mit Blick auf die Tatsache, dass ein wesentlicher Part kirchlicher Praxis, die Liturgie, reformiert wurde, bevor man sich den grundsätzlichen theologischen Überlegungen zum Wesen der Kirche zuwandte), mag für die historische Betrachtung redundant erscheinen; für die theologische Aufarbeitung ist sie es jedoch sicher nicht! Die bereits erwähnte Tatsache, dass Papst Johannes XXIII. dem Konzil kein Programm vorgegeben hatte – erst der Erzbischof von Mailand, Kardinal Giovanni Battista Montini, als Papst Paul VI. Nachfolger von Johannes, hatte ein Prozedere entworfen –, führte wohl dazu, dass man sich zuerst der Liturgie zuwandte; schließlich war durch die jahrzehntelange konstruktive Vorarbeit der nationalen Liturgischen Institute (vor allem des deutschen in Trier) auf diesem Feld eine tragfähige Basis für Reformen entstanden, auf der man aufbauen konnte.[9]

Nach dem Motu proprio von 1903 war es folgerichtig, der Kirchenmusik einen eigenen Artikel zu widmen; die Konzilsväter nahmen hierbei den positiven Impetus Pius X. auf: Erstmals kam es so zu einer Würdigung der Möglichkeiten und Aufgaben, welche die „Musica sacra" mit sich bringt, ohne dass zugleich bestimmte Missbräuche angeprangert oder verurteilt wurden. Aber kaum begannen die Erörterungen über die Kirchenmusik im Kontext der umfassenden Liturgiereform, da traten die Traditionshüter auf den Plan! Sie ließen nichts unversucht, die Folgen, welche die Erneuerung der Liturgie im Blick auf die Ermöglichung der Muttersprache und die tätige Teilnahme des Volkes für das überlieferte kirchenmusikalische Repertoire nach sich ziehen würden, so gering wie möglich zu halten, am besten die Veränderungen ganz zu verhindern:[10]

> „In der Konzilsaula hat es nicht an Verwunderung darüber gefehlt, daß der Kirchenmusik ein Kapitel gewidmet wird, das fast so umfangreich ist wie dasjenige über die Messe.

---

9   Hierauf wies am Rande eines Interviews mit der Zeitschrift „Musica Sacra" der Trierer Liturgiewissenschaftler Balthasar Fischer hin (Heft 2/1998, S. 167–171).

10   Anlässlich eines Seminartags zum Thema „Das EGB Gotteslob" an der Folkwang Universität der Künste im Jahre 2006 schilderte der Sekretär der Gesangbuchkommission für das GOTTESLOB 1975, Josef Seuffert (1926–2018), eine Begegnung zwischen dem damals amtierenden ACV-Generalpräses Johannes Overath und dem Vorsitzenden der EGB-Lied-Kommission, Bischof Kempf von Limburg. Overath teilte dem Bischof die Vorstellungen des ACV von der Mitwirkung bei der Erstellung des neuen Gesangbuchs mit und soll die Haltung des Verbandes zusammengefasst haben in dem Satz: „Die 100 Lieder, die unsere Gemeinden wirklich brauchen, suchen wir Ihnen schon zusammen. Und Psalmen kann man sowieso nur lateinisch singen."

Immerhin kann gesagt werden, daß kein Teilgebiet der Liturgie von der Reform so sehr in seinen Fundamenten getroffen wird wie die Kirchenmusik. Darum hatte auch die Liturgische Bewegung von keiner Seite mit so starkem Widerstand zu rechnen wie von Seiten der Kirchenchöre und nicht weniger Vertreter der Kirchenmusik."[11]

Das offensichtliche Bemühen, beiden Seiten – den Reformern und den Bewahrern – gerecht zu werden, führte dann zur Aufnahme inhaltlich unterschiedlicher Ansätze in den Text. So bleiben in diesen Kapiteln schwer zu überwindende Brüche, weil gegensätzliche Voraussetzungen in direkte Korrespondenz gesetzt werden, ohne dass die hieraus resultierenden Spannungen aufzulösen sind:

1.   Artikel 112 der Liturgiekonstitution eröffnet die Darlegungen zur Kirchenmusik mit dem Gedanken, dass die musikalische Überlieferung der gesamten Kirche (*ecclesia universalis*) ein Schatz ist, „der sich unter den übrigen Ausdrucksformen der Kunst vor allem dadurch auszeichnet, dass er als heiliger Gesang, der mit Worten verbunden ist, einen notwendigen und wesentlichen Bestandteil der Liturgie ausmacht."[12] Die Vokabeln *necessariam vel integralem* klingen einleuchtend, geben aber Rätsel auf: Wie sind sie auf dem Hintergrund der Tatsache zu verstehen, dass Musik und christlicher Kult bereits im 13. Jahrhundert strukturell auseinandertraten und seitdem jahrhundertelang im Gottesdienst nebeneinander her liefen? Der größte Teil des kirchenmusikalischen Repertoires, das heute gepflegt wird, ist für liturgie-soziologische Verhältnisse entstanden, die das Zweite Vatikanische Konzil grundlegend verändert wissen wollte: eine reine Klerusliturgie, deren Gültigkeit allein davon abhing, dass der Priester alle Texte (auch die der vom Chor gesungenen Kompositionen) leise zu sprechen hatte. Was der Chor wann sang und ob Gesang und vom Zelebranten gesprochener Text wenigstens annähernd synchron liefen, war bis ins 20. Jahrhundert hinein irrelevant.[13] Es blieb (und bleibt bis heute) also ein garstiger Graben zwischen dem Anliegen der Pflege dieses kirchenmusikalischen Schatzes einerseits und der Vorstellung der Konzilsväter, dass „die Kirchenmusik umso heiliger sein [wird], je enger sie mit der liturgischen Handlung verknüpft ist [...]"[14] andererseits.

---

11   Josef Andreas Jungmann in seinem Kommentar zur Liturgiekonstitution, in: LThK2, Bd. 12: Das Zweite Vatikanische Konzil – Dokumente und Kommentare, Freiburg 1966, S. 94.

12   SC 112, in: Peter Hünermann (Hg.), Die Dokumente des Zweiten Vatikanischen Konzils (= Herders Theologischer Kommentar zum Zweiten Vatikanischen Konzil 1), Freiburg 2002, S. 47.

13   So wird auch die bis zur Liturgiereform übliche Bezeichnung der Musik „Zum Kyrie", „Zum Gloria" etc. nachvollziehbar; der Chor sang eben zum Kyrie oder Gloria, das der Priester leise sprach und das rechtlich gesehen die einzig gültige liturgische Handlung war.

14   SC 112, in: Hünermann (Hg.), Die Dokumente des Zweiten Vatikanischen Konzils (wie Anm. 12), S. 47–48.

2.   Im Artikel 114 stehen die Sätze, die man so gerne bei Cäcilienfeiern oder zu Kirchenchor-Jubiläen zitiert:

> „Der Schatz der Kirchenmusik soll mit höchster Sorgfalt bewahrt und gefördert werden. Die Sängerchöre sollen ständig gefördert werden, besonders an den Kathedralkirchen; die Bischöfe aber und die übrigen Seelenhirten sollen eifrig dafür sorgen, dass in jeder heiligen Handlung, die im Gesang vollzogen wird, die gesamte Gemeinde der Gläubigen die ihr eigene tätige Teilnahme zu leisten vermag, nach Maßgabe der Artikel 28 und 30."[15]

Wenn also die Kirchenmusik ein integraler Bestandteil der Liturgie ist, so muss die tätige Teilnahme der Gläubigen eines der wichtigsten Gestaltungsmerkmale sein. Denn schließlich regeln die Artikel 28 und 30, auf die hier Bezug genommen wird, genau dies: dass jeder im Gottesdienst nur das und all das tun soll, was ihm gemäß seiner Rolle zukommt, und dass die Rolle der Gemeinde eben mit musikalischer Aktivität beschrieben wird: Psalmen, Akklamationen, Lieder … Hier aber setzte vor Jahrzehnten ein heftiger Streit um den Einsatz von großen Messvertonungen (z. B. von Mozart und Haydn) in feierlichen Gottesdiensten ein: Darf das nach den hier aufgestellten Regeln überhaupt noch sein? Verurteilt man die Gemeinde nicht besonders bei den hochfeierlichen Gottesdiensten (zu denen auch viele kommen, die sonst nicht da sind und die die Liturgie folglich nur in dieser Form kennenlernen) zu einer Zuhörerrolle in ungebührlicher Passivität? Dass der Streit weitgehend fruchtlos blieb, lag nicht nur an den ungleichen Ebenen der Argumentation „hier liturgiewissenschaftlich richtig – da pastoral-real erlebnisreich und schön"; die elementaren Ansätze waren zu unterschiedlich. Man kann nicht einerseits die Liturgie umgestalten, andererseits aber die in ihr erklingende Musik so einsetzen, als sei 1963 nicht eine fundamentale Erneuerung geschehen – frei nach dem Motto: „Baut das Haus um – aber jeder Stein soll da bleiben, wo er vorher war!" Die prinzipielle Unlösbarkeit des Konflikts wird durch den sicherlich zutreffenden Hinweis mancher Orchestermessen-Befürworter, dass viele nur der feierlichen Musik wegen kommen und gar nicht „actuos partizipieren" wollen, dabei eher noch deutlicher …

3.   Auch die im März 1967 erschienene Instruktion *Musicam sacram* zur Durchführung der kirchenmusikalischen Reform (sie ist erheblich konkreter gestaltet und enthält präzisierte Hinweise und Vorschriften) löst diese Spannung nicht vollends auf. Das Dokument, dessen Entstehung und Veröffentlichung von heftigen Ausein-

---

15   Ebd., S. 48.

andersetzungen begleitet wurde,[16] war notwendig geworden, „weil die Interpretationen der Konzilsaussagen in Bezug auf die „musica sacra" weit auseinandergingen und immer mehr Kirchenmusiker und sogar Musiker aus der säkularen Welt sich in den Medien zu Wort meldeten mit dem Tenor: Der Untergang der abendländischen Kirchenmusik muss gestoppt werden!"[17] Mit Blick auf die Orchestermesse z. B. blieben die unterschiedliche Anforderungen nach wie vor nebeneinander stehen, sprachlich nun etwas abgemildert, aber in der Sache nach wie vor nicht zu harmonisieren: In Artikel 34 der Instruktion heißt es:

> „Wenn die Gesänge des sogenannten `Ordinarium Missae´ mehrstimmig gesungen werden, können sie vom Sängerchor in der gewohnten Weise mit oder ohne Instrumentalbegleitung vorgetragen werden unter der Voraussetzung, daß das Volk nicht gänzlich von der Teilnahme am Gesang ausgeschlossen wird."[18]

In demselben Artikel heißt es aber wenig später: „Das *Sanctus* als abschließende Akklamation zur Präfation soll regelmäßig von der ganzen Versammlung, gemeinsam mit dem Priester, gesungen werden."[19] Regelmäßig heißt freilich nicht immer – aber die Ausnahme wird eben nur nebenbei erwähnt und nicht argumentiert. So findet jeder in diesen Formulierungen das, was er für seinen Standpunkt braucht – was eine zielführende Auseinandersetzung von vorneherein unmöglich erscheinen lässt. Jedoch bleibt die Lesart, der zufolge die „vornehmere Form der Liturgie mit Gesang" (SC 113) in erster Linie den Chor und nicht das Volk meint, im Raum stehen.

4. Auch mit Artikel 116 der Liturgiekonstitution sind inhaltliche Unebenheiten verbunden, die sich diesmal aus stilistischen Darlegungen zum musikalischen Repertoire ergeben. Die Vorordnung des Gregorianischen Chorals vor alle andere Kirchenmusik ist mit Blick auf die Realität zumindest interpretationsbedürftig, tut man doch den singenden Gemeinden damit wirklich keinen Gefallen – und dem Gregorianischen Choral als Kunstform schon gar nicht! Zwar haben die Väter des Zweiten Vatikanum das Motuproprio Pius X. stillschweigend korrigiert: Sprach der Papst noch davon, dass der Gregorianische Choral „der der römischen *Kirche* eigene

---

16   Vgl. hierzu den sehr lesenswerten Artikel „Musik in der Liturgie – Dienerin oder Rivalin? Zum 50. Jahrestag der Veröffentlichung der Instruktion Musicam sacram" von Wolfgang Bretschneider, in: Musica Sacra 4 (2017), S. 196–198.

17   Ebd., 196.

18   Zitiert nach Hans Bernhard Meyer / Rudolf Pacik (Hg.), Dokumente zur Kirchenmusik unter besonderer Berücksichtigung des deutschen Sprachgebietes; Regensburg 1981, S. 164–165.

19   Ebd., S. 165.

Gesang" sei,[20] so heißt es nun in *Sacrosanctum Concilium* 116, er sei „der römischen *Liturgie* eigen" – was theologisch sicherlich stimmiger ist. Auch übernahm man die stilistische Fixierung auf den lateinischen Liturgiegesang und die Mehrstimmigkeit der klassischen Vokalpolyphonie des 16. Jahrhunderts (Palestrina und die sog. „römische Schule") terminologisch nicht; jetzt ist nur von „Mehrstimmigkeit" die Rede, deren Einsatz zudem in gehabter Weise den in Artikel 30 festgelegten Erfordernissen entsprechen müsse. Trotzdem bleibt allein schon vom Begriff „Mehrstimmigkeit" her eine Reminiszenz, ein Rückgriff auf die Auseinandersetzung um den vermeintlich wahren Charakter der Kirchenmusik, so wie sie im 19. Jahrhundert in kirchlichen Verlautbarungen und in den Äußerungen von Autoren wie Hoffmann, Thibaut, Liszt und Witt greifbar wurde: Kirchenmusik als stilistischer Gegenentwurf zur Musik des Weltlichen, der Oper und der Symphonie; eine reine, entweltlichte und entrückte Klanglichkeit, die dem neugotischen (und neuscholastischen) Ideal der Kirche im 19. Jahrhundert entsprach – einer Kirche, die sich und das Bild von ihrer Tradition in dieser Zeit zu einem guten Stück neu erfand.[21]

Aus jeder Zeile des Kirchenmusik-Artikels der Liturgiekonstitution *Sacrosanctum Concilium* spricht der Primat der Tradition im Sinne einer möglichst unbeschadeten Übernahme des „Schatzes der Kirchenmusik" und einer eher behutsamen Adaption in die Verhältnisse der erneuerten Liturgie nachkonziliarer Gemeinden nach dem Motto „Wasch mir den Pelz, aber mach mich nicht nass".[22] Es wäre ja auch der umgekehrte Weg möglich gewesen – nämlich sich zuerst die Frage zu stellen, wie eine erneuerte Liturgie, eine erneuerte Kirchenmusik hätten aussehen müssen, die den Erfordernissen einer „ecclesia reformata" bzw. einer „ecclesia semper reformanda"

---

20 Papst Pius X., Motu proprio über die Erneuerung der Kirchenmusik „Tra le sollecitudini" (22.11.1903), in: Hans Bernhard Meyer / Rudolf Pacik (Hg.), Dokumente zur Kirchenmusik unter besonderer Berücksichtigung des deutschen Sprachgebietes, Regensburg 1981, S. 26.

21 Vgl. die Darlegungen von Hubert Wolf zur „invention of tradition" in der katholischen Kirche des 19. Jahrhunderts – so besonders mit Blick auf den faktisch niemals existenten „Einheitskatholizismus" tridentinischer Prägung. Wolf expliziert dies in seinem Buch „Der Unfehlbare. Pius IX. und die Erfindung des Katholizismus im 19. Jahrhundert". München 2020, besonders S. 145–148.

22 Wie sehr diese Sicht auch 50 Jahre nach Verabschiedung der Liturgiekonstitution noch vorherrschte, zeigt ein Ausschnitt aus dem Grußwort des damaligen Vorsitzenden der Liturgiekommission der Deutschen Bischofskonferenz, Joachim Kardinal Meisner, anlässlich einer Tagung zum 50. Jubiläum von Sacrosanctum Concilium in Köln: „Zeitlich gesehen steht das Zweite Vatikanische Konzil gewissermaßen im Schwellenbereich dieser Wandlungen. Und das erklärte Ziel der Konzilsväter, die versuchten, die Zeichen der Zeit zu erkennen, war es, den apostolischen Glauben der Kirche unversehrt und mit neuer Lebendigkeit über diese Schwelle zu heben. Es ging also nicht darum, eine neue Kirche zu erfinden, sondern die alte – wie oben gesagt – in die neu entstandene Situation um ihretwillen hineinzubringen." Quelle: Pressemitteilungen der Deutschen Bischofskonferenz, 08.06.2013/Bonn.

entsprechen und dann zu klären, wie da hinein die wertvollen Elemente der Tradition zu integrieren wären. Das hätte unter Umständen die sowieso notwendige Neubewertung traditioneller Formen bedeutet – aber natürlich auch den Umbruch deutlicher werden lassen, der mit der liturgischen Reform des Zweiten Vatikanischen Konzils auf diesem Gebiet eingetreten war. Wie wenig man dies jedoch gewollt zu haben schien, wird auch aus dem abschließenden Artikel des Kirchenmusik-Kapitels deutlich: In Art. 121 werden die Musiker dazu aufgefordert, „Weisen [zu] komponieren, welche die Merkmale wahrer Kirchenmusik an sich tragen."[23] Eine Antwort auf die Frage zu finden, was denn das sei – „wahre Kirchenmusik" –, wird von nun an (und eigentlich bis heute) die kirchenmusikalischen Kräfte und Gremien beschäftigen; sie zu geben ist jedoch prinzipiell nicht möglich – es sei denn, man greift auf die erwähnten stilistischen Merkmale aus der Musikhistorie zurück. Damit befindet man sich jedoch genau im Narrativ jener Freund-Feind-Kennung, welche die Sichtweise auf die katholische Kirchenmusik im 19. Jahrhundert geprägt hatte. Die hieraus resultierenden nutz- wie fruchtlosen Scheingefechte waren u.a. in den Diskussionen auf den Jahrestagungen des Allgemeinen Cäcilienverbandes noch bis hinein in die Zeit des beginnenden 21. Jahrhunderts massiv präsent.

BRÜCHE UND SPANNUNGEN DURCH EINE SPÄTERE KONZILSHERMENEUTIK

Ab den 1980er Jahren, nach der Wahl Karol Wojtylas zum Papst (1978) und mit der Berufung des Münchener Erzbischofs Kardinal Joseph Ratzinger an die Spitze der Glaubenskongregation in Rom (1981), veränderte sich das Klima spürbar. Gut 10 Jahre zuvor hatte der turbulente Essener Katholikentag von 1968 mit seinem Motto „Mitten in dieser Welt" noch Pate gestanden für einen kirchlichen Reformimpuls, der durch die von 1971 bis 1975 stattfindende Würzburger Synode eine verbindliche Gestalt gewann. Deren Beschluss *Gottesdienst* war deutlich anzumerken, dass er von den konkreten pastoralen Erfordernissen der gemeindlichen Realität geprägt war. Dort wurden traditionelle kirchenmusikalische Formate deutlich weniger herausgestellt als die neue gemeindeorientierte Funktion der Musik. So hielt man beispielsweise fest, dass es Kantoren und Scholen geben solle, um die musikalische Rolle der Gemeinde zu stützen und zu profilieren.[24] Es schien so, als habe man die liturgischen Dokumente nun endlich durch die Brille der Kirchenkonstitution *Lumen gentium* gelesen und die Zuordnung von allgemeinem und sacerdotalem Priester-

---

23   SC 121, in: Hünermann, Die Dokumente des Zweiten Vatikanischen Konzils (wie Anm. 12), S. 50.

24   Beschluss Gottesdienst, 6.2 Gesang und Musik im Gottesdienst, in: Gemeinsame Synode der Bistümer in der Bundesrepublik Deutschland – Beschlüsse der Vollversammlung, Freiburg 1976, S. 220.

tum auf die Kirchenmusik übertragen (vgl. LG 9 und 10): So wie der geweihte Priester sein Amt ausübt, um das allgemeine Priestertum aller Getauften zur Entfaltung zu bringen, so sollen sich die kirchenmusikalischen „Ämter" im Dienst der singenden Glaubensgemeinschaft verstehen; ihr Auftrag ist es, die liturgische Rolle der gottesdienstlich versammelten Gemeinde zu kultivieren.

Doch ab 1978 wehte ein anderer Wind, der sich z. B. in Ernennungen konservativer, teils drastisch rückwärtsgewandter und streng auf Rom ausgerichteter Bischöfe (wie Hermann Groer und Kurt Krenn in Wien, Johannes Dyba in Fulda oder Joachim Meisner in Köln), aber auch in Maßregelungen fortschrittlicher Theologen (sowohl in Lateinamerika als auch in Europa) und einer massiven Beschneidung ortskirchlicher Kompetenzen durch römische Dokumente äußerte. Zunehmend wurde das Weiheamt vom Laienapostolat abgesetzt und überhöht, was gerade in Deutschland und Österreich zu einem heftigen Klerikalisierungsschub führte.

Wichtiger als die Konzilsdokumente war nun eine die Inhalte zunehmend relativierende Hermeneutik. Die Rede vom „Ungeist des Konzils" machte die Runde, und Fehlentwicklungen, die sich bei der Umsetzung der Reformen zweifelsohne eingestellt hatten, dienten als Beweis für eine grundsätzlich falsche Ausrichtung der konziliaren Reformen: Die Bekämpfung des „Ungeistes" wurde wichtiger als die Belebung des Konzilsgeistes selbst. Hatten nicht wenige Christen 1965 beim Abschluss des Zweiten Vatikanum das Gefühl gehabt, hier sei nur ein Mindestmaß an notwendigen Reformen verabschiedet worden, die in der Folgezeit voranzutreiben seien, so entstand nun der entgegengesetzte Eindruck: Die Reformen gingen so manchem schon im Ansatz viel zu weit. Vor allem die Selbständigkeit der Ortskirchen samt ihren Entscheidungskompetenzen (z. B. in Fragen der Liturgie und der Kirchenmusik) war den römischen Behörden ein Dorn im Auge. Hierfür seinen nur zwei Beispiele genannt:

1. die Instruktion „Liturgiam authenticam" (2001), mit der nicht nur die Art und Weise der Übersetzungen liturgischer Bücher in die Muttersprachen scharf reglementiert und von römischer Genehmigung abhängig gemacht wurde. Auch Gesangbücher kamen auf den Prüfstand; was für die Feier der Messe an Gesängen geeignet sein sollte, wollte nun Rom anhand von den Bischofskonferenzen vorzulegenden Listen bestimmen. So führte diese Instruktion von 2001 zu einer fatalen Konsequenz:

> „[…] in einem singulären und gleichermaßen empörenden Akt zentralistischer Anmaßung [wurde] bestimmt, welche Lieder in einer großen Teilkirche im Rahmen einer Messfeier gesungen werden dürfen und welche nicht – als reichten theologische Kom-

petenz und Kirchlichkeit der deutschen Bischöfe nicht aus, um ein Gesangbuch zu verabschieden, das sich mit Recht `katholisch´ nennen darf! Dabei geht es […] in den seltensten Fällen um theologische Fragen. Wenn man z. B. den in unseren Kirchengemeinden weithin verbreiteten und geschätzten Liedern des niederländischen Dichters Huub Oosterhuis das Sigel `liturgiefähig´ verweigerte, dann nicht etwa, weil sich hier Häresien oder falsche theologische Akzente fänden – sondern nur und ausschließlich, weil der Autor seinen Orden und den Priesterstand verlassen und geheiratet hat."[25]

2. die generelle Wiederzulassung der mit dem Zweiten Vatikanum abgelösten Messe nach dem Missale von 1962 als *forma extraordinaria*,[26] die von vielen Menschen innerhalb und außerhalb der katholischen Kirche wohl zurecht als unverhohlene Attacke auf die letzte große Liturgiereform empfunden wurde. Der nur mühsam als „Reform der Reform" kaschierte Vorgang entstand durch eine theologische Schubumkehr im Denken vatikanischer Behörden, die durch offene Sympathie nicht weniger römischer Würdenträger noch verstärkt wurde:

„Da war das deutlich über die Grenzen des Erträglichen hinaus gehende Entgegenkommen denen gegenüber, die mit dem II. Vatikanischen Konzil (und nicht zuletzt seiner Liturgiereform wegen) der römisch-katholischen Gemeinschaft den Rücken gekehrt und diese letzte Kirchenversammlung als nicht verbindlich angesehen hatten: Die Traditionalisten der Pius-Bruderschaft durften […] sich einer sie geradezu umwerbenden Aufmerksamkeit erfreuen, die nicht wenige in der Mitte der Kirche verwurzelte Katholiken sehr erstaunte. […] Die pontifikale Geduld war schier grenzenlos (vor allem verglichen mit dem Verhalten gegenüber anderen Kritikern, die bei weitem nicht so stark vom katholischen Kurs abwichen und bei denen die Reaktion erheblich kurzatmiger war)."[27]

Dass ein Theologe von der überragenden Bedeutung wie Joseph Ratzinger als Papst Benedikt XVI. für den Karfreitagsgottesdienst traditionalistischer Prägung

---

25   Stefan Klöckner, Im zentralistischen Schwitzkasten, in: Wie Gott heute feiern? Liturgie im 21. Jahrhundert (= Herder Korrespondenz spezial, 2013), S. 30. Durch das Motuproprio „Magnum principium" vom 03.09.2017 hat Papst Franziskus die skandalöse Engführung der Instruktion Liturgiam authenticam aufgebrochen: Die Kompetenzen der Bischofskonferenzen hinsichtlich der Herausgabe liturgischer Bücher wurden wieder deutlich erweitert. Bei Übersetzungen soll nun der Charakter der „Zielsprache" (also der Sprache, in die hinein übersetzt wird) einen wesentlich höheren Stellenwert einnehmen als bisher. Die gleichermaßen umfangreiche wie mühselige und hinsichtlich ihrer Ergebnisse letztlich frustrierende Arbeit der Kommission Ecclesia celebrans zur Übersetzung des Messbuchs 2002 (Editio tertia) dürfte damit endgültig obsolet geworden sein.

26   So geschehen durch das Motuproprio „Summorum Pontificum" Papst Benedikt XVI. vom Juli 2007.

27   Klöckner, Im zentralistischen Schwitzkasten (wie Anm. 25), S. 29–30.

im Jahre 2008 eine verschlimmbesserte Variante der Judenfürbitte formulierte, die wieder die „Erleuchtung der Juden" zur Erkenntnis Jesu Christi als Heiland thematisierte und die damit vor die 1965 verabschiedete Erklärung „Nostra aetate" zurückzugreifen schien, ist in diesem Kontext so erschütternd wie bezeichnend.[28] Ob sich allein schon mit Blick auf diesen Text die folgende Bewertung von Ratzinger-Benedikt hinsichtlich einer vermeintlichen Kontinuität liturgischer Traditionen aufrecht erhalten lässt, muss dann doch sehr fraglich erscheinen:

> „Es gibt keinen Widerspruch zwischen der einen und der anderen Ausgabe des Missale Romanum. In der Liturgiegeschichte gibt es Wachstum und Fortschritt, aber keinen Bruch. Was früheren Generationen heilig war, bleibt auch uns heilig und groß; es kann nicht plötzlich rundum verboten oder gar schädlich sein."[29]

---

28 Der Text der 2008 zugelassenen Fürbitte am Karfreitag lautet in deutscher Übersetzung: „Lasst uns auch beten für die Juden, auf dass Gott, unser Herr, ihre Herzen erleuchte, damit sie Jesus Christus erkennen, den Retter aller Menschen. [Lasset uns beten. Beuget die Knie. Erhebet Euch.] Allmächtiger ewiger Gott, du willst, dass alle Menschen gerettet werden und zur Erkenntnis der Wahrheit gelangen. Gewähre gnädig, dass beim Eintritt der Fülle aller Völker in Deine Kirche ganz Israel gerettet wird. Durch Christus, unseren Herrn. Amen." Zitiert nach Hubert Wolf: Papst und Teufel, München 2009, S. 143. Der seit 1976 vorgesehene Text lautet: „Lasst uns auch beten für die Juden, zu denen Gott, unser Herr, zuerst gesprochen hat: Er bewahre sie in der Treue zu seinem Bund und in der Liebe zu seinem Namen, damit sie das Ziel erreichen, zu dem sein Ratschluss sie führen will. [Beuget die Knie. – Stille – Erhebet Euch.] Allmächtiger, ewiger Gott, du hast Abraham und seinen Kindern deine Verheißung gegeben. Erhöre das Gebet deiner Kirche für das Volk, das du als erstes zu deinem Eigentum erwählt hast: Gib, dass es zur Fülle der Erlösung gelangt. Darum bitten wir durch Christus, unseren Herrn. Amen." Messbuch Karwoche und Osteroktav, Freiburg 1996, 78–79. Benedikts Text ähnelt dem ersten Reformvorschlag Papst Paul VI. von 1965, der aber im Licht von „Nostra aetate" als ungenügend empfunden und durch die obige Fassung ersetzt wurde.

29 Aus einem an die Bischöfe gerichteten Begleitbrief zum Motuproprio Summorum Pontificum, 07. Juli 2007. https://www.vatican.va/content/benedict-xvi/de/letters/2007/documents/hf_ben-xvi_let_20070707_lettera-vescovi.html (aufgerufen am 07.06.2021). Auch diese Regelung hat Papst Franziskus revidiert: Mit dem Motu proprio Traditionis Custodes („Wächter der Tradition") vom 16.07.2021 wurde der Gebrauch des Missale von 1962 wieder drastisch eingeschränkt und der Regelung durch den jeweiligen Diözesanbischof überlassen. Bemerkenswert ist die im Begleitschreiben des Papste geäußerte Intention, die Erlaubnis seines Vorgängers wieder zurückzunehmen: Der Gebrauch des alten Ritus habe mehr zur Spaltung und Verhärtung als zur Versöhnung beigetragen; zudem sei das Missale von 1962 instrumentalisiert worden, um das Zweite Vatikanische Konzil selbst in Frage zu stellen. Ratzingers-Benedikts Formulierung ist im Übrigen mit Blick auf die historischen Fakten nicht haltbar: Auch mit der Liturgiereform in der Folge des Trienter Konzils z. B. wurden Riten, die zuvor erlaubt und gängig waren, um der weltweiten Einheitlichkeit des Ritus willen verboten; viele Texte und Gesänge verschwanden. Auf dieses Faktum weist auch Papst Franziskus in seinem Begleitbrief zu Traditionis Custodes hin.

Der ab 1980 einsetzende hermeneutische Impetus, die Reformen durch eine autoritative Korrektur des vermeintlichen „Ungeistes des Konzils" auszubremsen, war den Erfordernissen und Gegebenheiten in den Ortskirchen diametral entgegengesetzt. Sie führte nicht zuletzt in den nationalen Bischofskonferenzen zu Streit und Entzweiung – als sei der Satz „Roma locuta – causa finita" (Rom hat gesprochen, die Sache ist beendet) noch nicht schädlich genug und man habe ihn deshalb ergänzt durch die Verhaltensregel „Divide et impera!" (Teile und herrsche! – oder auch: Spalte und befiehl!).

„ALLES HAT SEINE ZEIT …"
WOLFGANG BRETSCHNEIDERS LEBEN – SEIN ERBE UND AUFTRAG

Es hätte bestimmt der bescheidenen Natur von Wolfgang Bretschneider entsprochen, dem dieses Buch gewidmet ist, zuerst den großen Rahmen der Zeitläufte abzustecken und sich dann seiner Persönlichkeit und seinem Leben zuzuwenden, so wie es sich in diesen Rahmen einordnen lässt. Wer – wie der Verfasser dieses Artikels – über einen Zeitraum von 35 Jahren hinweg eng mit dieser außergewöhnlichen Persönlichkeit des kirchlichen und musikalischen Lebens in Deutschland zusammenarbeiten durfte und ihr darüber hinaus in tiefer Freundschaft verbunden war, der hat hautnah erlebt, wie sehr Bretschneider unter dem Zwiespalt widerstrebender Kräfte gelitten hat, der zwischen konziliarem Aufbruch und späterer Umkehr ins diametral Entgegengesetzte bestanden und seine Arbeit maßgeblich geprägt hat.

Seine Lebensdaten korrespondieren nicht selten wichtigen Daten im Zeitrahmen kirchlicher und kirchenmusikalischer Entwicklungen:

- 1941 wurde er geboren und erlebte als Kind den Zusammenbruch des III. Reichs und den Wiederaufbau einer Demokratie in Deutschland;
- Anfang 1960er Jahre begann er sein Theologiestudium in Bonn – u.a. beim jungen Theologieprofessor Joseph Ratzinger, dessen damalige Positionen ihn so sehr beeindruckt hatten, dass er Jahrzehnte später auf die Frage einer Zeitschrift „Wer hat Sie stark beeinflusst?" antwortete: „Menschen mit starkem Willen und Überzeugungskraft" und neben seiner Mutter und dem Münchener Domorganisten Franz Lehrndorfer den „Bonner Theologieprofessor Joseph Ratzinger" anführte. In Bretschneiders Studien- bzw. Ausbildungszeit fiel das Zweite Vatikanische Konzil (1962–1965) mit der Verabschiedung der Liturgiekonstitution im Dezember 1963.

- 1967 wurde Wolfgang Bretschneider vom damaligen Kölner Erzbischof, Joseph Kardinal Frings, zum Priester geweiht. In demselben Jahr, wenige Monate zuvor, war die Instruktion „Musicam sacram" verabschiedet worden, die sich detailliert mit den Fragen der Liturgiereform auf dem Gebiet der Kirchenmusik befasste.

- 1969/70 folgen Kaplansjahre in Neuss, in denen Bretschneider die Einführung des neuen Messbuches miterlebte. Er wurde nicht müde zu erzählen, welch ein Aufatmen bei sehr vielen Geistlichen einsetzte, als die liturgischen Reformen umgesetzt wurden.

- Im langen Zeitraum zwischen 1969 und 1997 war er als Repetent für Liturgie und Kirchenmusik im Collegium Albertinum, dem Bonner Theologenkonvikt, tätig. Zugleich nahm er Lehraufträge in Liturgik und Kirchenmusikgeschichte an den Musikhochschulen Köln und Düsseldorf und an der Universität Bonn wahr. Es waren höchst fruchtbare Jahre, in denen für Bretschneider die Vermittlung einer Feierkompetenz (ars celebrandi) immer wichtiger wurde: Reine Traditionsargumente für die Gestaltung der liturgischen Rollen – vom Zelebranten über die Gemeinde bis hinauf zur Orgelbank und zum Kirchenchor – wollte er nicht mehr gelten lassen; zunehmend erkannte er in Nachlässigkeit, Routine, fehlender Fantasie, Klerikalismus und künstlerischer Selbstherrlichkeit die eigentlichen Feinde aller liturgischen Kultur. So zitierte er in den letzten Jahren immer öfter ein dem Mainzer Kardinal Hermann Volk (1903–1988, von 1962 bis 1982 Bischof von Mainz) zugeschriebenes Dictum, der vor der Einführung der Liturgiereform in prophetisch-mahnender Weise sagte: „Heute wollen sie mehr tun, als sie dürfen – morgen schon werden sie mehr dürfen, als sie können!" Handlungskompetenz – das was man tun *darf* – reicht eben nicht aus; die Sachkompetenz muss hinzutreten: Was man darf, muss man auch *können!*

- 1989 – im Jahr des Mauerfalls – wurde Bretschneider der letzte ACV-Präses nach alter Ordnung. 1992 berief man ihn – nun seit 1991 offiziell Präsident des Allgemeinen Cäcilienverbandes für Deutschland – als Berater in die Liturgiekommission der Deutschen Bischofskonferenz. Bis zu seiner Pensionierung und dem Ausscheiden aus dem Präsidentenamt blieb er in diesem Gremium, das von 1989 bis 2015 vom Kölner Erzbischof Kardinal Meisner geleitet wurde. Zugleich vertrat er den ACV in der Arbeitsgruppe „Musik im Gottesdienst" (AMiG), in der kirchenmusikalische Fachleute unterschiedlichster Herkunft und Couleur Theorie und Praxis reflektierten. Mit den 1991 verabschiedeten „Leitlinien zur Erneuerung des kirchenmusikalischen Berufsbildes" hatte diese Gruppe eine ihrer wichtigsten Aufgaben erfüllt.

Was bleibt von diesem reichen Leben im Licht der Reformanliegen des letzten Konzils als Erbe und Impuls für die weitere Arbeit der kirchenmusikalischen Gremien, allen voran des Allgemeinen Cäcilienverbandes für Deutschland?

Drei Punkte seien abschließend genannt:

1.   Der Dialog mit der ästhetischen Zeitgenossenschaft muss intensiviert und teilweise neu initiiert werden. Diese Auseinandersetzung mit den künstlerischen Paradigmen der Gegenwart auf Augenhöhe zu führen, erfordert eine Neubestimmung des Schatzes der kirchenmusikalischen Tradition, die in der seit geraumer Zeit sich verdichtenden Abschottung unter künftigen kirchlichen Rahmenbedingungen sowieso nicht mehr überlebensfähig ist und folglich weiterentwickelt werden *muss*. Es müsste ein neues Narrativ entstehen, eine Erzählung, die vor allem synästhetisch ausgerichtet ist und die Fülle kultureller Äußerungen im Blick auf das Verhältnis von Raum, Klang, Bild und agierenden Personen umgreift.

2.   Dass die katholische Kirche ein sogenannter „global player" ist, gehört zu den Gemeinplätzen im Wortschatz kirchlicher Stabsstellen für Presse- und Öffentlichkeitsarbeit. Was aber heißt das konkret? Der Horizont des Denkens und Handelns muss sich über den Tellerrand hinaus weiten! Das gilt für die Ökumene, in der sich die Kirchenmusik als ein wichtiger Motor erwiesen hat – und es gilt für das Verhältnis zum direkten europäischen Umland. Lange Zeit existierte mit der *Conférence Européenne des Associations de Musique d'Église* (CEDAME) ein Gremium des europäischen Austauschs über katholische Kirchenmusik, das inzwischen leider nicht mehr zu tagen scheint. Die Begegnungen, die ab 1985 regelmäßig in europäischen Städten stattfanden, halfen allen Beteiligten, die Situation in ihrem Land einzuschätzen und neue Impulse zu geben. In den aktuellen Zeiten nationaler Egoismen und eines immer unerträglicher werdenden dumpfen National-Populismus (blickt man nur in die vom Katholizismus stark geprägten Länder Polen und Ungarn) ist es umso wichtiger, durch persönliche Begegnungen ein Netz des Vertrauens zu knüpfen und dabei zu helfen, den europäischen Kulturraum auch in Zukunft wirkungsvoll mitgestalten zu können.

3.   Was Wolfgang Bretschneider in den letzten Jahren jedoch am meisten umtrieb, war die Krise des Gottesbildes oder – um es direkt zu sagen: die Gotteskrise in unserer Gegenwart. Er rang zunehmend um künstlerische Mittel, die Räume für das Unsagbare öffnen und die geheimnisvolle Unverfügbarkeit Gottes spürbar machen können: Räume, in denen sich der jeder Versuch einer Definition verbietet und wo alle Äußerungen über bloße theologische oder liturgische Richtigkeiten verpuffen

wie Strohfeuer. Bretschneider ließ sich hierbei von einem Satz des niederländischen Schriftstellers Cees Nooteboom leiten:

> „Gott klingt wie eine Antwort, und das ist das Verderblichste an diesem Wort, das so oft als Antwort gebraucht wird. Er hätte einen Namen haben müssen, der wie eine Frage klingt."

Er hielt die Frage nach Gott für die wichtigste und drängendste unsrer Tage. Um sich ihr zu nähern, bedarf es der Faszination für diesen Gott und einer tiefen Sehnsucht nach ihm; es bedarf der Liebe zum Menschen in seiner gegenwärtigen sozialen und kulturellen Umwelt – und es bedarf einer Kenntnis der reichen Tradition, die immer wieder neu übersetzt werden muss, um zu verhindern, dass vorschnell Antworten auf Fragen gegeben werden, die heute niemand mehr stellt.

Wolfgang Bretschneider – Priester, Musiker, Brückenbauer, Freund … ein Mensch, der es sich in seinem Leben niemals leicht gemacht hat, wenn es darum ging, die große Spannung auszuhalten zwischen der aktuellen Empörung (dem „Aggiornamento") und der geschichtlichen Geduld, die aus dem Wissen um die notwendige Wandelbarkeit einer lebendigen Tradition erwächst.

Im September 2018, anlässlich des Jubiläums zum 150jährigen Bestehen des ACV, hielt Bretschneider eine seiner wichtigsten programmatischen Reden, mit der er sich zugleich aus dem Präsidentenamt verabschiedete.

Hierbei sagte er – und ein besseres Schlusswort ist kaum zu denken:

> „Musik in ihrer Unbegreiflichkeit, manchmal auch Unheimlichkeit vermag all dies zu vermitteln. In ihr können Menschen auf Widerspenstiges, Zartes, Berauschendes, schwer Verdauliches stoßen. Sie können lächeln und fluchen und hinter dem Teufel den Engel erkennen. […] Das wären Botschaften, die auch Menschen ohne kirchliche Bindung packen könnten. Mit ihnen ins Gespräch zu kommen, würde auch uns, den so genannten Treuen gut tun. Mit einer Haltung der Mittelmäßigkeit, heute der größten Versuchung für die Christen, würden wir allerdings Schiffbruch erleiden. Letztlich können wir nur Aufmerksamkeit erwarten, wenn wir vom Geheimnis künden. Das kann in einfachen Werken ebenso geschehen wir in kunstvollen Kompositionen. Dann könnte sich das wiederholen, was Menschen schon immer fasziniert hat: Je mehr ich von einem Geheimnis verstehe, desto geheimnisvoller wird es."[30]

---

30   Vgl. hierzu die abgedruckte Festrede von Wolfgang Bretschneider im Anhang dieser Gedenk-
      schrift.

Bonn – Rom – Jerusalem
Zum *sentire cum ecclesia* bei Wolfgang Bretschneider

Matthias Kopp

Viel ist über Wolfgang Bretschneider und sein Verhältnis zur Musik, speziell zur Kirchenmusik, zu lesen und von Zeitzeugen überliefert. Das eindrucksvolle Oeuvre komponistischen Schaffens, musikalischer Interpretationskunst und der steten Verbindung zum liturgischen Geschehen des am 12. März 2021 verstorbenen Großmeisters des Brückenbaus zwischen Kirche und Welt spricht für sich. Die nachfolgenden Zeilen sollen diese architektonische und bleibende Arbeit Wolfgang Bretschneiders erläutern: Es sind Gedanken aus der persönlichen Weggemeinschaft zwischen ihm und dem Autor, Überlegungen aus dem Erleben an drei Stationen, die das Verhältnis von Kirche und Welt für Wolfgang Bretschneider geprägt haben, die in ihm ein *sentire cum ecclesia* in besonderer Weise entwickelten: Bonn – Rom – Jerusalem.[1]

BONN

Wolfgang Bretschneider definierte sein theologisches Verständnis stets aus dem Zweiten Vatikanischen Konzil. Seine Studienzeit fiel in die Epoche der Debatten des Konzils und der ersten Jahre danach. Das Gefühl von Aufbruch und einen Schritt nach vorne in die Welt formte ihn, gerade in seinen Studien über die römische Liturgiereform. Man wird sich heute dieses innere Spannungsverhältnis neu vor Augen halten müssen: Da, der junge Seminarist, der die vorkonziliare Zeit in Liturgie und Glaubensunterweisung erlebt hat und im Studium das Neue erfährt, das einer langen Rezeption harren sollte. Da, der junge Priester, der 1967 im Kölner Dom ge-

---

1   Die Ausführungen stützen sich auf Notizen und Gespräche, auf Reisen und Begegnungen mit Wolfgang Bretschneider in den Jahren 1988 bis 2021. Es geht hier weniger um eine wissenschaftliche Aufarbeitung, sondern um eine Darstellung, wo sich das *sentire cum ecclesia* von Wolfgang Bretschneider gleichsam als roter Faden seines Lebens gezeigt hat. Biographisch sei angemerkt, dass ich Wolfgang Bretschneider am 1. Oktober 1988 mit meinem Eintritt in das Collegium Albertinum zu Bonn kennenlernte. Er wurde über die Jahre zum Freund und Wegbegleiter, zum Hörenden und Fragenden, zum Staunenden und Zweifelnden und fühlte sich immer getragen von einer tiefen Zuversicht: Gott wird es richten.

weiht wird, genau zwei Jahre nach diesem Aufbruch der Kirchengeschichte. Der junge Wolfgang Bretschneider ließ sich von dieser Bewegung mitreißen, verkörperte sie rasch in seinem Denken und Handeln und wurde ein glühender Verfechter dessen, was das Konzil an Neuem, an Aufbruch, an theologischer Weite ermöglicht hatte. Er verfiel weder in alte Muster, noch trauerte er der Zeit vor 1962 nach. Im Gegenteil: Sein Kirchenverständnis fußte von Anfang an auf diesem Zweiten Vatikanischen Konzil. Nur mit den Texten des Konzils und seinen jungen Kaplansjahren am Quirinus-Münster zu Neuss wird man ihm gerecht werden, wenn man versucht, Wolfgang Bretschneiders theologisches Denken zu erfassen: *sentire cum ecclesia* war für ihn die Verwirklichung, die Rezeption und die Verlebendigung des Konzils.[2]

Die weiteren Schritte der Biographie sind bekannt: Das eigentliche pastoral-seelsorgliche Arbeiten fiel in den ersten Jahren kurz aus, vielleicht auch für einen Kaplan viel zu kurz, denn bereits 1969 übernahm er die Stelle des Repetenten am Collegium Albertinum, die er bis 1984 innehaben sollte; es folgten die Jahre als Lehrbeauftragter für Liturgie und Kirchenmusik am gleichen Ort. Dort kehrte er in die Welt zurück, die er während des Konzils noch aus anderer Perspektive – der des Studenten – erlebt hatte. Jetzt wollte er Zeichen setzen und forcierte unter teils schwierigen personellen Umständen einen Kurs, in dem er dem Konzil im Collegium Albertinum versuchte, Leben einzuhauchen. Gerade das gelang ihm über die Musik und die Liturgie.

Wolfgang Bretschneider wurde durch die Bonner Jahre geprägt: in seiner Kirchlichkeit mit jener Umsetzung beziehungsweise dem Versuch der Implementierung des Zweiten Vatikanischen Konzils in der Priesterausbildung und in seinen musikalischen Aus- und Weiterbildungen, die ihn bereits in den 1970er-Jahren zu einem geschätzten Organisten machten. Folglich ist verständlich, dass sich Wolfgang Bretschneider ganz im Geiste der Würzburger Synode (1971–1975) sah und hier hoffte, dass der Aufbruchsgedanke des Konzils in positiver Weise fortgesetzt würde. Beratend konnte er mehrfach zu liturgischen Fachfragen Stellung während der Synode beziehen. Unermüdlich setzte er sich im Collegium Albertinum und im Kölner Priesterseminar dafür ein, dass Konzil und Synode verstehbar wurden, gerade auch in Liturgie und Kirchenmusik. Wer Wolfgang Bretschneider bis zu seinem Tod erlebt hat, der weiß, wie tief sein *sentire cum ecclesia* mit Konzil und Synode im Einklang stand, ja davon getragen wurde.

---

2   Auf den von Augustinus geprägten Begriff des *sentire cum ecclesia* hat Wolfgang Bretschneider mein Semester sehr früh durch Vorträge aufmerksam gemacht. In vielen persönlichen Gesprächen – bis in die Zeit kurz vor seinem Tod – war dieser Begriff häufig unser Thema.

Um so schmerzlicher waren für ihn innerkirchliche Entwicklungen, die sein Leben ganz persönlich betroffen haben. Nach dem geschlossenen Ausscheiden des Vorstandes des Collegium Albertinum 1997 vertiefte sich Wolfgang Bretschneider noch mehr in die Musik und in seine liturgiewissenschaftlichen Aufgaben. Ungezählte Vorträge, Konzertreisen, eine eindrucksvolle Präsenz quer durch die Bundesrepublik – wo man nicht selten den Eindruck hatte, dass er an drei Orten in vier Himmelsrichtungen gleichzeitig sein konnte – waren für ihn typisch. Je länger Konzil und Synode zurücklagen, um so intensiver forderte er deren Erinnerung und Vergegenwärtigung in der Kirche ein. In den letzten zehn Lebensjahren sprach er oft von der notwendigen Relecture der Dokumente. Von seinem Eifer für Konzil und Synode war nichts verflogen, wohl aber spürte er – nicht zuletzt auch als innere Enttäuschung – dass vieles vom Aufbruch der Nachkonzilszeit und der Würzburger Folgezeit kaum noch lebendig war. Damit wollte er sich nicht abfinden und warb und warb. Das gilt übrigens auch für sein Priesterbild, denn Priester war Wolfgang Bretschneider durch und durch. Das ganze Volk Gottes – Priester und Laien – hatte er stets im Blick. Jede Form von Klerikalismus war ihm fern. Auch das war sein Ausdruck des *sentire cum ecclesia*.

Dieses Werben für eine „Kirche im Aufbruch" wurde zum Lebensinhalt für Wolfgang Bretschneider.[3] Und gleichzeitig spürte er mit Blick auf die Weltkirche, wie schwer eine „Kirche im Aufbruch" zu realisieren ist. Er ließ sich nicht entmutigen und fand Hoffnung und innere Bestätigung in der Musik. Lebendige Kirche bedeutete für ihn lebendige Kirchenmusik. Mit der baute er Brücken, ja ganze Straßenzüge zwischen der kirchlichen Welt hier und der säkularen Welt dort. Beides wollte er verbinden, um Kirche und Welt, Musik und Gesellschaft in einen Dialog zu bringen. Der Seelsorger Wolfgang Bretschneider, der er auch in den ungezählten Eucharistiefeiern war, schaffte es, Kirche durch Musik verstehbar zu machen und so letztlich für die Kirche – trotz und jenseits aller Krisen – zu begeistern.

Diese Begeisterung zeigte er auch in vielen weiteren Engagements. Die Organisation und liturgisch-musikalische Gestaltung von Großgottesdiensten bei Katholikentagen oder Papstbesuchen 1980, 1987, 1996, 2005 und 2011 waren nicht ohne seine einfühlsame Handschrift zu denken. Mit Anerkennung und Respekt hörte man Wolfgang Bretschneider zu, dem so nachhaltig wirkende und ausdrucksstarke Liturgien gelangen.

---

3   Papst Franziskus prägt den Begriff in: Apostolisches Schreiben *Evangelii gaudium* über die Verkündigung des Evangeliums in der Welt von heute vom 24. November 2013 (= Sekretariat der Deutschen Bischofskonferenz, Verlautbarungen des Apostolischen Stuhls Nr. 194) (Bonn 2013) Nr. 21–24. Wolfgang Bretschneider griff das Wort beherzt in Predigten und Vorträgen auf. Mit diesem Pontifikat sah er plötzlich den Wunsch nach der Relecture des Konzils verwirklicht.

An anderer Stelle in diesem Werk wird auf das Wirken von Wolfang Bretschneider im Allgemeinen Cäcilien-Verband für Deutschland (ACV) eingegangen. Aber an die prägende Mitarbeit in unterschiedlichsten Gremien sei hier erinnert, zeigen sie doch die hohe Reputation, die er genoss. Von 2011 bis zu seinem Tod war Wolfgang Bretschneider Leiter des Fachbeirats Musik in der Guardini-Stiftung. Im Deutschen Musikrat gehörte er viele Jahre der Arbeitsgruppe Kirchenmusik an. Seit 2002 war er in der Deutschen Bischofskonferenz Berater der Unterkommission Gemeinsames Gebet- und Gesangbuch der Liturgiekommission. Ohne Frage trägt das heutige Gotteslob in vielen Facetten die Handschrift Wolfgang Bretschneiders. Und es ist natürlich seine unvergessliche Arbeit als Berater der Liturgiekommission der Deutschen Bischofskonferenz, für die er von 1992 bis 2016 tätig war. Dem Zentralkomitee der deutschen Katholiken gehörte er noch länger an, über drei Jahrzehnte, von 1990 bis 2021. Diese biographischen Notizen zeigen, wer Wolfgang Bretschneider war: Sein tiefes Ideal des *sentire cum ecclesia* wollte er – konzils- und synodenbeeinflusst – weitergeben. Es ist ihm vielfach gelungen.

ROM

Bei aller Begeisterung für seine Kirche war Wolfgang Bretschneider weniger ein Skeptiker Roms als viel mehr ein kritischer Zeitgenosse römischer Entwicklungen. Es war dieses spannungsreiche Hoffen, dass sich Dinge – im Sinne des Konzils – positiv verändern und dann doch die oft geäußerte Enttäuschung, dass das *sentire cum ecclesia* in Rom nicht richtig voranging. Trotzdem reiste Wolfgang Bretschneider gerne und mit Begeisterung nach Rom. Mit wachem Geist verfolgte er die theologischen Entwicklungen der Päpste Johannes Paul II. und Benedikt XVI. Mehr als beide zusammen galt ihm Papst Franziskus als Hoffnungsträger, von dem er in den letzten Lebensjahren nicht in seiner Begeisterung abrückte, aber doch die Frage stellte, welche Kraft Franziskus habe, die „Kirche des Aufbruchs" zu verwirklichen.

Was prägte Wolfgang Bretschneider in Rom beziehungsweise anders gefragt: Wo wurde er in Rom geprägt? Die Antwort ist wieder in der Musik zu finden, denn mit Vorliebe ging er durch römische Kirchen und hoffte, den ein oder anderen offenen Orgeltisch zu finden. So erklang seine Virtuosität und geniale Improvisationsfreude an vielen Stellen in der Ewigen Stadt – meist spontan. Es waren aber auch die Großereignisse, die ihn nach Rom führten. Wieder fragte man nach seinem Rat und seinem Können: bei Großgottesdiensten rund um die Seligsprechung Adolf Kolpings 1991, bei Chorwettbewerben und ACV-Reisen, die für ihn Chance seines künstlerischen Könnens und seelsorglichen Handelns waren. Viele Jahre war mindestens eine Woche in seinem Kalender blockiert, wenn die Stiftung „Pro Musica e Arte sacra" Chöre aus aller Welt zu erstklassigen Konzerten in die Patriarchalbasiliken einlud. Der Präsident des ACV und Mensch Wolfgang Bretschneider war dort häufiger und gern gesehener Gast.

An dieser Stelle sei eine biographische Notiz gestattet. Wolfgang Bretschneider freute sich, wenn er während meiner langen Jahre in Rom zu Besuch kam. Schöne Orgeln fanden wir bei unseren Exkursionen ins römische Umland. Für Feierlichkeiten vermochte er aus der noch so kleinen oder noch so großen Gästeschar eindrucksvolle Chöre zu kreieren, denen jener Brückenbau zwischen Liturgie und Welt gelang. Bei ungezählten römischen Spaziergängen (er freute sich besonders, mit mir in neu erschlossene Ausgrabungen zu gehen, gerade im christlichen Kontext, um den Ursprüngen der Religion nahezukommen) und Abendessen war er der aufmerksame Zuhörer zur innenpolitischen Lage der Kirche und dem internationalen, von den Päpsten unermüdlich verfolgten Kontext in vielen Ländern der Welt.

Man wird Wolfgang Bretschneider mit der Aussage gerecht, dass es ihm gelang, ein gewisses Rom-Ressentiment zu überwinden. Das kann mit der Frage der Priesterausbildung zusammengehangen haben, denn die Freisemester, die er besuchte, begleitete er nicht zuletzt mit einem gewissen Maß an Skepsis, da er Rom für den falschen Freisemester-Ort hielt. Als Präsident des ACV hatte er enge Beziehungen zum Päpstlichen Institut für Kirchenmusik in Rom, wenngleich er mit dessen langjährigem Leiter, Prälat Johannes Overath, nie freundschaftlich verbunden war, sondern eher kritisch auf die kirchenmusikalische Entwicklung dort schaute. 1981 bis 1988 war Overath Präsident, danach schien auch für Wolfgang Bretschneider die Zeit gekommen, neu auf das Institut zuzugehen und den Dialog zu suchen: So wird man die Würdigung des Instituts-Präsidenten Msgr. Valentino Miserachs Grau zum 60. Geburtstag von Wolfgang Bretschneider nicht nur als höfliche Adresse verstehen, sondern als echte Wertschätzung, wenn er die „herausragenden geistlichen, menschlichen und musikalischen Eigenschaften" hervorhebt und ihm weltweites Renommee bescheinigt:

> „Mögen Sie die Kraft haben, noch viele Jahre glücklich und ‚in crescendo' Ihr wertvolles Wirken zu entfalten für die Kirchenmusik nicht nur in Ihrem lieben Deutschland, sondern auch im Bereich der gesamten Kirche."[4]

Wenn man dieses Spannungsverhältnis Wolfgang Bretschneiders in und mit Rom zusammenzufassen versucht, sind es zwei Ebenen: Die Vorbehalte gegenüber rö-

---

4   Valentino Miserachs Grau, Grußwort zum 60. Geburtstag von Prof. Dr. Wolfgang Bretschneider, in: Stefan Klöckner u. a. (Hg.), Brückenschlag. Wolfgang Bretschneider zum 60. Geburtstag, Regensburg 2001, S. 16.

mischen Entwicklungen und nicht selten auch Personen, die Begeisterung für die Verbindung von Kunst und Kultur als Brückenbau in die Welt hinein, die er mit seiner Musik – in Rom – krönte. Deshalb glaube ich aus all den vielen Begegnungen und römischen Gesprächen sagen zu können, dass Wolfgang Bretschneider eine ihm eigene Romanità entwickelt hat: keine unreflektierte Begeisterung und keine ideologische Ablehnung, sondern eine – in seinem *sentire cum ecclesia* begründete – kritische und offene Zeitgenossenschaft und die tiefe Überzeugung, dass der römische Kosmos wesentlich zur Universalkirche dazugehört, aber nicht einzig ist, denn für ihn waren die Teilkirchen mindestens ebenso konstitutiv und damit unverzichtbar. Anders ausgedrückt: Wolfgang Bretschneider lehnte jede ideologische Nutzung von Liturgie und Kirchenmusik ab und warb für diese Haltung auch in Rom. Kirchengeschichte bedeutete für ihn die Entwicklung von Musik und Liturgie in der Vielfalt der Formensprache und Ausdrucksfähigkeit. Was über Jahrhunderte tradiert worden war, sah er als wertvollen Schatz, den er – auch mit seinen römischen Erfahrungen – in die Gegenwart zu transponieren versuchte.

Das hat vielleicht am treffendsten Kardinal Reinhard Marx in einem Brief zum Goldenen Priesterjubiläum Wolfgang Bretschneiders geschrieben:

> „Für Sie ist die Kirchenmusik zu einem Instrument der Verkündigung geworden. So gelingt es Ihnen, Töne hörbar zu machen, die in unserer oft lauten Umwelt oft unterzugehen drohen."[5]

Und zum 150-jährigen Bestehen des ACV schreibt Kardinal Marx wieder an Wolfgang Bretschneider anlässlich seines Ausscheidens als Präsident:

> „Sie sind … zu einem der wichtigsten und prominentesten Botschafter der Kirchenmusik geworden. Dabei denke ich an Ihre eigenen Kompositionen, den Mut, Neues in der Kirchenmusik zu wagen […]"[6]

JERUSALEM

Bonn und Rom waren prägende Stationen im Leben Wolfgang Bretschneiders, der Neues wagte und mit Altem verband. Geradezu begeistern konnte er sich für Lied-

---

5   Kardinal Reinhard Marx, Brief an Prof. Dr. Wolfgang Bretschneider vom 25. Januar 2017, in: Archiv Deutsche Bischofskonferenz.

6   Kardinal Reinhard Marx, Brief an Prof. Dr. Wolfgang Bretschneider vom 18. September 2018, in: Archiv Deutsche Bischofskonferenz.

gut über die Heilige Stadt Jerusalem. In seiner Zeit als Lehrbeauftragter im Collegium Albertinum entkam ihm kein Student, der nicht mit Jerusalem-Liedern konfrontiert und letztlich auch begeistert wurde. In dieser inhaltlichen Konzentration stoßen wir zur Spiritualität Wolfgang Bretschneiders und letztlich seinem aus dem Glauben heraus emporsteigendes Hoffen vor: Das Himmlische Jerusalem, die Stadt Gottes mit den zwölf Toren, der Ort von Geborgenheit und Heimat waren seine tiefste Hoffnung und Erwartung. Deshalb besang er die Stadt so gerne und fühlte sich ihr geistig deutlich näher als Rom. Jerusalem war für Wolfgang Bretschneider im theologischen Denken die Erfüllung von Kirche-Sein. *Sentire cum ecclesia* sah er gleichsam im Himmlischen Jerusalem verwirklicht, weshalb er in Rom oft Santo Stefano Rotondo als Abbild dieses Jerusalems aufsuchte und ebenso die mittelalterlichen Mosaiken zahlreicher Kirchen bestaunte, die in eindrucksvoller Weise durch die Mosaizisten gelegt Bethlehem als Stadt der Verheißung und Jerusalem als Stadt der Vollendung abbilden.

Dieses Jerusalem wollte Wolfgang Bretschneider erleben und nutzte mehrere Möglichkeiten, um in das Heilige Land zu reisen und diesem besonderen Geist Jerusalems, der theologischen Strahlkraft der realen Stadt nachzuspüren. Wieder waren es Vorträge und Predigten, in denen er den Brückenbau von Jerusalem nach Rom unternahm und umgekehrt. Es wundert daher nicht, dass er aus Überzeugung für die Menschen im Heiligen Land 1988 in den Ritterorden vom Heiligen Grab zu Jerusalem aufgenommen wurde. Der Orden entwickelte sich für ihn zu einer geistlichen Heimat – eben mit Blick auf das Heilige Land, das Heilige Grab und die Heilige Stadt Jerusalem. In seiner Bonner Komturei wirkte er viele Jahre als Prior und förderte das geistliche Leben der Ordensritter, um ihnen etwas vom *sentire cum ecclesia* und der Spiritualität Jerusalems zu vermitteln. *Lauda Jerusalem* war für ihn nicht nur ein Wort, sondern eine Überzeugung: Jerusalem zu besingen.

Seit seinem 75. Geburtstag hat Wolfgang Bretschneider oft über das Himmlische Jerusalem gesprochen, über den Ort von Gottesnähe und Gottesheimat nachgedacht. Er war nicht melancholisch, aber doch zutiefst überzeugt und erstaunlich gefestigt, dieses Jerusalem zu schauen. Dieses Denken wurde getrübt je älter er wurde, denn Wolfgang Bretschneider spürte, dass das, was ihn in jungen Jahren und letztlich Zeit seines Lebens prägte, doch nicht mehr wiederfahren sollte: ein Erleben der „Kirche des Aufbruchs". Deutlich kritischer wurden seine öffentlichen Wortmeldungen: Es brach eine – verständliche – innere Unruhe in ihm aus, weil er etwas von dieser Kirche des Zweiten Vatikanischen Konzils noch als realisiert wissen wollte. Eindringlich waren seine Worte, die er im Jubiläumsjahr des ACV 2018 wählte und mahnte, das Geheimnisvolle des Glaubens nicht zu vergessen:

„Letztlich können wir nur Aufmerksamkeit erwarten, wenn wir vom Geheimnis künden. Das kann in einfachen Werken ebenso geschehen wie in kunstvollen Kompositionen. Dann könnte sich das wiederholen, was Menschen schon immer fasziniert hat: Je mehr ich von einem Geheimnis verstehe, desto geheimnisvoller wird es."[7]

Ein Geheimnis, das es immer neu zu entdecken galt, war für ihn das Himmlische Jerusalem, der eigene Glaube und der Schatz dessen, was die Kirche über Jahrhunderte gerade in Liturgie und Musik überliefert hat. Vor dem Hintergrund dieses Gedankens über das Geheimnis des Glaubens und einem Leben auf der Suche für ein *sentire cum ecclesia* vermag man Wolfgang Bretschneiders Unterschrift zu verstehen, die er unter den Brief von elf Priestern seines 1967-er-Weihejahrgangs setzte und der am 10. Januar 2017 veröffentlicht wurde. Die Priester schreiben von der damaligen Euphorie des Aufbruchs und hinterfragen, wohin sich die Kirche im Heute entwickelt hat. Bestandsaufnahme und Visionen prägen den Brief, der letztlich auch eine tiefe Suche nach der Gottesfrage ist. Wörtlich heißt es da:

„Uns bedrückt, dass die Frage nach Gott bei vielen Menschen hierzulande kein Thema mehr ist. Zudem stellen wir fest, dass die neueren Erkenntnisse über die Bibel und über die Geschichtlichkeit unserer Kirche nicht zum Allgemeingut im Glauben der Christen geworden sind. Eine neue Begeisterung für das Evangelium, die Papst Franziskus mit dem biblischen Leitwort Barmherzigkeit initiieren will, scheint bisher nur wenige zu packen. Das kann resigniert und müde machen."[8]

Hier spürt man Wolfgang Bretschneiders Handschrift: die Begeisterung für das Evangelium und die gleichzeitige Gefahr der Resignation. Er wollte sich – auch beim Goldenen Priesterjubiläum – nicht damit abgeben, dass Konzil und Synode noch nicht verwirklicht sind. Deshalb wirkte er an dem Brief mit, der eine Sehnsucht ausdrückt, im Glauben gestärkt mit der Kirche zu fühlen und zu leben.

Das war Wolfgang Bretschneiders Fundament bis zu seinem Tod. Er wollte den Glauben an die Erfahrungen des Konzils nicht aufgeben. Und er hoffte, noch einiges dazu sagen zu können, auch aus seinem reichen Erfahrungsschatz von fast 80 Lebensjahren. Bonn

---

7   Wolfgang Bretschneider. Die Nähe des Unsagbaren spüren lassen. Von den Chancen der Kirchenmusik in Zeiten der Gotteskrise. Festrede beim ACV in der Hochschule für katholische Kirchenmusik und Musikpädagogik Regensburg am 22. September 2018, in: https://www.acv-deutschland.de/media/pdf/49/38/1a/Festrede-Wolfgang-BretschneiderMaH1q9UYJhbt7.pdf, S. 5 (abgerufen am 09. Juli 2021).

8   Wolfgang Bretschneider et alt., Offener Brief vom 10. Januar 2017, dokumentiert im Wortlaut in: https://www.domradio.de/themen/erzbistum-koeln/2017-01-10/der-brief-der-priester-des-weihejahrgangs-1967-im-wortlaut (abgerufen am 10. Juli 2021).

prägte ihn, hier lebte er. Rom war für ihn ein Resonanzort seines eigenen Glaubens. Auf Jerusalem hoffte er. Das Himmlische Jerusalem rezitierte er oft im 122. Psalm:

> „Ich freute mich, als man mir sagte: ‚Zum Haus des Herrn wollen wir pilgern.' Schon stehen wir in deinen Toren, Jerusalem: Jerusalem, du starke Stadt, dicht gebaut und fest gefügt."

Die Suche nach dem *sentire cum ecclesia* endete zu früh am Tor des Himmlischen Jerusalem, auf das Wolfgang Bretschneider hingelebt hatte. Am 12. März 2021 durfte er dort eintreten.

Zwischen musikalischer Praxis und Musikwissenschaft
Der Musikvermittler Wolfgang Bretschneider

Ulrich Konrad

Wer in den späten 1970-er Jahren am Musikwissenschaftlichen Seminar der Universität Bonn studierte, der konnte dort sehr gelegentlich einem Kommilitonen begegnen, den die Jüngeren als nicht eigentlich zu ihnen gehörig empfanden. Denn dieser Doktorand – seinen Status beobachtete man mit Respekt – gehörte keinem der Jahrgänge an, denen die meisten entstammten, die in den Vorlesungen und Seminaren zusammenkamen. Auch schien er sich vornehmlich mit anderen Gegenständen zu beschäftigen als es die überschaubare Schar der Studentinnen und Studenten tat. Welche Überraschung bereitete es eines Tages, als Günther Massenkeil, der damalige Ordinarius am Seminar, dazu einlud, außerhalb des Lehrprogramms an einer Konzertprobe im Bonner Münster teilzunehmen. Nicht nur erfuhren die Geladenen auf diesem Wege, dass ihr Professor sich auch als Sänger betätigte, sondern bei Beginn der Probe, dass sein musikalischer Begleiter an der Orgel eben jener Kommilitone war, über den die meisten bis dahin nur wenig wussten. Doktorand, profunder Organist – und Priester, wie sich herausstellte. Seinen Namen, Wolf(gang) Bretschneider, hörten die Teilnehmer bei dieser Begegnung zum ersten Mal.

Dass im weiteren kaum engere Verbindungen zwischen Bretschneider und der aktuellen musikwissenschaftlichen Studentengeneration entstanden, lag einfach daran, dass der Ältere kurz vor Weihnachten 1979 seine Doktorprüfung absolvierte und der Universität den Rücken kehrte. Seine berufliche wie geistige Mitte hatte er nämlich im Collegium Albertinum in Bonn, dem Theologenkonvikt des Erzbistums Köln gefunden, wo er schon seit längerem als Repetent wirkte. Dass Liturgik und Kirchenmusik die Fächer waren, die er dort betreute, lag nahe, so wie seine 1987 einsetzende Tätigkeit als Professor an der Robert Schumann Hochschule in Düsseldorf (und später an der Musikhochschule Köln sowie an seiner Bonner Alma mater) von diesen Disziplinen bestimmt war. Die Vermittlung liturgischen und (kirchen) musikgeschichtlichen Wissens in aller Breite an Theologen und angehende Kirchenmusiker, primär nicht aus der Perspektive strenger Fachwissenschaftlichkeit heraus, sondern aus der Praxis für die Praxis, machte sich Wolfgang Bretschneider zur zent-

65

ralen Aufgabe seines Berufslebens; mit voller Überzeugung teilte er die Beschlüsse des Zweiten Vatikanischen Konzils und trug auch dessen Liturgiereform mit.[1] Dass seine pädagogischen Bemühungen auf seinen priesterlichen Dienst bezogen blieb, freilich mit einer immer präsenten, erfrischenden Weltzugewandtheit, gehörte zu den charakteristischen Merkmalen der Persönlichkeit Bretschneiders.

Vor diesem Hintergrund wäre es verfehlt, wollte eine Vorstellung des Musikwissenschaftlers Bretschneider auf die Würdigung eines genuin musikologischen Œuvres zielen. Ein solches gibt es nicht, weil ein solches zu schaffen nie in seiner Absicht lag, ja, nach seinen persönlichen Neigungen und Fähigkeiten nicht liegen konnte. Wolfgang Bretschneiders Interesse richtete sich nicht auf die quellengeleitete Erkundung historischer Details, die Klärung philologischer Probleme oder die Anstrengung einer themengeleiteten Theoriebildung, sondern auf die Weitergabe gesicherten Wissens und dessen – man könnte sagen: beständige – Anwendung beim Versuch, auf dem Feld der Kirchenmusik den Herausforderungen der Gegenwart zu begegnen. Wissenschaft um ihrer selbst willen war nicht seine Sache, was aber keineswegs einen Mangel an Hochachtung vor fachspezifischem Spezialistentum und forscherlicher Konzentration nach sich zog. Im Gegenteil: Weil Bretschneider selbst über den Ausweis der Qualifikation zu wissenschaftlicher Arbeit verfügte, hatte er es nicht nötig, seinen Weg und seine Sicht der Dinge auf Kosten anderer zu legitimieren. Als Organist, gleich, ob er Repertoire interpretierte, ob er improvisierte – eine von ihm meisterlich beherrschte Kunst, mit der er sein Auditorium mitriss – oder ob er Kompositionen edierte – seine verdienstvolle Ausgabe der Orgelwerke Joseph Gabriel Rheinbergers behauptet ihren Platz im Musikleben: immer hielt er dafür, dass Praxis und Theorie aufeinander bezogen sein sollten.

Von dieser Feststellung aus sei der Bogen zu Bretschneiders akademischer Ausbildung zurückgeschlagen, liegt in ihr doch der Schlüssel für eine angemessene Einsicht in sein Selbstverständnis als von wissenschaftlichen Prinzipien geleiteter Musikvermittler. Die an den Universitäten Bonn, München und Köln seit 1961 betriebenen Studien galten in erster Linie der Katholischen Theologie und führten zu den damals üblichen beiden Theologischen Abschlussprüfungen vor der Erzbischöflichen Prüfungskommission in Bonn und dann über die pastorale Ausbildung im Kölner Priesterseminar zur Priesterweihe am 27. Januar 1967 (nebenbei dem 211. Geburtstag Wolfgang Amadé Mozarts). Kaplansjahre und die erwähnte Stellung am Albertinum ließen das weitere Studium der Erziehungs- und der Musikwissenschaft nicht so rasch ans Ziel gelangen, wie dies seinerzeit an der Universität noch üblich war, als eine

---

1   Vgl. Wolfgang Bretschneider, Musik in der Liturgie – Dienerin oder Rivalin? Zum 50. Jahrestag der Veröffentlichung der Instruktion „Musicam sacram", in: Musica sacra 137 (4/2017), S. 196–200.

Promotion grundständig, das heißt, ohne vorherigen Erwerb anderer akademischer Abschlüsse angestrebt werden konnte. Anders als angesichts der musikbezogenen Berufstätigkeit Bretschneiders anzunehmen wäre, entstand die Dissertation nicht am Musikwissenschaftlichen Seminar in Bonn, sondern am Lehrstuhl für Erziehungswissenschaft der dortigen Universität. Dessen Inhaber war Philipp Eggers (1929–2016), ein Wissenschaftler, der Katholische Theologie, Rechts- und Staatswissenschaften sowie Erziehungs- und Sozialwissenschaften studiert und zwei Doktortitel erworben hatte, einen philosophischen und einen juristischen. Bekannt für seine interdisziplinäre Offenheit und sein Engagement in der Weiterbildung von Priestern, war er der bestens geeignete Ansprechpartner für Wolfgang Bretschneider.

Bei Eggers fand er einen offenen Mentor, der die theologischen, historischen, pädagogischen und musikalischen Interessen des studierwilligen Kandidaten nicht nur wahr-, sondern auch ernstnahm. Das vereinbarte Dissertationsthema trug der intellektuellen Physiognomie Bretschneiders auf ideale Weise Rechnung: „Pädagogische Bedeutung und Funktion des deutschen Kirchenliedes zwischen Aufklärung und Restauration, dargestellt am Werk des Kaspar Anton von Mastiaux (1766–1828)". Was in dieser Formulierung vielleicht etwas trocken und umständlich daherkommt, traf alles andere als einen randständigen Gegenstand. Tatsächlich nahm Bretschneider eine hochgebildete, nach vielen Seiten ausgerichtete, sich ambivalent im Widerstreit dezidiert aufgeklärter und restaurativer Positionen bewegende Gestalt in den Blick. Dabei stellte sich der Doktorand nicht eben harmlosen Schwierigkeiten, gab es doch keine nennenswerten wissenschaftlichen Vorarbeiten, auf die er sich hätte stützen können. Dass der Name von Mastiaux in Bonn noch einen, wenn auch schwachen Klang hatte, lag daran, dass sich sein und des jungen Beethovens Lebenskreis für ein paar Jahre schnitten, der Freiherr in Forschungen zum Bonner Musik- und Geistesleben des späten 18. Jahrhunderts immer eine Rolle spielte, vor allem hinsichtlich der dortigen Lesegesellschaft.

Mastiaux war kein Musiker von Profession, hatte auch keine Ambitionen, am Musikleben seiner Zeit produktiv teilzunehmen. Als Gegenstand für eine genuin musikwissenschaftliche Dissertation kam er daher nicht in Frage. Massenkeil (1926–2014), bei dem Bretschneider am Bonner Seminar vorzugsweise studierte, legte zudem stets großen Wert darauf, dass von ihm betreute Dissertationen kompositorische Œuvres ins Zentrum der Untersuchung rückten. Davon konnte bei Mastiaux keine Rede sein. Doch eröffneten die Gesangbücher mit ihren Kirchenliedern, die der Freiherr seit etwa 1810 publizierte und die einen wichtigen Teil seiner öffentlichkeitswirksamen Unternehmungen ausmachten, für Bretschneider einen interdisziplinären Zugang zu seinem Thema, wie er besser nicht hätte erfunden werden können.

Was ließ sich hier nicht alles thematisieren: Die Situation des katholischen Kirchengesangs um 1800 und die damaligen Bemühungen um das deutschsprachige Gemeindelied; das Leben und Wirken eines Geistlichen am Ende des Alten Reichs und im mühsamen Übergang zu neuen Ordnungen; der Anteil von Mastiaux' an der Erneuerung des gottesdienstlichen Volksgesangs; Aufbau und Faktur der Melodiensammlungen. Die theologischen, musikästhetischen und pädagogischen Anschauungen des Freiherrn zu erkunden, dabei etwa das Verständnis von Liturgie als Lob Gottes und „Auferbauung" der Gemeinde zu klären oder doppelperspektivisch die Forderungen an die Texte und an die Melodien beim deutschen Kirchenlied zu bewerten, dies und mehr leistete Bretschneider in seiner ambitionierten Studie. Die breit fundierten Kenntnisse des Verfassers ließen ihn auf den von ihm betretenen disziplinären Feldern der Theologie, Geschichte, Pädagogik, Musikgeschichte und Hymnologie festen Trittes sich bewegen. Die schnörkellos geschriebene, reich dokumentierte und argumentativ konzis durchgeführte Dissertation, die Bretschneider im Mai 1979 vorlegte, wurde nicht nur vom Doktorvater Eggers, sondern auch vom Zweitgutachter Massenkeil approbiert (und 1980 als Typoskriptdruck vervielfältigt). Dem 39-jährigen Geistlichen öffnete sich damit die Tür zu höheren Lehrpositionen, von denen bereits eingangs die Rede war. Generationen von Kirchenmusikern und Theologen haben von ihm gelernt, auf welchen Grundlagen Liturgie und Musikgeschichte aufbauen.

Für Bretschneider blieb in seiner langen Lehrtätigkeit ein Gedanke leitend, den ihm Eggers nahegebracht hatte, nämlich, dass „Erziehung und pädagogische Reflexion nicht in einem isolierten Raum vollzogen werden können, sondern daß die vitalen, die gesellschaftlichen und historischen Modalitäten den Erziehungsvorgang und das pädagogische Bewußtsein entscheidend mitbestimmen."[2] Anders und in Anlehnung an das bekannte Wort des protestantischen Theologen Hermann Gunkel ausgedrückt: Musizieren wie Reflektieren über Musik mussten ihren „Sitz im Leben" haben, bezogen sein auf die (stets im Wandel befindliche) Lebenswirklichkeit der Menschen. Diese Grundüberzeugung prägte denn auch Bretschneiders weiteres publizistisches Auftreten. Unter seinen Beiträgen finden sich immer wieder durchaus von Besorgtheit geprägte Anfragen und Reaktionen auf Zeiterscheinungen, etwa wenn er über *Kirchenmusik und Pastoral*[3] nachdachte, einen Aufsatz überschrieb mit *Wie geistlich sind die geistlichen Konzerte?*[4] oder sich positionierte wie

---

2   Philipp Eggers, Erziehung und Gesellschaft heute, Stuttgart u. a. 1970, S. 10.

3   Wolfgang Bretschneider, Kirchenmusik und Pastoral, in: Musica sacra 107 (1/1987), S. 5–9.

4   Wolfgang Bretschneider, Wie geistlich sind die geistlichen Konzerte? Anfragen an die Programmgestaltung von Kirchenkonzerten, in: Johann Trummer (Hg.), Kirchenraum – Konzert – Aufführungspraxis, Regensburg 1996, S. 73–83.

in seinem Text *Orgelmusik – eine sakrale Fassade?*[5]. Ihm war bewusst, dass Liturgie und kirchenmusikalische Praxis nicht in Routine oder falsch verstandener Tradition erstarren dürfen und immer wieder bereit zum Aufbruch sein müssen.[6] Pointiert stellte er klar: *Wer sich nicht mehr wundern kann, ist sozusagen tot. Perspektiven für die Kirchenmusik*[7]. Nicht müde wurde er bei der Anstrengung, Bedeutung und Sinn von *Musik im Raum der Kirche* zu erläutern, wie in einem unter diesem Titel von ihm mitgetragenen ökumenischen Handbuch (Stuttgart 2007) oder in der von ihm mitherausgegebenen *Enzyklopädie der Kirchenmusik* (Laaber 2011ff.).

Seine Bekanntheit in der *community* der Kirchenmusikforschung rührte von diesen und einer Reihe anderer Veröffentlichungen her. Bretschneider schlug in diesem Kreis Achtung entgegen, auch weil er sich nie als mehr ausgab als er war. Bei den Tagungen der Sektion Musikwissenschaft, die jährlich im Rahmen der Generalversammlung der Görres-Gesellschaft stattfinden, begegnete man ihm mit unverbrüchlicher Verlässlichkeit immer unter den Besuchern – als an den behandelten Themen erkennbar teilhabenden, konzentrierten Zuhörer, als wissbegierigen Frager und als bedachtsamen Kommentator.[8] In Gesprächen am Rande spürte man, wie wichtig ihm der Austausch mit Vertretern der Musikwissenschaft war, vornehmlich mit denjenigen, die sich mit Fragen zur Kirchenmusik auseinandersetzten. Dass bei diesen Treffen immer wieder auch Bretschneiders Humor aufblitzte, verstärkte den Eindruck, es sowohl mit einem ernsthaften und metiersicheren Kollegen als auch mit einem Vertreter fröhlicher Wissenschaft zu tun zu haben.

---

5   Wolfgang Bretschneider, Orgelmusik – eine sakrale Fassade? Zu einer Anfrage von Hans Zender, in: Johann Trummer (Hg.), Orgelmusik, Kirchenraum und Aufführungspraxis, Regensburg 1997, S. 75–81.

6   Vgl. Wolfgang Bretschneider, „Dem Sprachlosen eine Stimme geben" – Verstummt das Singen in der Kirche?, in: Albert Gerhards (Hg.), Kirchenmusik im 20. Jahrhundert. Erbe und Auftrag, Münster 2005, S. 39–50; Ders., Zweifelhafte Begeisterung. Zum Gebrauch der römischen Liturgie in der Gestalt von der Reform Papst Pauls VI., in: Musik und Kirche 78 (1/2008), S. 16–19.

7   Wolfgang Bretschneider, Wer sich nicht mehr wundern kann, ist sozusagen tot. Perspektiven für die Kirchenmusik, in: Musikforum 15 (2/2017), S. 50–52

8   Autor im von der Gesellschaft herausgegebenen Kirchenmusikalischen Jahrbuch wurde er im Jahr 2000; vgl. Wolfgang Bretschneider, Krzysztof Penderecki – Versuch einer Positionsbestimmung, in: KmJb 84 (2000), S. 51–57.

Sprengkraft gelebter Hoffnung
Eine Weggemeinschaft in Liturgie und Musik

Albert Gerhards

Kurz vor der Jahrtausendwende schrieb Wolfgang Bretschneider in einer Publikation des Katholischen Bibelwerks über die Liturgie in der kommenden Zeit:

> „Die Geschichte Gottes mit den Menschen will zutiefst eine Liebesgeschichte sein, oft eingetaucht in hundert Dunkelheiten, aufleuchtend aber in tausend Farben. In ihrer Faszination und Ungeheuerlichkeit muß sie aber immer neu zu Gehör gebracht werden. Vom unbegreiflichen, geheimnisvollen Gott Kunde zu geben, von seinem unverbrüchlichen Ja in Jesus Christus zu singen und zu tanzen und von seinen Geboten zu erzählen, die ‚zu Liedern auf unseren Lippen' werden wollen, dazu ist Kirchenmusik berufen, das ist ihre Mission, gerade in nachchristlicher Zeit: ‚Sprengkraft gelebter Hoffnung'."[1]

Diese wenigen Sätze fassen das ins Wort, was für den Autor Lebensmaxime war und wofür er ein großes Netzwerk geschaffen und gepflegt hat. Eine lange Wegstrecke durfte ich ihn dabei begleiten, von dem im Folgenden die Rede ist.[2] Die gemeinsamen Erfahrungen beziehen sich – wie kann es bei einem Liturgiewissenschaftler anders sein – auf die Liturgie und ihr Umfeld, wozu auch die außerliturgische Musik im Raum der Kirche gehört. Die Orte und die Gelegenheiten sind vielfältig wie auch die jeweils beteiligten Personen und Institutionen. Die Vielfalt ist nicht Zufall, sondern Programm: Geht es hier ja um die Begegnung von Unterschiedlichem, oft Gegensätzlichem, die zu einem Zusammenklang zu führen sind, der durchaus spannungsreich sein kann, aber im letzten nicht disharmonisch enden darf. Die „Sprengkraft" des jungen Christentums bestand darin, dass es alte Trennmauern auch sozialer und kultureller Art zumindest intentional überwunden hat:

---

1   Wolfgang Bretschneider, Stimme der Sehnsucht und der Klage, Klang des Unsagbaren: Musik im Gottesdienst, in: Benedikt Kranemann/ Klemens Richter/ Franz-Peter Tebartz-van Elst (Hg.), Die missionarische Dimension der Liturgie. Gott feiern in nachchristlicher Gesellschaft 1 (Gottes Volk S, Bd. 98), Stuttgart 1998, S. 93–101, hier S. 100–101.

2   Vgl. auch: Albert Gerhards/ Andreas Odenthal, In memoriam Msgr. Prof. Dr. phil. Wolfgang Bretschneider (7. August 1941–12. März 2021), in: LJ 71 (2021), S. 137–140.

„Denn ihr alle, die ihr auf Christus getauft seid, habt Christus (als Gewand) angelegt. Es gibt nicht mehr Juden und Griechen, nicht Sklaven und Freie, nicht Mann und Frau; denn ihr alle seid «einer» in Christus Jesus. Wenn ihr aber zu Christus gehört, dann seid ihr Abrahams Nachkommen, Erben kraft der Verheißung" (Gal 3, 26–29).

Dies ist der Sendungsauftrag der Kirche durch die Zeiten hindurch: das Evangelium von der Befreiung allen zu verkündigen. In der Liturgie findet dies seinen zeichenhaften Ausdruck. Sie soll gerade nicht nur Menschen eines einzigen Milieus oder einer homogenen Gruppe versammeln, sondern einladend sein für alle, die auf der Suche sind nach der Quelle des Lebens. Das ist einer der Gründe, warum Bretschneider sich gerade auf solchen Feldern engagiert hat, die von vielen anderen als peripher abgetan werden, auch auf dem Terrain „im Vorhof der Heiden".[3]

Im Folgenden werden einige Themenschwerpunkte behandelt, die sich freilich in vielen Einzelpunkten überschneiden:

1. Kirchenmusik und Theologie in Bonn
2. Katholiken- und Kirchentage
3. Gebet- und Gesangbücher
4. Neue Musik und Kirche

KIRCHENMUSIK UND THEOLOGIE IN BONN

Ein Anreiz, im Wintersemester 1989 dem Ruf auf den Lehrstuhl für Liturgiewissenschaft von Bochum an die Universität Bonn zu folgen, war für mich die schon vorhandene Kooperation mit Wolfgang Bretschneider beim Aachener Katholikentag 1986 und in der Werkgemeinschaft Musik. Noch vor meinem Dienstantritt inspizierten wir gemeinsam die Baustelle der Kapelle des Collegium Albertinum, das gerade generalsaniert wurde. Die gegenseitige Konsultation – er in Fragen von Liturgie und Kirchenbau, ich in Fragen der Kirchenmusik – blieb lebenslang bestehen.[4] Dies betraf auch die Lehrveranstaltungen an der Universität beziehungsweise am

---

3   In seiner Festschrift zum 60. Geburtstag, die den treffenden Titel „Brückenschlag" trägt, widmete ich ihm einige Überlegungen zu diesem Thema: Albert Gerards, Kirchenmusik „im Vorhof der Heiden"? Überlegungen zur Rolle der Kunst im missionarischen Auftrag der Kirche, in: Stefan Klöckener/ Matthias Kreuels/ Günther Massenkeil (Hg.), Brückenschlag [FS Wolfgang Bretschneider], Regensburg 2001, S. 55–57.

4   Mehrere Jahre haben wir zuletzt in einer Kommission an der Umgestaltung des Bonner Münsters zusammengearbeitet, dessen Wiedereröffnung Bretschneider nicht mehr erleben durfte. Allerdings wurden die inzwischen ausgereiften Pläne durch den neuen Rector Ecclesiae verworfen.

Albertinum und im Priesterseminar. Wie in Bochum[5] bot ich auch in Bonn Lehrveranstaltungen über kirchenmusikalische Themen an, in die Bretschneider sich gern einbeziehen ließ. Selbst für Dienstleistungen wie die Bedienung der Tontechnik bei meiner Bonner Antrittsvorlesung über das Te Deum[6] war er sich nicht zu schade.

Von besonderer Bedeutung war aber seine jahrzehntelange Begleitung der Gottesdienste an der Orgel, für die ich als Universitätsprediger verantwortlich war.[7] Die Gestaltung der Universitätsgottesdienste zu Beginn des Semesters sowie der Fakultätsgottesdienste verstanden wir als eine partnerschaftliche Aufgabe. Wo immer man mit Wolfgang Bretschneider zusammen feierte, sei es in seiner Eigenschaft als Organist, Scholaleiter oder Priester, kam es zu einer wirklichen Konzelebration, bei der die Kirchenmusik nicht eine bloß begleitende, sondern eine mittragende Rolle zusammen mit Gottesdienstleitung und Gemeinde gegenüber dem eigentlichen Liturgen – Christus – wahrnahm.[8]

Die Erfahrungen in Theorie und Praxis führten zu Überlegungen, wie man das klassische Spannungsverhältnis zwischen Liturgie und Kirchenmusik, zwischen Priester und Kirchenmusiker(in) produktiv gestalten könne, wie dies Bretschneider in seiner Person überzeugend vorgelebt hat.[9] Die Grundeinsicht ist die, dass Liturgie keine Musik hat, sondern zu einem wichtigen Teil Musik ist. Als verlautetes Gotteswort und gemeinsame Antwort der gottesdienstlichen Versammlung ist Gottesdienst per se Redeklang und Klangrede, hat also stets eine musikästhetische Dimension. Hier sind Brücken zwischen kirchenmusikalischer und theologischer Ausbildung erforderlich, soll es zu einer fruchtbaren Zusammenarbeit kommen.

---

5   Die Ergebnisse eines Bochumer Seminars wurden reflektiert in: Albert Gerhards, „Von unschätzbarem Wert". Zur Wechselbeziehung zwischen Kirchenmusik und Liturgie, in: Gd 20 (1986), S. 137–139.

6   Vgl. Albert Gerhards, Te Deum Laudamus – Die Marseillaise der Kirche? Ein christlicher Hymnus im Spannungsfeld von Liturgie und Politik, in: LJ 40 (1990), S. 65–79.

7   Sein Credo als Organist und Theologe in einer Person hat er in ein einem fiktiven Brief von J.S. Bach an die Trinitatis-Gemeinde in Leipzig für deren Orgelfestschrift 2015 formuliert. Zusammen mit einem Einblick in historische Orgelfestschriften veröffentlichte er den Text in der mir zum 65. Geburtstag gewidmeten Festschrift: Wolfgang Bretschneider, (K)Ein Wort an die Organisten. Ein-Blicke in Orgelfestschriften, in: Kim de Wildt/ Benedikt Kranemann/ Andreas Odenthal (Hg.), Zwischen-Raum Gottesdienst. Beiträge zu einer multiperspektivischen Liturgiewissenschaft (PTHe, Bd. 144), Stuttgart 2016, S. 252–264.

8   Darüber hinaus hat er auch die säkularen Fakultätsfeiern (Ehrenpromotionen, Absolventenfeiern) musikalisch mitgestaltet beziehungsweise bei deren Gestaltung beraten.

9   Zu seinem 75. Geburtstag habe ich Bretschneider einige Gedanken dazu gewidmet: Albert Gerhards, Priester und Kirchenmusiker – Rivalen oder Verbündete? Wolfgang Bretschneider zum 75. Geburtstag am 7. August 2016, in: Gd 50 (2016), S. 125–128.

Im Jahr 2003 wurde Wolfgang Bretschneider an der Katholisch-theologischen Fakultät der Universität Bonn eine Honorarprofessur für Kirchenmusik übertragen. Damit sollte nicht nur die lange Zusammenarbeit wertgeschätzt und konsolidiert werden, es handelte sich auch um einen Baustein für einen geplanten Studiengang in Kooperation mit der Hochschule für Kirchenmusik St. Gregorius in Aachen, die 1999 gegründet worden war, 2007 aber wieder geschlossen wurde. Bretschneider gehörte zu ihren Dozenten.[10] In dem mit dem Rektor der Hochschule Prof. Matthias Kreuels ausgearbeiteten Konzept ging es um die Integration kirchenmusikalischer Kompetenz in Theologie und Seelsorge und umgekehrt, wozu ein neues Berufsbild geschaffen werden sollte, das Anteile der Berufe Pastoralreferent/in und Kirchenmusiker/in miteinander kombiniert. Der Schwerpunkt sollte dabei auf der musikpädagogischen (Chorarbeit) und religionspädagogischen Ebene (ästhetische Bildung) sowie der Liturgietheologie liegen. Dies sollte die in der Praxis meist weit auseinanderklaffenden Bereiche Kirchenmusik und Seelsorge, aber auch viel grundsätzlicher die drei Grundvollzüge *Liturgia – Martyria – Diakonia* enger zusammenbinden, um die systemische Aufteilung in Zuständigkeitsmonopole zu überwinden. Durch die doppelte Kompetenz sollte zudem das Dilettieren in fachfremden Gebieten aufhören: Die Absolventinnen und Absolventen eines Studiengangs könnten in beiden Bereichen mitreden und Synergieeffekte herstellen.[11]

Anlässlich der Verleihung der Honorarprofessur veranstaltete das Bonner Seminar für Liturgiewissenschaft im November 2003 einen Kongress „Kirchenmusik im 20. Jahrhundert". In dessen Verlauf hielt Bretschneider seine Antrittsvorlesung zum Thema „Dem Sprachlosen eine Stimme geben. Verstummt das Singen im Gottesdienst?"[12] Ausgangspunkt seiner Überlegungen bilden Eindrücke vom Berliner Katholikentag 1990 und dem seinerzeit erst kurz zurückliegenden ersten Ökumenischen Kirchentag Berlin 2003:

> „Vor 13 Jahren traf man überall, in Straßen und U-Bahnen, auf Plätzen und Knotenpunkten der Stadt, singende Gruppen, begleitet von Gitarren, Flöten und Schlagins-

---

10   Vgl. Matthias Kreuels (Hg.), Das Gregoriushaus Aachen. 126 Jahre Kirchenmusik-Ausbildung 1881–2007, Aachen 2007.

11   Vgl. Gerhards, Priester und Kirchenmusiker (wie Anm. 9), S. 127; ders., „Den Einklang im Lob Gottes und in der geschwisterlichen Liebe finden." – Kirchenmusik als zentraler Gegenstand liturgiewissenschaftlicher Forschung und Lehre, in: Kreuels, Das Gregoriushaus Aachen (wie Anm. 10), S. 139–148.

12   Vgl. Wolfgang Bretschneider, Dem Sprachlosen eine Stimme geben. Verstummt das Singen im Gottesdienst?, in: Albert Gerhards (Hg.), Kirchenmusik im 20. Jahrhundert. Erbe und Auftrag (Ästhetik – Theologie – Liturgik, Bd. 31) Münster 2005, S. 39–50.

trumenten. Diesmal blieben die Teilnehmer zumindest in der ungeschützten Öffentlichkeit stumm."[13]

Weit davon entfernt, eine monokausale Erklärung dafür zu geben, plädiert Bretschneider für eine Offensive der Gesangsförderung auf allen Ebenen.

> „Wenn Menschen in Zeiten elektronischer Obdachlosigkeit in den Liedern Heimat und Geborgenheit, Gemeinschaft und Solidarität suchen, dann müsste die Sorge um das Singen ganz oben stehen. Die neuen Erfahrungen mit der vom ‚Allgemeinen Cäcilien-Verband' initiierten Kampagne ‚Singen mit Kindern' sind äußerst ermutigend."[14]

Dieser positive Blick auf die Dinge ist typisch für Wolfgang Bretschneider. In die Zeit der Übernahme der Honorarprofessur fiel eine Akzeptanzuntersuchung im Zusammenhang mit den Arbeiten an der Neuausgabe des Gebet- und Gesangbuchs „Gotteslob".[15] Die Auswertung des Fragebogens erfolgte im Rahmen eines von Bretschneider und mir gemeinsam geleiteten Oberseminars. Bretschneider referierte als ein Ergebnis:

> „Dem Gemeindegesang wird eine große Bedeutung für die Tradierung der christlichen Botschaft in einer Zeit der rasanten Kulturvergessenheit beigemessen. Gerade im Lied können die Christen ihre Visitenkarte in die postmoderne Welt als Zeitansage, als Vergewisserung der eigenen Wurzeln und Werte und als Verkostung der erhofften Zukunft einbringen."[16]

KATHOLIKEN- UND KIRCHENTAGE

Kirchentage sind seit ihrem Bestehen Erfahrungsorte und Seismographen für kirchliche Entwicklungen. Dies gilt insbesondere für die Liturgie.[17] So wird der Beginn der Liturgischen Bewegung mit einem Katholikentag in der belgischen Stadt Mecheln im Jahr 1909 verbunden, dem „Mechelner Ereignis", einer Rede des jungen Benediktiners Lambert Beauduin über die Wiederentdeckung der Liturgie als „Kunst".[18]

---

13   Ebd., S. 39.

14   Ebd., S. 49.

15   Vgl. dazu unten unter Gebet- und Gesangbücher.

16   Zitiert in: Gerhards, Priester und Kirchenmusiker (wie Anm. 9), S. 128.

17   Vgl. Albert Gerhards, Gottesdienste auf Kirchen- und Katholikentagen, in: LS 48 (1997), S. 212–217.

18   Vgl. Albert Gerhards/ Benedikt Kranemann, Grundlagen und Perspektiven der Liturgiewissenschaft, Darmstadt 2019, S. 110.

Wolfgang Bretschneider war aufgrund seiner vielfältigen Ämter über Jahrzehnte an der Vorbereitung und Durchführung von Katholiken- und Kirchentagen beteiligt. Als Präsident des ACV war er Mitglied im ZdK, zudem lange Zeit Berater der Liturgiekommission der DBK, wo wir während der 90er Jahre gemeinsam beratend tätig waren. Infolgedessen wirkte er in zahlreichen liturgischen und kirchenmusikalischen Arbeitsgruppen maßgeblich mit.

Eine prägende Erfahrung machten wir – wenn auch noch unabhängig voneinander – auf dem ersten Berliner Katholikentag 1980, den ich als Mitarbeiter des Liturgischen Instituts Trier miterlebte. Es ging um die Frage der Gestaltungskompetenz von Großgottesdiensten. Seit Freiburg 1978 hatten sich die Katholikentage zu Großveranstaltungen entwickelt, wobei die Abschlussgottesdienste in den Stadien der Großstädte Berlin (1980), Düsseldorf (1982) und München (1984) den Katholikentagen ihr eigenes Gesicht gegeben hatten.[19] Auf dem Berliner Katholikentag hatte man versucht, ein feierliches Pontifikalamt vom Dom ins Olympiastadion zu verlagern, was gründlich misslang. Bretschneider schilderte die Situation: „Wie explosiv Anfang der 80er Jahre die Situation war, machte allen Beteiligten der Abschlussgottesdienst auf dem Berliner Katholikentag 1980 bewusst. Die musikalische Gestaltung war den vereinten Domchören der deutschen Diözesen übertragen worden. Zu einem Eklat kam es, als das spontane, nicht vorgesehene Singen der 80 000 Teilnehmer durch die bestellten Domchöre beendet werden sollte. Natürlich hatten diese das Nachsehen. Hier prallten zwei musikalische Welten aufeinander, mehr noch: es war ein Kampf zwischen Basis und Amtskirche."[20]

Den Verantwortlichen war klar, dass man auf dieser Basis nicht fortfahren konnte: Kirchentage haben ihre eigene Logik und entfalten eine Eigendynamik, die man nicht ungestraft ignorieren darf. In den Vorbereitungsgruppen der folgenden Katholiken- und Kirchentage versuchten wir, aus den Erfahrungen der jeweils vorangegangenen zu lernen.[21] Wesentlich war dabei der enge Austausch zwischen liturgischer und kirchenmusikalischer Kompetenz, wobei es hier traditionelle Gräben zu

---

19 Vgl. dazu Albert Gerhards, Katholikentage und ihre Gottesdienstformen, in: Ders., Matthias Schneider (Hg.), Der Gottesdienst und seine Musik. Band 2: Liturgik (Enzyklopädie der Kirchenmusik, Bd. 4/2), Laaber 2014, S. 237–244, hier S. 238.

20 Wolfgang Bretschneider, Musikalische Impulse aus Kirchen- und Katholikentagen, in: LS 51 (2000) S. 292–295, hier S. 292.

21 Beim Schlussgottesdienst des zweiten Berliner Katholikentags 1990 wurden „Ventile" eingebaut. Um in dem vom Fernsehen vorgegebenen Zeitrahmen zu bleiben, war vereinbart worden, zu einem bestimmten Zeitpunkt den seinerzeit beliebten Kanon "Der Himmel geht über allen auf" von der Endlosschleife in das Strophenlied "Wenn das Brot, das wir teilen als Rose blüht" münden zu lassen, was auch gelang.

überbrücken galt. Bretschneider erwies sich dabei als ein exzellenter Brückenbauer auf verschiedenen Ebenen. Zum einen ging es um eine liturgiegerechte Kirchenmusik, die die liturgischen Grundvollzüge und das differenzierte „Rollenspiel" der durch das Zweite Vatikanische Konzil erneuerten Liturgie ernst nahm. Dies implizierte zum Beispiel einen anderen Blick auf den Ordo Missae und dementsprechend eine Modifizierung des traditionellen Messordinariums.[22] Zum anderen ging es um die Wahrnehmung und Wertschätzung der Teilnehmenden an den Gottesdiensten, also um die Gestaltung der Gottesdienste aus der Perspektive der Mitfeiernden und nicht der Veranstalter. Dies führte zu einem anderen Stil der zentralen liturgischen Feiern. Dies gilt insbesondere für den Düsseldorfer Katholikentag 1982, für den erstmals ein Liederheft erstellt wurde, das Bretschneider in mehrfacher Hinsicht mitverantwortete.[23] Die Diskussion um das Neue Geistliche Lied setzte sich in den darauffolgenden Jahren fort.[24] Wolfgang Bretschneider hat sich einerseits für seine Verbreitung insbesondere auf den Katholikentagen stark gemacht, andererseits für die Qualität dieses Genres engagiert. Bei der Laudatio zur Überreichung der Orlando-di-Lasso-Medaille des ACV an Heinz Martin Lonquich am 12. Februar 1997 in Köln sagte er:

> „Wer mit Dir einmal zusammengearbeitet hat, weiß, wie sehr immer und überall die Frage nach der künstlerischen und technischen Qualität für Dich eine nicht aufzugebende Herausforderung bedeutete. Banalisierung, oberflächliches Getue und musikalische Strickmusterware waren dir immer ein Gräuel. Musik als wesentlicher Bestandteil einer gottesdienstlichen Dramaturgie willst Du sowohl vor der Profanierung des Sakralen wie auch vor einer falschen Sakralisierung geschützt wissen."[25]

Dies lässt sich in vollem Umfang auch auf den Laudator beziehen.

---

22 Vgl. Wolfgang Bretschneider/ Albert Gerhards/ Eckhard Jaschinski, Wortgottesdienst, in: Harald Schützeichel (Hg.), Die Messe. Ein kirchenmusikalisches Handbuch (Düsseldorf 1991), S. 49–89. Vgl. auch: Wolfgang Bretschneider, Die verblasste Gloria Dei. Die Gloria-Gesänge im „Evangelischen Gesangbuch" und im katholischen „Gotteslob", in: Guido Schlimbach/ Stephan Wahle (Hg.), Zeit – Kunst – Liturgie. Der Gottesdienst als privilegierter Ort der Ästhetik, Aachen 2011, S. 99–105.

23 Vgl. unten unter Gebet- und Gesangbücher.

24 Vgl. Albert Gerhards, Das „Neue geistliche Lied" im Gottesdienst, in: CiG 42 (1990), S. 344.

25 Wolfgang Bretschneider, Horchen auf die Zeichen der Zeit. Laudatio zur Überreichung der Lassus-Medaille des Allgemeinen Cäcilienverbandes an Heinz Martin Lonquich am 12. Februar 1997 in Köln, in: Cornelius Grube (Hg.), Musik, das war der Versuch zu fliegen. Über den Komponisten Heinz Martin Lonquich [FS Heinz M. Lonquich], Köln 1998, S. 79–80.

Ein weiteres, Liturgiewissenschaft und Kirchenmusik verbindendes Anliegen auf Katholiken- und Kirchentagen war die Pflege der Vielfalt liturgischer Feierformen. Auch hier hat Bretschneider Pionierarbeit geleistet, so über Jahrzehnte hinweg mit seiner Bonner Münsterschola. Besonders hervorzuheben ist das Bemühen um die Vermittlung der Spiritualität der Psalmen und ihrer Verlautung in unterschiedlichen Kontexten.[26] Die Erweiterung des Spektrums der Feierformen war erklärtes Ziel des Aachener „Wallfahrtskatholikentags" 1986[27] und fand auf dem Berliner Katholiken-tag 1990 sowie auf dem Katholikentag in Karlsruhe 1992 eine Fortsetzung.[28] Auf bei-den Katholikentagen veranstalteten wir Foren zum Thema „Wie feiern wir Liturgie?" In Karlsruhe ging es um die Zukunftsfähigkeit der Liturgie. Wolfgang Bretschneider stellte Thesen auf zum Thema „Verpasst die Kirchenmusik den Anschluss?" Darin forderte er einerseits die Zeitgenossenschaft der Kirchenmusik in Ausbildung und Praxis ein, warnte andererseits aber auch vor der Überforderung der Gemeinden angesichts der Pluralität heutiger Musikstile und Musikformen.

> „Gottesdienst soll nun einmal nicht als Instrument ‚musikalischer Bildung' mißbraucht werden. Auch besteht die Gefahr, daß das Element ‚Kirchenmusik' nicht mehr die die-nende Funktion innerhalb der Liturgie ausübt, sondern sich verselbständigt."[29]

Auch diese Bemerkung zeigt das Bemühen um Ausgewogenheit, das das gesamte kirchenmusikalische und pastoralliturgische Schaffen Bretschneiders prägt.

Dabei darf aber nicht übersehen werden, dass er sich stets um die Realisierung und Vermittlung von Werken auf hohem musikalischem Niveau bemüht hat, sei es als praktizierender Organist oder durch Mitorganisation. Auf dem Dresdner Ka-tholikentag 1994 wurde in der Hofkirche ein Taufgedächtnisgottesdienst gefeiert, dessen anspruchsvolle, von einer Schülerin von Petr Eben durchkomponierte Text-

---

26 Vgl. Wolfgang Bretschneider, Wie findet die Gemeinde Zugang zu den Psalmen?, in: Benedikt Kranemann (Hg.), Wort-Gottes-Feier. Eine Herausforderung für Theologie, Liturgie und Pastoral, Stuttgart 2006, S. 99–107; vgl. auch: Morgenlob – Abendlob. Mit der Gemeinde feiern. Erarbeitet von Paul Ringseisen mit Wolfgang Bretschneider/ Markus Eham/ Stefan Klöckner/ Heinz Martin Lonquich, 3 Bde., Planegg 2000–2004. Auf zahlreichen Tagungen, zum Beispiel mit dem Verband der Religionslehrerinnen und -lehrer im Erzbistum Köln, feierten wir gemeinsam Tagzeitenlitur-gien.

27 Vgl. Albert Gerhards/ Birgit Heisterkamp/ Michael Jutkowiak/ Wolfgang Meurer, FEIER-FORMEN. Impulse für Gottesdienstgestaltung vom Katholikentag 1986 (Aachen 1987).

28 Vgl. Albert Gerhards/ Anneliese Knippenkötter/ Birgit Osterholt-Kootz/ Stephanie Scharfenberg (Hg.), Wahrhaftig, Gott ist bei euch! Wie feiern wir heute Liturgie?, Paderborn 1994.

29 Verpaßt die Kirchenmusik den Anschluß? Thesen von Wolfgang Bretschneider, in: Gerhards u.a., Wahrhaftig (wie Anm. 28), S. 53.

gestalt von Bretschneider mit in Auftrag gegeben und betreut wurde.[30] Nicht direkt von ihm mitgestaltet, aber doch aktiv unterstützt wurde die Aufführung der Messe in h-Moll von J. S. Bach durch den Figuralchor Köln unter der Leitung von Richard Mailänder im Berliner Dom auf dem ersten Ökumenischen Kirchentag im Rahmen eines ökumenischen Gottesdienstes.[31] Auf demselben Kirchentag fand die Uraufführung einer von Bretschneider mit initiierten Credo-Komposition des Bonner Komponisten Michael Denhoff im Rahmen einer Wort-Gottes-Feier statt, wovon noch die Rede sein wird.

Alle hier geschilderten Beispiele sind dem gemeinsamen Bemühen um eine ästhetische Gestalt gottesdienstlicher Feier verpflichtet, bei der es keine Hierarchisierung gibt, da alle Beitragenden einem und demselben Ziel dienen. Dazu gehört nicht zuletzt auch die angemessene und leider oft vernachlässigte Gestalt des Feierraums.[32] Dies auf Kirchen- und Katholikentagen zu vermitteln, war jahrzehntelang ein gemeinsames Anliegen.

GEBET- UND GESANGBÜCHER

Wie bereits erwähnt, wurde zum Katholikentag 1982 in Düsseldorf das erste Liederheft erstellt nach dem Beispiel des Evangelischen Kirchentags 1981.[33] Dabei handelte es sich um eine Mischung aus altem und neuem Liedgut sowie Gesängen für die Liturgie. Das Liederheft des Münchener Katholikentags hatte demgegenüber eher regionalen Charakter, und das des Aachener Katholikentags 1986 war geprägt von der parallel stattfindenden Heiligtumsfahrt, worauf auch der Titel „Pilgerbuch" hinwies.[34] Auf dem Berliner Katholikentag 1990[35] und 1994 auf dem Katholikentag in Dresden konnte das Düsseldorfer Konzept, an dem Bretschneider wesentlich be-

---

30 Vgl. Albert Gerhards/ Martin Degener, Dieses Haus voll Menschen. Neue Formen oder Liturgie – Überlegungen anläßlich eines Gottesdienstes auf dem Katholikentag in Dresden, in: Gd 29 (1995), S. 28–29.

31 Vgl. Albert Gerhards, Welche Musik für den Gottesdienst? Hör-Erlebnisse auf dem ökumenischen Kirchentag in Berlin, in: CiG 55 (2003), S. 229.

32 Vgl. Albert Gerhards/ Guido Schlimbach, Feierraum der Ökumene. Die ästhetische Gestalt des Kirchentags – eine (noch) ungenutzte Chance, in: Gd 44 (2010), S. 120–123.

33 Erzbischöfliches Generalvikariat Köln (Hg.), Gebete, Lieder und Bibeltexte zum 87. Deutschen Katholikentag 1982 in Düsseldorf, Köln 1982; vgl. Gerhards, Katholikentage (wie Anm. 19), S. 238.

34 Domkapitel Aachen (Hg.), Pilgerbuch. Gebete, Texte und Lieder zur Aachener Heiligtumsfahrt und zum 87. Deutschen Katholikentag in Aachen, Mönchengladbach o.J. (1986).

35 Bischöfliches Ordinariat Berlin (West) (Hg.), Wie im Himmel so auf Erden. Lieder und Gebete. 90. Deutscher Katholikentag 23. bis 27. Mai 1990 in Berlin, Berlin 1990.

teilig war, unter seiner Mitwirkung wieder aufgegriffen werden. Die Finanzierung der beiden Bücher wurde durch einen Zuschuss der Erzdiözese Köln ermöglicht. Aus dem Dresdner Katholikentagsmotto „Unterwegs zur Einheit" erwuchs der neue Titel des Liederbuchs *unterwegs*, das nun in die Trägerschaft des Deutschen Liturgischen Instituts überging und in dritter überarbeiteter Auflage vorliegt.[36]

Das Liederbuch versteht sich als innovatives Gebet- und Gesangbuch, das das „Gotteslob" nicht ersetzen, wohl aber ergänzen und zu ihm hinführen sollte. Sowohl in den Liedern als auch in den Gebeten (zum Beispiel Psalmorationen zum Stundengebet) wurden Impulse in Richtung auf eine anstehende Revision des Gesangbuchs „Gotteslob" aufgenommen. Bretschneider, der auch die zweite Auflage von *unterwegs* besorgte, übte hier wiederum eine Verbindungsfunktion aus.

In einem Beitrag über das neue Gebet- und Gesangbuch „Gotteslob" (2013) in der von ihm mit herausgegebenen Enzyklopädie der Kirchenmusik beschrieb Bretschneider den Entstehungsprozess der Neuausgabe,[37] an der er auf oberster Ebene beteiligt war. 2003 wurde eine Akzeptanzanalyse durchgeführt, dessen Auswertung, wie bereits erwähnt, dem Bonner Seminar für Liturgiewissenschaft angetragen worden war.[38]

Aufgrund der Anwesenheit von Wolfgang Bretschneider in Bonn konnte der Entstehungsprozess des neuen „Gotteslob" und dessen Einführung intensiv mitverfolgt werden, unter anderem in zwei Hauptseminaren, in denen er die Grundintentionen und die ersten Erfahrungen mit dem Buch darlegte.[39] Wie kompetent dies geschah, zeigt folgender Abschnitt aus seinem Beitrag in der Enzyklopädie der Kirchenmusik:

---

36 Deutsches Liturgisches Institut (Hg.), *Unterwegs*. Lieder und Gebete, Trier 1994; 2. korr. Auflage, Trier 1998: 3. korr. und erw. Auflage, Trier 2013.

37 Wolfgang Bretschneider, Te Deum laudamus – Wir loben dich, o Gott. Das neue Gebet- und Gesangbuch >Gotteslob< (2013), in: Albert Gerhards/ Matthias Schneider (Hg.), Der Gottesdienst und seine Musik. Band 2: Liturgik (Enzyklopädie der Kirchenmusik, Bd. 4/2), S. 245–250.

38 Allerdings konnte ein nach empirisch-wissenschaftlichen Kriterien erstellter Fragebogen nicht eingesetzt werden, so dass eine exakte Auswertung der Befragung nicht möglich war. Kurioserweise wurde dem Bonner Seminar von Würzburg aus auch verwehrt, die Probepublikation von 2007 zu analysieren, was im Zeitalter der technischen Reproduzierbarkeit jedoch kein unüberwindliches Hindernis darstellte.

39 Vgl. Wolfgang Bretschneider, Erstaunliche Akzeptanz – Rückblick auf fünf Jahre Gotteslob, in: MS 139 (2019), S. 190–192.

„Theologisch bemerkenswert ist der Abschnitt, der den Teil ‚Gesänge' beschließt. Im alten *Gotteslob* war er überschrieben ‚Tod und Vollendung', im neuen firmiert er unter ‚Die Himmlische Stadt'. Die Gesänge, die von ihr künden, sind so etwas wie der Lockruf für die, die noch auf dem Weg der Pilgerschaft sind. Es erklingt als Schlussakkord – als irdisch-himmlischer Fanfarenruf – die Melodie: *Wachet auf, ruft und die Stimme*, ein Lied des lutherischen Pfarrers Philipp Nicolai. Es war im katholischen Bereich bisher Inbegriff des Advent gewesen. Nun wird dieser Choral zum laut vernehmbaren Ruf der eschatologischen Spannung von Gegenwart und Zukunft, von Klage und Zuversicht, von Zeitlichkeit und Ewigkeit."[40]

Am Ende seines Beitrags zum neuen „Gotteslob" kommt noch einmal die integrative Sicht des Liturgen und Kirchenmusikers zum Vorschein: „‚Im Singen läuft der Glaube zur Hochform auf' (Eberhard Jüngel). Die Feier des Gottesdienstes ist der erste Ort, wo solches geschehen sollte – in der lebendigen Spannung von Tradition und Zeitgenossenschaft, von Schon-jetzt und Noch-nicht. Das neue *Gotteslob* will und kann dazu ermutigen und befähigen."[41]

NEUE MUSIK UND KIRCHE

In einem letzten Abschnitt geht es um das Thema Neue Musik und Kirche, das auch bereits anklang. Zeitgenossenschaft war Bretschneider stets ein Anliegen. Auf zahlreichen gemeinsamen Veranstaltungen vermittelte er Musik des 20. Jahrhunderts, als Organist und Organisator von Konzerten und Gottesdiensten zum Beispiel im Rahmen von Kongressen. Auch hier ging es uns gemeinsam darum, eine Brücke von der Binnen- zur Außenwelt und zurück zu schlagen.[42]

Im Jahr 1993 entstand an den katholischen Akademien Freiburg (ab 1997 Rottenburg-Stuttgart) und Würzburg ein „Gesprächskreis zu Fragen von Musik und Kirche", der unter der Federführung des Akademiereferenten Joachim Herten zur Verbesserung des Verhältnisses von Gegenwartsmusik und (in erster Linie katholischer) Kirche beitragen wollte, u.a. durch Begegnungen, Tagungen und Kompositionsaufträge.[43] Bretschneider und ich waren seit Beginn Mitglieder des Gesprächskreises.

40 Bretschneider, Te Deum (wie Anm. 37), S. 247.

41 Ebd., S. 250.

42 Vgl. Wolfgang Bretschneider/ Albert Gerhards, Neue Musik und erneuerte Liturgie. Einladung zu einer Wiederbegegnung, in: MS (D) 112 (1992), S. 445–452.

43 Vgl. Joachim Herten/ Klaus Röhrig, Neue Musik und Kirchen, in: Albert Gerhards/ Matthias Schneider (Hg.), Der Gottesdienst und seine Musik. Band 2: Liturgik (Enzyklopädie der Kirchenmusik, Bd.

Hier ging es um neue zeit-räumliche Erfahrungen, die theoretisch und praktisch geteilt wurden. Eine erste war der erwähnte Taufgedächtnisgottesdienst auf dem Dresdener Katholikentag 1994.[44] Im April 1997 fand in der Kirchenmusikschule in Regensburg ein Workshop statt, auf dem mit dem Komponisten Dieter Schnebel auf der Basis eines vorbereiteten Modells eine Magnificat-Improvisation erarbeitet wurde. Die schriftlich fixierte Fassung erklang erstmals im Schlussgottesdienst während des Festivals Europäische Kirchenmusik in Schwäbisch Gmünd.[45]

Schließlich ist die bereits erwähnte Komposition „in unum Deum" des Bonner Komponisten Michael Denhoff zu nennen, ebenfalls eine Auftragskomposition des Gesprächskreises, die als Bestandteil einer abendlichen Wort-Gottes-Feier auf dem Ökumenischen Kirchentag Berlin 2003 uraufgeführt wurde.[46] Die Komposition wurde eigens thematisiert auf dem Kolloquium anlässlich der Ernennung Bretschneiders zum Honorarprofessor an der Bonner Fakultät, auf dem der Komponist in sein Werk einführte.[47] Im Rahmen eines Vespergottesdienstes während der Tagung wurde die Credo-Vertonung durch den Chor der Hochschule für Kirchenmusik St. Gregorius Aachen im Bonner Münster zur Aufführung gebracht.

Was hier aus mehr oder weniger privater Initiative betrieben wurde, hatte auf institutioneller Ebene ein Äquivalent. Auch dort war Wolfgang Bretschneider eine der maßgeblichen Kräfte. Den Auftakt einer Reihe von Tagungen mit verschiedenen Kunstsparten machte ein vom 13. bis 15. Januar 1995 von der Deutschen Bischofskonferenz und vom Zentralkomitee der deutschen Katholiken im Japanisch-Deutschen Zentrum Berlin veranstalteter Kongress zum Thema „Autonomie und Verantwortung – Religion und Künste am Ende des 20. Jahrhunderts."[48] Der Tagungsgottesdienst am Vorabend des Sonntags war einer Vorbereitungsgruppe anvertraut worden, zu der Bretschneider und ich gehörten. Um dem Gottesdienst einen entsprechenden Entfaltungsspielraum geben zu können, gestalteten wir ihn

---

4/2), S. 252–268, hier S. 265.

44 Vgl. Gerhards/ Degener, Dieses Haus (wie Anm. 30).

45 Herten/ Röhrig, Neue Musik (wie Anm. 43), S. 258; vgl. auch: Dieter Schnebel, „Klang des Unsagbaren" – Neue Musik und der Auftrag der Kirchen. Gespräch zwischen Prof. Dr. Wolfgang Bretschneider und Prof. Dr. Dieter Schnebel, in: Gerhards, Kirchenmusik (wie Anm. 12), S. 51–58.

46 Vgl. ebd., S. 259; Gerhards, Welche Musik (wie Anm. 31). Im Herbst 2004 wurde davon eine CD-Aufnahme veröffentlicht: Michael Denhoff, Credo: Cybele Classics SACD 860.301.

47 Michael Denhoff, Einführung in die Komposition „in unum Deum", in: Gerhards, Kirchenmusik (wie Anm. 12), S. 59–73.

48 Vgl. Karl Lehmann/ Hans Maier (Hg.), Autonomie und Verantwortung. Religion und Künste am Ende des 20. Jahrhunderts, Regensburg 1995.

als Vigil mit einem dramaturgischen Konzept, das auf dem des Taufgedächtnisgottesdienstes vom Dresdner Katholikentag 1994 beruhte. Dies ließ sich einwandfrei auf die Raumsituation der Kirche St. Maria Regina Martyrum in Berlin übertragen. Bei diesem Gottesdienst spielten entsprechend der Tagungsthematik die verschiedenen Künste – die vorhandenen im Raum und die hinzukommenden – eine tragende Rolle.[49]

Die dort gemachten Erfahrungen bildeten die Grundlage für die Gottesdienstgestaltung auf den zahlreichen nachfolgenden Kolloquien mit den einzelnen Kunstsparten. Ein besonderes Erlebnis war die Begegnung mit der neuen Musik im Jahr 2002 auf Schloss Hirschberg,[50] bei der auch wieder das erwähnte Magnificat von Dieter Schnebel erklang.[51] Aber auch die Tagungen anderer Kunstsparten, sei es Theater[52] oder Architektur,[53] vermittelten den Teilnehmenden aus Kunst, Wissenschaft und Kirche intensive Begegnungen von Liturgie und Künsten.

Wolfgang Bretschneider war, wie schon wiederholt erwähnt, sehr auf Qualität bedacht. In einem Beitrag in dem Band „Musik im Raum der Kirche" schrieb er:

---

49 Vgl. Wolfgang Bretschneider/ Albert Gerhards, Dokumentation des Vigilgottesdienstes zum 2. Sonntag im Jahreskreis am 14. Januar 1995 in Maria Regina Martyrum, Berlin, in: Lehmann/ Maier, Autonomie (wie Anm. 48), S. 157–169.

50 Vgl. Albert Gerhards, Ungewohnte Klangwelten entdecken. Neue Musik zwischen Autonomieanspruch und kirchlichen Erwartungen, in: HerKorr 56 (2002) 312–316. Wiederabdruck in: Sekretariat der Deutschen Bischofskonferenz (Hg.), Musik – Sprache, wo Sprachen enden. Neue Musik zwischen künstlerischer Autonomie und kirchlichen Erwartungen. Dokumentation eines Werkstattgespräches der Deutschen Bischofskonferenz und des Zentralkomitees der deutschen Katholiken vom 18.–21. April 2002 auf Schloss Hirschberg/ Obb., Bonn 2002, S. 83–89.

51 Vgl. Herten/ Röhrig, Neue Musik (wie Anm. 43), S. 266.

52 Vgl. Albert Gerhards, Liturgie und Theater – neue Annäherungsversuche. Vesper und Osterspiel. Liturgiewissenschaftliche Einführung in die Vesper am 9. September 2010 in der Basilika Weingarten, in: Inszenieren – inspirieren – konfrontieren. Potentiale zwischen Kirche und Theater. Dokumentation eines Werkstattgesprächs der Deutschen Bischofskonferenz und des Zentralkomitees der deutschen Katholiken (ZdK), 12. September 2010, hrsg. v. Sekretariat der Deutschen Bischofskonferenz in Zusammenarbeit mit dem Zentralkomitee der deutschen Katholiken (ZdK), (Arbeitshilfen 254), Bonn 2011, S. 115–121, S. 173–178.

53 Vgl. Albert Gerhards, Stationengottesdienst „Räume übersteigen" Dokumentation des Abendgottesdienstes am 14.11.2013 in Maria Laach, in: Leib – Raum – Kirche. Über profane und sakrale Räumlichkeiten. Dokumentation eines Werkstattgesprächs der Deutschen Bischofskonferenz und des Zentralkomitees der deutschen Katholiken 14. bis 16. November 2013, hg. Vom Sekretariat der Deutschen Bischofskonferenz (Arbeitshilfen 285), Bonn 2016, S. 142–151.

„Denn auch im Bereich der Künste gilt: Schlechte Ware wird nur kurze Zeit bis zum Verfallsdatum eingeräumt. Kitsch als die Abwesenheit von Widerspruch ist immer Verrat an der Botschaft von Kreuz und Auferstehung. Kitsch als Schnellimbiss führt die Menschen in eine chronische spirituelle Unterernährung, die sich spätestens dann bemerkbar macht, wenn existenzielle Belastungsproben das Herz erschüttern."[54]

Andererseits warnt er aber vor einer l'art pour l'art-Kunst: „In der Liturgie geht es nicht darum, nur die Kehlen zu erheben, sondern die Seelen."[55] Das aber geht, so Bretschneider, nur mit einer „Pastoral der Dichte" (Medard Kehl), die keinesfalls auf dem Weg des geringsten Widerstands zu haben ist. Wolfgang Bretschneider, das ist sein bleibendes Verdienst, hat sich den Herausforderungen zeitlebens gestellt.

---

54   Wolfgang Bretschneider, "…aus pastoralen Gründen". Die Spannung zwischen künstlerischem Anspruch und praktischen Erfordernissen, in: Winfried Bönig u.a. (Hg.), Musik im Raum der Kirche. Fragen und Perspektiven, Stuttgart 2007, S. 386–395, hier S. 394.

55   Ebd.

„Wie unergründlich sind seine Entscheidungen, wie unerforschlich seine Wege!" (Röm 11,33)

Erinnerung an Wolfgang Bretschneider (1941–2021)

Michael Theobald

> „Lobt ihn mit dem Schall des Widderhorns, lobt ihn mit Harfe und Leier!
> Lobt ihn mit Trommel und Reigentanz, lobt ihn mit Saiten und Flöte!
> Lobt ihn mit tönenden Zimbeln, lobt ihn mit schallenden Zimbeln!
> Alles, was atmet, lobe den Herrn!"
> (Psalm 150,3–6a)

Gottes Lob drängt zur Musik. Die Worte, die ihn preisen, verlangen nach Resonanz. Harfe und Flöte, Trommel und Horn, Saitenspiel und schallende Zimbeln – alles stimme ein, jegliche Kreatur, alles, was Odem hat, singe sein Lob, das Lob des unbegreiflichen, alles Erkennen übersteigenden Gottes!

Unterbricht der Mensch seine tägliche Routine und wendet sich seinem Schöpfer zu, beflügelt ihn die Musik. Leidet er und hebt an zu klagen, eilt sie ihm gleichfalls zu Hilfe. Die Sprache der Musik rührt Gottes Herz.

Nicht nur der Psalter und die vielen anderen biblischen Lob- und Klagelieder drängen zur Musik. Auch viele ihrer kunstvollen und dramatischen Erzählungen laden seit Jahrhunderten dazu ein, vertont zu werden. Zahlreiche Oratorien mit biblischen Stoffen, Passionsmusiken, Kantaten und Motetten zeugen vom Reichtum der Bibel. Herausgefordert durch die vielfältige Weise, wie die Bibel den Menschen in den Höhen und Tiefen seiner Existenz im Angesicht Gottes zur Sprache bringt, antwortet die Musik mit dem, was ihr eigen ist: jene Erfahrungen in die Gegenwart zu holen und Klangräume zu schaffen, den Augenblick zu transzendieren und Ewiges erahnen lassen. So bereichert sie das Leben derer, die ganz Ohr sind – wenn auch nur in der begrenzten Zeit ihres Erklingens, im flüchtigen, aber zutiefst erfüllenden Moment des Hörens.

84

Im Vorwort zur Reihe „Bibel und Musik" des Katholischen Bibelwerks heißt es:

> „Dieses Wissen um ihre (sc. der Bibel) gestaltende Kraft und die Einordnung großer kultureller Leistungen geht zunehmend verloren oder ist schon gar nicht mehr vorhanden. Hinzu kommt, dass die Kirche mit ihren Lebens- und Glaubensvollzügen erheblich an Akzeptanz eingebüßt hat. Viele Menschen ziehen es selbst in geprägten Zeiten vor, statt Gottesdienste kirchenmusikalische Veranstaltungen zu besuchen. Diese Aufführungen werden nicht selten zu einem spirituellen Erlebnis […]. Die legendäre Frage an den Äthiopier, die Philippus in der Apostelgeschichte stellt, kann in diesem Kontext leicht abgewandelt werden: Verstehst Du auch, was Du hörst?"

Unter diesem Vorzeichen haben wir, Wolfgang Bretschneider und ich, 2012 die Buchreihe begründet und seitdem sieben Bände gemeinsam betreuen können: zum „Paulus" von Felix Mendelssohn Bartholdy (2012), zu Johann Sebastian Bachs musikalisch-lutherischer Bibelauslegung im Kirchenjahr (mit vier Kantaten) (2014), zur „Johannespassion" von Arvo Pärt (2015), zu den beiden Händel-Oratorien „Israel in Egypt" (2015) und „Messias" (2016), zu den „Sieben letzten Worten unseres Erlösers am Kreuze" von Joseph Haydn (2017) und zuletzt zum Gregorianischen Choral (2020); zwei weitere zur „Schöpfung" von Joseph Haydn und zum „Requiem" von Wolfgang Amadeus Mozart, die in Vorbereitung sind, konnten wir zumindest gemeinsam planen. Eine ganze Reihe von Autoren griff unser Anliegen auf, sie waren begeistert und suchten, jede und jeder auf ihre eigene Weise, der abgewandelten Frage des Philippus eine sachkundige Antwort folgen zu lassen und Verständnis und Begeisterung für das jeweils besprochene Musikwerk zu wecken.

Im ersten Band der Reihe zu Mendelssohns Paulus-Oratorium widmete Wolfgang Bretschneider dem zentralen Stück dieses großartigen Werks, dem Choral „Wachet auf, ruft uns die Stimme" von Philipp Nicolai (1599), eine tiefsinnige theologische und musikwissenschaftliche Betrachtung. Eingangs schreibt er:

> „Wenn ‚das Herz der Kirche im Gottesdienst schlägt' (Gottlieb Söhngen), dann schlägt das Herz des Gottesdienstes in der Musik. In ihr pulsiert das Leben, sie ergründet Tiefen und tränkt die Seelen mit frischem Quellwasser. Die Probe aufs Exempel machten die Menschen in guten Tagen, insbesondere aber in Zeiten der Anfeindungen und Bedrängnisse".

Wer Wolfgang Bretschneider kennenlernen durfte, spürt sogleich: In diesen Sätzen lebt der große Kirchenmusiker, sie lesen sich wie sein Bekenntnis, das Bekenntnis eines zutiefst gläubigen, von der Musik erfüllten Menschen, wiewohl sie natürlich auf Philipp Nicolai (1556–1608) gemünzt sind. In seinem nicht allzu langen Leben musste dieser schlimme „Zeiten der Anfeindungen und Bedrängnisse" durchleiden: Diffamierung, Vertreibung und Verfolgung als lutherischer Pastor, der zwischen die Mühlsteine von Katholiken und Calvinisten geraten war, Todesängste, Depression und Trauer um die ihm Anvertrauten, als er in Unna 1598 Zeuge der Pest wurde und erleben musste, wie er schreibt, dass „oftmals etliche Tage nacheinander zwanzig […] bis in die dreißig Toten nicht weit von meiner Wohnung auf dem Kirchhof unter die Erden verscharret wurden". Wer diese und andere Sätze Nicolais aus jenen dunklen Jahren heute liest, dem treten unwillkürlich die Bilder der Särge von Corona-Toten vom Frühjahr 2020 aus Bergamo vor das Auge. Das Erstaunliche: Philipp Nicolai fand in jenen Jahren der Verzweiflung die Kraft, den großartigen Choral „Wachet auf, ruf uns die Stimme" zu dichten – und komponierte „eine ebenso geniale Melodie" (Wolfgang Bretschneider) dazu. Wie Wolfgang Bretschneider dieses musikalische und religiöse Kleinod als Zeugnis der Hoffnung in einer Zeit der Prüfung interpretiert, ist heute in einer auch für den Autor 2012 noch unvorstellbaren Situation vergleichbarer gesellschaftlicher wie persönlicher Bedrohung bewegend. Wer den Beitrag liest, mag daraus durch erneutes Bedenken, Singen und Hören jenes wunderbaren Chorals „Wachet auf, ruft uns die Stimme" getröstet und gestärkt hervorgehen.

Als der Verlag Katholisches Bibelwerk 2012 die Reihe „Bibel und Musik" ins Leben rief, war mir klar, wer neben dem bibelwissenschaftlichen den musikwissenschaftlichen Part bei ihrer Herausgabe übernehmen sollte: Wolfgang Bretschneider. Ich kannte ihn seit meiner Zeit im Bonner Collegium Albertinum, dem Beginn meines Theologiestudiums Ende der 1960er, Anfang der 1970er Jahre. Damals war Bretschneider unter Kardinal Josef Höffner zum Repetenten ernannt worden und übernahm die Ausbildung der Diözesantheologen auf unterschiedlichen Feldern. Zuständig vor allem für die kirchenmusikalische Bildung im Collegium, weckte er den Sinn für die Liturgie und ihre Pflege, führte in den gregorianischen Choral ein, erschloss altes und neues Liedgut. Mein Glück war es, zu der Wohngruppe von Studenten gehört zu haben, die seiner Begleitung anvertraut war. Manches prägte mich, für viele Erinnerungen bin ich dankbar, eine möchte ich nennen.

Unvergesslich ist mir, wie wir an einem Wochenende in einer Hütte der verschneiten Eifel an einem langen Winterabend gemeinsam das Markusevangelium in der Übersetzung von Fridolin Stier hörten, vorgelesen von einem professionellen Vorleser auf zwei oder drei Langspielplatten, und wir in Gedanken von Galiläa nach Jerusalem gleichsam mit „hinaufstiegen". Es war eine außerordentliche Schule des Hörens, eine Begegnung mit dem Evangelium, die Entdeckung, nicht nur einzelne aus dem Zusammenhang gerissene Perikopen, sondern das Buch in ganzer Länge und ohne Unterbrechung hören zu können, ein literarisches Werk, das seinesgleichen sucht. Ohne den Raum und die Stille, die uns bereitet wurden, wäre solche außerordentliche Hörererfahrung nicht möglich gewesen.

Am anderen Tag nahmen wir eine alte Schullektüre auf, Büchners Woyzeck, jetzt mit neuem Blick, angezogen von den vielen biblischen, apokalyptischen Anspielungen im Textbuch, bewegt von der Modernität seines Autors. Das Märchen der Großmutter – „Es war einmal ein arm Kind und hat kein Vater und keine Mutter, war alles tot, und war niemand auf der Welt […], die Erde ein umgestürzter Hafen", der Himmel leer – bot den Gegenwartstext zum Markusevangelium. „Jeder Mensch ist ein Abgrund, es schwindelt einen, wenn man hinabsieht" (Georg Büchner). Wolfgang Bretschneider führte uns in Alban Bergs Vertonung des Dramas ein – anhand eines Vortrags des Komponisten, den dieser am 3. März 1929 zu seinem „Wozzeck" in Oldenburg gehalten hatte. Seitdem begleiten mich beide Werke.

Jenes Eifel-Wochenende nenne ich, weil der Weg vom Evangelium des Markus zu Büchners Woyzeck und wieder zurück die Weite, die Wolfgang Bretschneider auszeichnete, nicht besser charakterisieren könnte. Sie war übrigens auch für die Art der Ausbildung im Collegium Albertinum damals kennzeichnend. Wolfgang Kraft, der längst verstorbene damalige Direktor, führte Interessierte in Gedichte Paul Celans ein, ein Repetent promovierte in Soziologie und hielt wohltuend nüchterne Homilien. Inzwischen ist diese Welt längst versunken. Wie andernorts hat sich auch hier der Mehltau eines ängstlichen und engen Katholizismus auf die Gemäuer gelegt.

Wolfgang Bretschneider verlor ich auch nach meinem Studium nie aus dem Blick. Bei unserer Hochzeit spielte er die Orgel und gab am Tag danach für alle Gäste in St. Emmeram zu Regensburg ein kleines Konzert auf der Bühne, unter der tief in der Krypta sein Namenspatron beigesetzt ist, der heilige Wolfgang. Zu meiner Abschiedsvorlesung in Tübingen kam er 2016 an den Neckar. Am Michaelistag rief er regelmäßig an. In den Gesprächen des letzten Jahres zeigte er sich des Öfteren niedergeschlagen. Dabei war ihm, dem Optimisten von Naturell, doch stets ein feiner Humor zu eigen, und Papst Franziskus war seine große Hoffnung. Die Pandemie versagte es ihm, im geliebten Bonner Münster auf der Orgel die Liturgie zu gestalten. Zusehends litt er unter der Krise der Kirche, gerade der seiner Diözese.

Am Ende seines Beitrags zu Philipp Nicolai zitiert Wolfgang Bretschneider aus den Erzählungen von Robert Walser (1904) ein Wort des Fritz Kocher in dessen „Aufsätzen":

> „Mir fehlt etwas, wenn ich keine Musik höre,
> und wenn ich Musik höre,
> fehlt mir erst recht etwas.
>
> Das ist das Beste,
> was ich über Musik zu sagen weiß".

Dieses Wort, so meine ich, könnte er selbst gesagt haben. Die Musik war sein Lebenselixier, er wusste um das, was sie übersteigt, dankbar, dass sie im Modus der Verheißung selbst auf das je Größere zu verweisen vermag. Wenn er dem Diktum des Fritz Kocher hinzufügt: „Philipp Nicolais Lied ‚Wachet auf, ruft uns die Stimme' gehört für mich zu dieser Musik", dann sei ihm, der alle Register der Orgel meisterhaft zum Klingen brachte, Basson und Cornett, Harfe und Zimbel, Engelsstimme und Flauto d'Amore, Krummhorn und Trompete und wie sie sonst alle heißen, die musikalische Erfüllung und Vollendung gewünscht, welche die dritte Strophe des Chorals, vor allem ihrer originalen Fassung von 1599 – wie er in seinem Beitrag aufweist –, dem inneren Gehör unvergesslich einzuprägen vermag:

> „Gloria sei dir gesungen /
> Mit Menschen- und mit Englischen Zungen /
> Mit Harfen und mit Cymbeln schön.
> Von zwölf Perlen sind die Pforten
> An deiner Stadt / wir sind Consorten
> Der Engel hoch um deinen Thron /
> Kein Ohr hat mehr gehört /
> Solche Freude.
> Des sind wir froh / io / io
> Ewig in dulci iubilo."

Ein Leben für das Lob Gottes und die Menschen
Ehrenpräsident Msgr. Prof. Dr. Wolfgang Bretschneider in dankbarer Erinnerung

Marius Schwemmer und Joachim Werz

Msgr. Prof. Dr. Wolfgang Bretschneider war die Stimme der katholischen Kirchenmusik in Deutschland, die nun mit seinem Tod am 12. März 2021 verstummt ist. Als Präses beziehungsweise Präsident des Allgemeinen Cäcilienverbandes für Deutschland (ACV) wirkte er in den Jahren von 1989 bis 2018 im gesamten deutschen Sprachraum. Darüber hinaus war er der Motor der europäischen Dachorganisation CEDAME (Europäische Konferenz der katholischen Kirchenmusikverbände). Bretschneider war das freundliche Gesicht der Kirchenmusik und verschaffte ihr in Politik, Gesellschaft und Kirche eine deutlich hörbare Stimme. In den beinahe drei Jahrzehnten seiner Präsidentschaft formte er den ACV mit seiner unverwechselbaren Kreativität, rheinischen Fröhlichkeit, charmanten Strenge, gesprächsbereiten Offenheit sowie seinem unaufdringlichen Vernetzungstalent zu einem repräsentativen Dachverband für die katholische Kirchenmusik. Mit voller Überzeugung setzte sich Wolfgang Bretschneider dafür ein, den vielfältigen Ausrichtungen der Kirchenmusik und ihren Aufgabenfeldern gerecht zu werden, und war dort Vermittler, wo Vorstellungen miteinander in Konkurrenz oder gar Konflikt gerieten. In zahlreichen kirchlichen und kulturpolitischen Gremien brachte er stets seine fundierte Expertise ein. Er war über die Grenzen der eigenen Konfessionskirche hinweg geschätzt, gemocht und gefragt – ein Aushängeschild für den ACV. Ab 2018 begleitete Wolfgang Bretschneider als Ehrenpräsident die Arbeit des Präsidiums mit seinem geschätzten Rat. Wie groß sein Ansehen auch über den ACV hinaus war, zeigen die zahlreichen Kondolenzschreiben, die den ACV und die Bonner Münsterpfarrei erreicht haben, sowie die große Anteilnahme vor, während und nach dem würdevoll-stimmigen Requiem in Bonn.

Die zahlreichen Verdienste von Wolfgang Bretschneider für den ACV im Einzelnen zu listen, würde den Rahmen dieses Beitrags bei Weitem sprengen. Hier sollen stattdessen drei Wesensarten und Grundanliegen des Verstorbenen würdigend herausgestellt werden, die der ACV und sein Präsidium mehr denn je als Erbe und Auftrag von Wolfgang Bretschneider verstehen:

DAS EVANGELIUM ALS GRUNDTON

Wolfgang Bretschneider war aus vollem Herzen Priester und Kirchenmusiker. Beide Berufungen lebte er als auf das Engste miteinander verbunden und ineinander verwoben. Er nahm die Kirchenmusik und ihre Aufgabe, die für ihn weit mehr als nur eine der Liturgie untergeordnete Aufgabe war, mit den Augen und Ohren eines Priesters wahr, der sein ganzes Tun in den Dienst an Gott und den Menschen stellte. Die Frohe Botschaft Jesu Christi, von der er zutiefst in seinem priesterlichen und kirchenmusikalischen Schaffen erfüllt war, wurde für ihn zum Grundton, auf dem sein Denken und Tun als Kirchenmusiker und Seelsorger aufbauten. Sein Musizieren sowie seine seelsorgliche Praxis zeugen von der Freude, der Größe und der Hoffnung, die Wolfgang Bretschneider in der klingenden Botschaft des Glaubens erkannte und die er in seiner unverwechselbaren Art in die Gesellschaft hineintrug. Er war Zeuge des Evangeliums und stellte sein Leben in den Dienst des Lobes Gottes. Er brannte für den, der bereits in den Psalmen und in unzähligen Werken aller Jahrhunderte als der Herr des Lebens besungen wird. So ist es auch weiterhin Auftrag des ACV, das Lob Gottes durch die Musik zu verkündigen und diese dort zu fördern und zu fordern, um den Menschen die Botschaft von Jesus Christus nahezubringen, aber auch um alles Unaussprechliche und den Alltag – mit all seinen Höhen und Tiefen, Licht- und Schattenseiten, Herausforderungen und Geschenken – in der Musik vor Gott zu bringen.

TRADITION UND GEGENWART IN HARMONIE

Wolfgang Bretschneider war aus voller Überzeugung sowohl der Tradition als auch dem Fortschritt zugeneigt. Wie kaum ein anderer verband er Musikwissenschaft, Theologie, Kunst und Seelsorge. Für ihn war die Kirchenmusik in Geschichte und Gegenwart ein Ort theologischer Erkenntnis, die maßgeblich sein theologisches Denken und sowohl sein priesterliches als auch kirchenmusikalisches Tun beeinflusste. Ob hinsichtlich theologischer Positionen oder kirchenmusikalischer Praxis: Er war ein Pontifex zwischen Altem und Neuem sowie zwischen Tradition und Fortschritt, wobei er stets die Gesellschaft und Kultur der Gegenwart im Blick hatte. Für ihn waren dies keine Gegensätze, sondern verschiedene Klänge, die gerade in ihrer Differenz und Pluralität ein harmonisches Ganzes ergaben. Seine Zeitgenossenschaft, sein philosophisches und theologisches Feingefühl sowie seine musikalische Begabung, die stets das Lob Gottes und die Menschen seiner Zeit im Blick hatten, bereicherten und prägten den ACV in seiner kulturellen, kirchlichen und politischen Ausrichtung maßgeblich. Diese Harmonie soll auch weiterhin die Verbandsarbeit prägen und in einer ideologiefreien Weise Altes und Neues in Einklang bringen.

MENSCH- UND CHRISTSEIN ALS TONART

Wolfgang Bretschneider war ein überzeugter Katholik, aber mit ganzem Leib und ganzer Seele Christ. Weder um seinen priesterlichen Stand noch um seine herausragende Position in Kirche, Verband und Gesellschaft machte er je großes Aufheben. Er hatte für jeden und jede ein offenes Ohr, war für jeden und jede, der bzw. die ihn um Rat fragte, ansprechbar. Mit dieser Grundtonart seines Wesens führte er den ACV und alle, die ihm lieb geworden waren, durch drei Jahrzehnte und formte eine Kultur des respektvollen, konstruktiven und ehrlichen Miteinanders, das klar vermittelte: Es geht um das Lob Gottes und die Freude der Menschen. Diese Kultur soll auch weiterhin den Modus des Zusammenarbeitens und öffentlichen Wirkens des ACV bestimmen.

„BLEIBT ÖSTERLICH GESTIMMT!" – ERBE UND AUFTRAG

In seinem Festvortrag „Die Nähe des Unsagbaren spüren lassen" benannte er drei Aufgaben, die der ACV der Kirchenmusik im 21. Jahrhundert zu kommunizieren habe: Zum Ersten müsse der Mut aufgebracht werden, die ganze Bandbreite der Kirchenmusik zu praktizieren; zum Zweiten solle sich die Liturgie der Kirche und auch ihre Musik von den gegenwärtigen Sorgen und Ängsten sowie Hoffnungen und Freuden der Menschen beeinflussen lassen; und zum Dritten müssten bisherige Grenzen kirchlicher und kirchenmusikalischer Praxis gesprengt werden, um durch das Wagnis des Neuen auch jene zu erreichen, die von der wohlklingenden Botschaft des christlichen Glaubens bisher kaum oder gar nichts gehört haben. Diesen drei Aufträgen möchten wir noch einen weiteren hinzufügen: „Bleibt österlich gestimmt!" Mit diesen prägnanten Worten beendete Wolfgang Bretschneider zahlreiche seiner Korrespondenzen, Mails oder SMS. Und dieser Satz steht auch am Ende seines irdischen Lebens – und sei „seinem" ACV, der ihn und sein Wirken in dankbarer und ehrender Erinnerung behalten wird, ins Stammbuch geschrieben.

Jubiliere in Frieden!

„[…] et inclina aurem cordis tui"
Wolfgang Bretschneider: Theologe – Priester – Kirchenmusiker

Markus Magin

Mitten in einer Ansammlung von Menschen steht ein älterer Herr – grauer Anzug, weißes Hemd, gedeckte Krawatte – und ist ins Gespräch vertieft. Doch als jemand zu dieser Gruppe hinzukommt, merkt er sofort auf, breitet die Arme aus und begrüßt den Neuankömmling genauso überschwänglich wie freudestrahlend. Sogleich verwickelt er ihn in ein Gespräch, das möglicherweise irgendwelche aktuellen Themen betrifft, häufiger aber noch die persönliche Situation des Gesprächspartners, um die er offensichtlich weiß und für die er sich ehrlichen Herzens zu interessieren scheint.

Diesen Eindruck von Wolfgang Bretschneider habe ich, obwohl die erste persönliche Begegnung mit ihm nun beinahe zwanzig Jahre zurückliegt, bis heute nicht vergessen. Es war bei meiner ersten Jahrestagung des Allgemeinen Cäcilienverbandes. Ich war gerade zum Diözesanpräses für die Kirchenchöre des Bistums Speyer ernannt worden und auf diese Begegnung sehr gespannt. War ich doch schon Jahre zuvor während meines Theologiestudiums immer wieder auf den Namen Wolfgang Bretschneider gestoßen, wenn es in meinem Schwerpunktstudienfach Liturgik um kirchenmusikalische Themen und in meiner Diplomarbeit um das Einheitsgesangbuch GOTTESLOB ging.[1]

Schon in diesen ersten Momenten des Kennenlernens konnte ich spüren, was im Zusammenhang mit seinem Tod praktisch durchgängig alle Nachrufe und Gedenkworte wie ein roter Faden durchzog: Er war ein Mensch voller Herzenswärme und mit einem ehrlichen Interesse an seinen Mitmenschen, geistreich, bescheiden und mit einem feinsinnigen Humor ausgestattet, der niemals verletzte.[2] So haben ihn Generationen von Studentinnen und Studenten, Priesteramtskandidaten, Kirchenmusikerinnen und Kirchenmusikern, Sängerinnen und Sängern, Kolleginnen und Kollegen, Mitbrüdern und viele Andere erlebt und geschätzt. Er war einer, dem man

---

1   Vgl. Markus Magin, Der Speyerer Anhang zum Einheitsgesangbuch Gotteslob, Diplomarbeit eingereicht bei Prof. Dr. Reiner Kaczynski, München 1992.

2   Vgl. unter anderem die Würdigungen in: Erzbistum Köln, Stabsstelle Kirchenmusik (Hg.), KiEK. Kirchenmusik im Erzbistum Köln 1 (2021), S. 60ff.

vertrauen und dem man sich anvertrauen konnte. In meiner Laudatio zu seiner Verabschiedung als Präsident des ACV und Ernennung zum Ehrenpräsidenten konnte ich ihm das im Jahr 2018 persönlich sagen:

> „Als ich Dich 2003 kennenlernen durfte, da begegnete ich nicht nur einem hervorragenden Musiker, Theologen und Netzwerker. Ich lernte in Dir einen Menschen kennen, der gerne und aufmerksam zuhört, der in Ruhe und Gelassenheit seine Arbeit tut, dem es ein Anliegen ist, möglichst alle einzubinden, der sich freut, wenn die Musik Menschen berührt, den eine gute Portion rheinischer Lebensfreude kennzeichnet, der unter Konflikten leidet, der einen Blick für das Große und Ganze hat, kurz gesagt: der Gott und die Menschen gern hat."[3]

Auch wenn er kein Benediktinermöch war, so treffen doch zentrale Worte aus dem ersten Satz des Prologs der Benediktsregel auf Wolfgang Bretschneider in besonderer Weise zu: „[…] et inclina aurem cordis tui" – und neige das Ohr deines Herzens"[4] Er war ein Mensch, der seinem Gegenüber nicht einfach nur zuhörte, sondern sich ihm von Herzen zuwandte – ihm seines Herzens Ohr zuneigte. Seine Art zu hören war weit intensiver und gedankenvoller als der rein körperliche Vorgang. Immer war er mit dem Herzen dabei. Das galt für die vielen, vielen Kontakte und Beziehungen, die er pflegte. Das galt aber auch für seine Art zu glauben, Priester und Kirchenmusiker zu sein.

Mit diesem Artikel möchte ich den Herzensmenschen Wolfgang Bretschneider würdigen:

- als feinsinnigen Theologen, der bis ins Innerste seines Herzens hinein bewegt war von der Frage nach dem lebendigen Gott,
- als leidenschaftlichen Priester, der aus ganzem Herzen Seelsorger war und
- als begeisternden Kirchenmusiker, für den es heilige Verpflichtung war, dass die Musik und gerade die Kirchenmusik – um mit Beethoven zu sprechen – von Herzen kommen muss, um wieder zu Herzen zu gehen.[5]

---

3   Alexander Matschak, „Musik für Gott und die Menschen". ACV feierte sein 150. Jubiläum mit einer Festwoche in Regensburg, in: Musica Sacra 5 (2018), S. 274.

4   „Obsculta, o fili, praecepta magistri, et inclina aurem cordis tui, et admonitionem…" Zitiert nach: www.benediktiner.benediktiner.de/index.php/regula-prolog.html; (abgerufen am 09.08.2021).

5   „Von Herzen – möge es wieder zu Herzen gehen" – mit diesen berühmten Worten überschreibt Ludwig van Beethoven die Missa Solemnis, nach seinen eigenen Worten das größte Werk, das er geschrieben hat; vgl. Alois Koch, „Von Herzen – möge es wieder zu Herzen gehen". Referat anlässlich des 250. Tauftages von Ludwig van Beethoven, S. 1; zitiert nach: www.seni-uni-lu.ch/media/Referate/Beethoven_Referat_Alois_Koch_2020.pdf (abgerufen am 09.08.2021).

WOLFGANG BRETSCHNEIDER – DER THEOLOGE

„[…] et inclina aurem cordis tui" – nach dieser Weisung des Hl. Benedikt hat Wolfgang Bretschneider nicht nur gelebt. In ihrem Geist hat er auch Theologie betrieben. Da man ihn als Priester wie auch als Kirchenmusiker überhaupt nur aus diesem theologisch durchdrungenen Glauben heraus verstehen kann, soll der erste Blick dem Theologen Bretschneider gelten.

Theologie war für ihn nicht allein eine Geistes-, sondern vielmehr eine Herzenswissenschaft, nicht nur intellektuelles Glasperlenspiel, sondern ein Ringen um die zutiefst existentiellen Fragen dieser Welt wie auch des eigenen Glaubens. Wenn Hans Urs von Balthasar an die Theologie die Forderung richtete, sie müsse von einer sitzenden wieder zur knienden Haltung zurückkehren[6], so findet sich bei Wolfgang Bretschneider diese Forderung erfüllt. Intellektuelle und geistliche Weise Theologie zu betreiben und zu leben, bildeten bei ihm kein Nebeneinander oder gar einen Gegensatz, sondern eine tiefe Einheit.

„BLEIBT ÖSTERLICH GESTIMMT" – NICHT NUR EIN FROMMER WUNSCH

An vielen Stellen im Zusammenhang mit dem Abschied von Wolfgang Bretschneider wurde daran erinnert, dass er immer wieder Nachrichten, Briefe, Mails mit dem Wunsch beendete: „Bleib österlich gestimmt"[7]. Nicht umsonst trägt auch diese Gedenkschrift seinen Gruß an so viele Menschen als Titel.

Für Wolfgang Bretschneider war das nicht einfach nur ein ‚frommer Wunsch'. Am Auferstehungsglauben machten sich sein theologisches Denken wie auch sein persönlicher Glaube fest. Er war ein zutiefst österlich geprägter Mensch. Paulus schreibt im 1. Korintherbrief: „Wenn aber Christus nicht auferweckt worden ist, dann ist euer Glaube nutzlos und ihr seid immer noch in euren Sünden; und auch die in Christus Entschlafenen sind dann verloren. Wenn wir allein für dieses Leben unsere Hoffnung auf Christus gesetzt haben, sind wir erbärmlicher daran als alle anderen Menschen. Nun ist aber Christus von den Toten auferweckt worden als Erster der Entschlafenen. Da nämlich durch einen Menschen der Tod gekommen ist, kommt durch einen Menschen auch die Auferstehung von den Toten." (1Kor 15,17–21) Aus dieser Überzeugung hat Wolfgang Bretschneider gelebt.

---

6   Vgl. Hans Urs von Balthasar, Theologie und Heiligkeit, in: ders., Verbum Caro. Schriften zur Theologie 1, Einsiedeln 1960, S. 195–224 [Erstdruck in: Wort und Wahrheit 3 (1948), S. 881–8971].

7   Die Predigt findet sich auch in diesem Band abgedruckt.

Sie machte ihn zu einem Menschen, der auch dort noch zu hoffen wagte, wo andere schon längst die Hoffnung aufgegeben hatten. Immer wieder erlebten diejenigen, die mit ihm zu tun hatten, wie sehr er unter manchen Traditionen, Gewohnheiten und Missständen in der Kirche litt. An dieser Stelle sei nur an einen offenen Brief erinnert, den er zusammen mit den Mitbrüdern seines Weihejahrgangs anlässlich des goldenen Priesterjubiläums im Jahr 2017 veröffentlichte. Darin werden mit deutlichen Worten Reformen in der Kirche angemahnt.[8] Trotz aller Fragen gab er die Kirche aber nie auf, hörte nie auf zu hoffen, dass Jesus Christus sich als Herr seiner Kirche zeigen und sie erneuern wird. Er hörte nie auf, diese Kirche zu lieben. Im Osterglauben ist der Grund für diese hoffnungsfrohe Grundhaltung der Kirche wie auch der ganzen Welt gegenüber zu finden – und wohl auch dafür, dass er nie seinen feinsinnigen Humor verlor.

Dabei wurden im Lauf seines Lebens die Töne leiser, mit denen er diesen Glauben verkündete. In einem Telefongespräch zitierte ihn einer seiner Weihekurskollegen mit den Worten: „Die alten Osterlieder sind mir mittlerweile alle zu triumphalistisch"[9]. Mit den Jahren wuchs bei Bretschneider immer mehr das Wissen um das Kreuz, das eben auch zum christlichen Glauben und Leben gehört. Der frühere Limburger Bischof Franz Kamphaus schreibt in diesem Zusammenhang einmal:

> „Das Besondere des christlichen Glaubens zeigt sich in dem Mut, die Frage nach dem Leben auch im Tod zu stellen. Als Christen werden wir die unentrinnbare Macht des Todes und die tödliche Gewalt in uns und um uns weder verharmlosen noch dramatisieren. Der Osterglaube ist gerade darin erlösend, dass er uns beides zumutet: das Faktum des Todes und das mitten im Tod von Gott geschenkte Leben."[10]

Diese Zeilen könnten auch von Wolfgang Bretschneider stammen. So schrieb er selbst in einem Gruß zum Weihnachtsfest 2020: „Ein Sprung, ein Riss in allen Dingen, auch – und das ist die schmerzliche Erfahrung – in der Kirche. Aber genau durch diesen Riss dringt Licht in unsere Seelen"[11]. Und an anderer Stelle hören wir ihn sagen: „Ach, was wären wir ohne Ostern. Es ist die schönste Botschaft, die es geben kann. Was haben wir den Menschen doch zu schenken"[12]. Diese österliche Grund-

---

8   Weihejahrgang 1967 – Offener Brief. 50 Jahre Priester im Erzbistum Köln. Rückblick und Perspektiven, www.domradio.de (abgerufen am 09.08.2021).

9   Telefongespräch mit Pfr. Gerhard Dane am 28.07.2021.

10   Franz Kamphaus, Gott ist kein Nostalgiker. Anstöße für die Fasten- und Osterzeit, Freiburg i. B. 2021, S. 66.

11   KiEK (wie Anm. 2), S. 94.

12   Die Predigt findet sich auch in diesem Band abgedruckt.

haltung schwang immer mit, wenn er sich von jemand mit den Worten verabschiedete: „Bleib österlich gestimmt!" – für ihn nicht einfach eine Floskel, sondern ein Herzenswunsch.

DURCHDRUNGEN VON DER THEOLOGIE DES ZWEITEN VATIKANISCHEN KONZILS

1941 geboren wuchs Wolfgang Bretschneider noch in der Zeit vor dem Zweiten Vatikanischen Konzil (1962–1965) auf. Geprägt hat ihn in dieser Zeit jedoch nicht nur die vorkonziliare Liturgie und Kirchenstruktur, sondern vielleicht noch mehr die liturgische Bewegung, in der vieles schon auf Erneuerung und Reform hindrängte. Bereits diese ersten Kirchenerfahrungen dürften dazu geführt haben, dass es ihm sein ganzes Leben lang ein Herzensanliegen war, dass nicht nur die Kirchenmusik und auch nicht nur die Liturgie, sondern die Kirche als Ganze -- wie er sich immer wieder auszudrücken pflegte – nicht im Plusquamperfekt verharrt,[13] sondern sich ständig erneuert und voranschreitet.

Der Beginn des Zweiten Vatikanischen Konzils muss deshalb für den jungen Studenten der Theologie wie eine Verheißung auf einen neuen Frühling der Kirche gewirkt haben.[14] Kein Wunder also, dass ihn eines der ‚Zauberworte' des ersten von den Konzilsvätern verabschiedeten Dokumentes, der Liturgiekonstitution, nämlich das Wort Inkulturation (vgl. SC 37–42), in besonderer Weise mit Blick auf die Liturgie und Kirchenmusik, aber auch auf die Entwicklung der ganzen Kirche hin immer wieder umtrieb. Kirche muss zu den Menschen gehen. Sie muss die Botschaft Jesu zu ihnen tragen und so verkünden, dass die Menschen sie auch verstehen. Sie muss, und das war für ihn ein weiterer Schlüsselbegriff, Sakrament sein, „das heißt Zeichen und Werkzeug für die innigste Vereinigung mit Gott wie auch für die Einheit der ganzen Menschheit" (LG 1).

Für Wolfgang Bretschneider war es ein starkes Zeichen, dass die Väter des Konzils in der Konstitution über die Kirche ‚Lumen Gentium' dem Kapitel über die hierarchische Verfassung der Kirche ein Kapitel über das Volk Gottes voranstellten. Dieses Zeichen war für ihn Programm. Die Würde aller Getauften und ihre Berufung zur Nachfolge prägten zeitlebens sein Kirchenverständnis.

---

13   Vgl. beispielsweise Wolfgang Bretschneider, Die Nähe des Unsagbaren spüren lassen – Von den Chancen der Kirchenmusik in Zeiten der Gotteskrise. Festrede beim ACV in der Hochschule für katholische Kirchenmusik und Musikpädagogik Regensburg am Samstag, 22. September 20218, in: Musica sacra 6 (2018), S. 335.

14   Vgl. Weihejahrgang 1967 (wie Anm. 8).

Dass Liturgie nun nicht mehr nur ein Tun des zelebrierenden Priesters ist, sondern alle in ihrer je eigenen Weise mitfeiern, war für Wolfgang Bretschneider einer der fundamentalsten Neuaufbrüche in der Tradition des Gottesdienstes. Niemals wurde er müde, bei unzähligen Vorlesungen, Kursen, Fortbildungen und anderen Veranstaltungen zu betonen, dass nun alle gemeinsam Gottesdienst feiern und die Gläubigen nicht mehr nur dazu da sind, die ‚Messe mit Andacht zu hören', die der Priester feiert. Immer wieder machte er gerade Kirchenmusikerinnen und Kirchenmusiker darauf aufmerksam, dass sie einen wahrhaft liturgischen Dienst ausüben und ihre Musik nun nicht länger als schmückendes Beiwerk angesehen wird. So bezeichnete er gerne Organisten als Konzelebranten auf der Orgelbank. Ein weiterer für ihn typischer Satz in diesem Zusammenhang: „Sagen Sie NIEMALS: „Wir singen jetzt zum Gloria"[15]. Freilich wurde er ebenfalls nicht müde darauf hinzuweisen, dass aus dieser veränderten Stellung der liturgischen Rollenträger eine entsprechende Verantwortung erwächst. Auch hierzu nochmals ein Hinweis von ihm, der sicherlich vielen in den Ohren klingt: „Was der ehemalige Bischof von Mainz, Kardinal Hermann Volk, 1964 gesagt hat, sollte sich bestätigen: »Heute wollen viele mehr, als sie dürfen, aber schon morgen werden viele mehr dürfen, als sie können.«"[16]

Auch andere Öffnungen der Kirche, die hier nur summarisch erwähnt werden können, prägten das Glaubens- und Kirchenverständnis von Wolfgang Bretschneider ein Leben lang, ganz egal ob es die Neubewertung der Heiligen Schrift war, die ökumenischen Neuaufbrüche in die Kirche hinein und darüber hinaus, die hohe Wertschätzung für das eigene Gewissen oder auch die Sendung zu den Menschen, wie sie in der Pastoralkonstituion des Konzils beschrieben wird.

GOTTESFRAGE – LEBENSFRAGE

Bis zuletzt war Wolfgang Bretschneider von der Frage nach Gott durchdrungen. In seiner programmatischen Festrede bei der Jubiläumsfeier zum 150. Geburtstag des Allgemeinen Cäcilien-Verbandes für Deutschland (ACV) sagte er dazu:

> „Bis vor kurzem galt noch die Überzeugung nicht weniger Menschen: Gott ja, Kirche nein! Aber auch hier deutet sich eine Veränderung an. Vor zwei Jahren gab es in Düsseldorf eine Ausstellung unter der Überschrift »The problem of God«. 33 Künstler setzten sich mit der Frage nach Gott auseinander. Im ersten Ausstellungsraum hing eine Kir-

---

15   KiEK (wie Anm. 2), S. 69.

16   Bretschneider, Die Nähe (wie Anm. 13), S. 335.

chenglocke. Aber das, was sie zum Klingen bringen sollte, fehlte: der Klöppel. Vom Gottesglauben haben wir nur noch die äußere Hülle. Diese aber schweigt, ihre Botschaft ist verstummt. Steht im Fokus der Kirchen noch das Zentrum, der Glaube? Gott in Jesus Christus? Haben andere Themen ihn verdrängt? Wer oder was ist Gott?"[17]

Zeitlebens wurde Bretschneider von solchen Fragen umgetrieben – und mit zunehmendem Altem immer drängender. Im bereits erwähnten offenen Brief zum goldenen Priesterjubiläum heißt es dazu: „Uns bedrückt, dass die Frage nach Gott bei vielen Menschen hierzulande kein Thema mehr ist."[18]

In seiner Predigt beim Requiem für Wolfgang Bretschneider charakterisierte Msgr. Bosbach diesen zentralen Aspekt im Glaubensleben des Verstorbenen mit folgenden Worten:

> „Gott war ihm Geheimnis. Deshalb war Wolfgang Bretschneider sehr allergisch davor, wenn zu schnell mit allzu großer Sicherheit über Gott gesprochen wurde. Man kann vielleicht sagen, dass er ein Freund der negativen Theologie war, der immer behutsam war mit allen positiven Aussagen, wie Gott nun sei. Die dann sehr schnell auch zu Aussagen werden, wie Gott zu sein habe. Er war lebendig interessiert an der Gottesfrage, und das war neben allem Leiden an konkreten Fragen der Kirche unserer Zeit sicher die große Frage, an der er gelitten hat, mit und in der Kirche: Dass die Gottesfrage, die Frage nach Gott so wenig Raum einnimmt in unserer Gesellschaft, aber inzwischen oft auch in der Kirche."[19]

Für ihn selbst war diese Frage nach Gott zur Lebensfrage geworden, von der nicht nur sein Glaube, sondern sein ganzes Menschen- und Weltbild abhing. Er selbst meinte dazu:

> „Dennoch hält der Christ fest an der Überzeugung: Am Menschen gibt es mehr zu feiern als zu kritisieren. Die Begründung dafür sieht er nicht in sich, sondern im Glauben, dass er von dem unendlichen, geheimnisvollen Gott geschaffen, von seinem Atem beseelt ist, dass er etwas von der göttlichen Schöpferkraft, ja auch von dessen Schönheit in sich trägt. Das macht ihn so wertvoll, verleiht ihm Würde, Menschenwürde."[20]

---

17   Ebd.

18   Weihejahrgang 1967 (wie Anm. 8).

19   Die Predigt findet sich auch in diesem Band abgedruckt.

20   Bretschnedier, Die Nähe (wie Anm. 13), S. 334.

WOLFGANG BRETSCHNEIDER – DER PRIESTER

„[…] et inclina aurem cordis tui" – diese hörende Haltung prägte auch den Priester Wolfgang Bretschneider. Wer ihn im persönlichen Gespräch erlebte, wer mit ihm gemeinsam Gottesdienste feierte, wer ihn predigen oder auch lehren hörte, der spürte, dass da ein Priester wirkt, der das, was er tut, aus frohem und freiem Herzen tut.

Auch in seinem Selbstverständnis als Priester war er ganz von der Theologie des Zweiten Vatikanischen Konzils durchdrungen. Diese priesterliche Identität beschreiben die Konzilsväter in der Kirchenkonstitution folgendermaßen:

> „Das gemeinsame Priestertum der Gläubigen aber und das Priestertum des Dienstes, das heißt das hierarchische Priestertum, unterscheiden sich zwar dem Wesen und nicht bloß dem Grade nach. Dennoch sind sie einander zugeordnet: das eine wie das andere nämlich nimmt je auf besondere Weise am Priestertum Christi teil." (LG 10)

Die Konzilsväter machen hier deutlich, dass der Priester nicht mehr (wert) ist als andere Getaufte, dass er nichts Besseres oder Höheres ist. Und genauso hat Wolfgang Bretschneider sein Priestersein gelebt. Er selbst sagte einmal: „Das war das Konzil, das gesagt hat, die Kirche besteht nicht nur aus Priestern oder sogenannten Hochwürden, sondern Kirche sind alle, die getauft sind."[21] Wer dem Priester Wolfgang Bretschneider begegnete, hatte niemals den Eindruck, da tritt ein Hochwürden auf. In vielen Nachrufen wird ganz im Gegenteil gerade seine bescheidene und zurückhaltende Wesensart hervorgehoben.[22] Klerikales Gehabe und Überheblichkeit waren ihm fremd.[23] Sein Priesteramt hat er tatsächlich als Dienstamt an den Menschen in der Kirche und darüber hinaus verstanden und gelebt.

---

21   „Wenn Kirche sich nicht ändert, verfehlt sie ihren Auftrag", Wolfgang Bretschneider im Gespräch mit Christoph Heinemann, Deutschlandfunk 27.01.2017, www.deutschlandfunk.de/kritik-am-zoelibat-wenn-kirche-sich-nicht-aendert-verfehlt.694.de.html?dram:article_id=377425, (abgerufen am 11.08.2021).

22   Vgl. beispielsweise den Nachruf des Stadtdekanates Bonn, Tiefe Trauer über den Tod von Monsignore Prof. Dr. Wolfgang Bretschneider, www.kath-bonn.de/detail/ Tiefe-Trauer-ueber-den-Tod-von-Monsignore-Prof.-Dr.-Wolfgang-Bretschneider/ (abgerufen am 11.08.2021) oder auch: Msgr. Markus Bosbach, Prof. Richard Mailänder, „BLEIB ÖSTERLICH! Wolfgang Bretschneider, in: KiEK (wie Anm. 2), S. 61.

23   In seiner Predigt bei der Totenvesper sagte Stadtdechant Dr. Wolfgang Picken dazu:„Neid war dir fremd, was in der klerikalen Welt besonders hervorzuheben ist. Bewundert habe ich immer, wie bescheiden du geblieben bist, obwohl du guten Grund gehabt hättest, stolz auf dich und deine Lebensleistung zu sein."

So konnte er zu einem Seelsorger werden, der den Menschen mit einem feinen Gespür für ihre vielen Lebenserfahrungen und mit offenem Herzen begegnete. „Ich würde ihn in erster Linie als einen „väterlichen Freund" bezeichnen", schrieb jemand im Zusammenhang mit seinem Tod; und weiter:

> „Seine Unvoreingenommenheit, seine Offenheit, Neugier und bedingungslose Wertschätzung dem Menschen gegenüber, dem er gerade begegnete, durfte ich gleich bei unserer ersten Begegnung spüren. Er ging stets wach, zuhörend und sensibel hinterfragend in ein Gespräch, nicht vorschnell (ver-)urteilend und belehrend, sondern erst allmählich mit klugen Reflexionen Rat gebend, Hilfestellung leistend und das Gegenüber motivierend. Dass dabei nicht selten tragfähige Brücken gebaut, Konfliktlösungen erdacht, Netzwerke geknüpft und beglückende Erlebnisse und Begegnungen vorbereitet wurden, war oft ebenso überraschend wie später fast schon selbstverständlich."[24]

Aus dieser seelsorglichen Grundhaltung erwuchs auch seine Art, als Priester gemeinsam mit ganz unterschiedlichen Gemeinden Gottesdienst zu feiern. Richard Mailänder schreibt dazu – typisch für viele, die gemeinsam mit Wolfgang Bretschneider Gottesdienste gefeiert haben:

> „Besonders dicht wurde sein priesterliches Sein innerhalb unserer C-Ausbildung jedes Jahr am Ende der C-Intensivtage in der abschließenden Eucharistiefeier (die selten weniger als zwei Stunden dauerte). Es war herrlich und angstfrei, mit ihm Gottesdienst zu feiern."[25]

Mit vielen Menschen hat er im Gottesdienst gefeiert, was er selbst ehrlichen Herzens geglaubt hat. So wurde für die mitfeiernde Gemeinde der Gottesdienst nicht nur zu einem Dienst an Gott, sondern mehr noch zur Erfahrung des Dienstes Gottes am Menschen.

> „Liturgische Veranstaltungen – egal, in welcher ‚gestuften' Feierlichkeit, konnten mit ihm und durch ihn zu tiefen spirituellen Erlebnissen und Erfahrungen der unmittelbaren Gottesnähe werden, im reflektierenden oder aushaltenden Schweigen ebenso wie im überbordenden verbalen oder musikalischen Jubel."[26]

---

24 Eine Nachricht mit diesem Text liegt dem Verfasser des Artikels vor. Der Verfasser selbst möchte ungenannt bleiben.

25 Nachricht von EDKMD Prof. Richard Mailänder an Markus Magin vom 23.06.2021.

26 Wie Anm. 24.

Oftmals wurde Wolfgang Bretschneider auch als Netzwerker bezeichnet. Tatsächlich war er eine Persönlichkeit, die in viele lokale, regionale wie auch überregionale Aufgabenbereiche und Netzwerke eingebunden war. Diese einzelnen Bereiche standen für ihn aber nicht einfach unverbunden nebeneinander. Immer wieder hat er es geschafft, Menschen zusammenzuführen, Aufgaben miteinander in Verbindung zu bringen und Konflikte zu entspannen. Darin verwirklichte er letztlich einen der wichtigsten Dienste des kirchlichen Amtes, nämlich den Dienst an der Einheit. An diesem Dienst, der in den Konzilstexten zunächst den Bischöfen als erster und wichtigster anvertraut wird (vgl. zum Beispiel LG 22), haben nach dem Dekret über Dienst und Leben der Priester auch diese Anteil.[27] Wie dieser Auftrag gelebt werden kann, konnte man an Bretschneiders priesterlichem Dienst ablesen.

Am Ende dieser wenigen Schlaglichter auf die Priesterpersönlichkeit Wolfgang Bretschneider soll ein Blick auf die Dimension seines Priesteramtes stehen, die von den Konzilsvätern den Zweiten Vatikanischen Konzils im Priesterdekret „Presbyterorum ordinis" als erste Aufgabe im priesterlichen Dienst bezeichnet wird:

> „Da niemand ohne Glaube gerettet werden kann, ist die erste Aufgabe der Priester als Mitarbeiter der Bischöfe, allen die frohe Botschaft Gottes zu verkünden, um so in der Erfüllung der Herrenauftrags: »Geht in alle Welt, und verkündet das Evangelium allen Geschöpfen" (Mk 16,15), das Gottesvolk zu begründen und zu mehren.«" (PO 4)

Diesem Anspruch wurde Wolfgang Bretschneider an vielen Stellen und auf vielfältige Weise gerecht, zuerst natürlich in der Feier des Gottesdienstes, dann aber auch als Repetent im Collegium Albertinum in Bonn, als Hochschullehrer, als Dozent und Referent bei unzähligen Veranstaltungen wie auch in vielen Gremien, in denen er für die Botschaft des Glaubens als Priester der Kirche stand. Stellvertretend für viele soll hier nur Prof. Thilo Dahlmann zu Wort kommen:

> „Vor wenigen Tagen hatte ich die traurige Ehre, bei seiner (sc. Wolfgang Bretschneiders) Beerdigung singen zu dürfen. Während der Trauerfeier gingen mir viele Erinnerungen an ihn durch den Kopf. Wie er es geschafft hat, Musik und Glaube auf eine Weise zu vermitteln, die mir ganz neue Horizonte geöffnet hat und die mich bis in die jetzige Zeit prägt."[28]

---

27 In der Anmerkung Nr. 4 des Priesterdekretes heißt es: „Insofern die Priester Mitarbeiter der Bischöfe sind, gilt von ihnen auch das, was über die Bischöfe gesagt wird."

28 KiEK (wie Anm. 2), S. 22.

Wolfgang Bretschneider hat nie nur einen priesterlichen Dienst ausgeübt und priesterliche Aufgaben erledigt. Er WAR ganz selbstverständlich und mit ganzem Herzen Priester.

WOLFGANG BRETSCHNEIDER – DER KIRCHENMUSIKER

„[…] et inclina aurem cordis tui" – dieses Wort des Hl. Benedikt steht auch, vielleicht sogar in besonderer Weise, am Beginn des Abschnittes über den Kirchenmusiker Wolfgang Bretschneider. Mit ganzem Herzen war er dabei, wenn es darum ging, gemeinsam oder auch alleine zu musizieren. Glaube und Musik bildeten für ihn lebenslang eine untrennbare Einheit. „Das erste, was ich von Wolfgang Bretschneider wusste, war: Er ist Priester und er spielt Orgel"[29], so erinnert sich Richard Mailänder. Schon als Seminarist und Theologiestudent war er mit der Orgel ‚verheiratet'. Später als Kaplan wurde sie zum Medium seiner Verkündigung.[30]

Wenn der Abschnitt über den Kirchenmusiker Wolfgang Bretschneider kürzer ausfällt als die voranstehenden, dann nicht deshalb, weil die Musik für Bretschneider gegenüber seinem Theologe- und Priestersein eine untergeordnete Rolle gespielt hätte. Da aber sein kirchenmusikalisches Wirken in der vorliegenden Gedenkschrift an vielen Stellen deutlich ausführlicher gewürdigt wird, als dies hier möglich ist, beschränkt sich dieser Artikel auf die geistlichen Grundlinien, die Bretschneider zu dem Musiker werden ließen, der er war.

Zunächst wieder ein Wort von ihm selbst:

> „Das Herz der Kirche schlägt im Gottesdienst. Ein treffendes Wort des evangelischen Theologen Oskar Söhngen. Ich führe den Satz gerne weiter: Das Herz des Gottesdienstes schlägt in der Musik."[31]

Dass beide Behauptungen richtig sind, verdeutlicht das Zweite Vatikanische Konzil in der Liturgiekonstitution. Dort heißt es in Art. 83:

> „Als der Hohepriester des Neuen und Ewigen Bundes, Christus Jesus, Menschennatur annahm, hat er in die Verbannung dieser Erde jenen Hymnus mitgebracht, der in den

---

29   Nachricht von EDKMD Prof. Richard Mailänder an Markus Magin vom 23.06.2021.
30   Telefongespräch mit Pfr. Gerhard Dane am 28.07.2021.
31   Bretschneider, Die Nähe (wie Anm. 13), S. 336.

himmlischen Wohnungen durch alle Ewigkeit erklingt. Die gesamte Menschenge-meinschaft schart er um sich, um gemeinsam mit ihr diesen göttlichen Lobgesang zu singen. Diese priesterliche Aufgabe setzt er nämlich durch seine Kirche fort; sie lobt den Herrn ohne Unterlass und tritt bei ihm für das Heil der ganzen Welt ein." (SC 83)

Diese Zeilen machen deutlich, dass der Gesang im Gottesdienst nicht nur Sprache des Herzens ist im Unterschied zur Sprache des Verstandes bzw. des Mundes, auch nicht nur Ausdruck von Feierlichkeit und Innigkeit, erst recht nicht nur schmücken-des Beiwerk oder Sache einiger Spezialisten und Liebhaber. Liturgie und in ihr die Musik haben aus der Sicht der Konzilsväter eine kosmische Dimension. Sie führen gleichsam in die Teilhabe am Priesteramt Jesu Christi und am Lobgesang des Him-mels hinein, den er in diese Welt hineingetragen hat. Sie bringen den Menschen in „Übereinstimmung" – in „Einklang" mit dem Herrn. Aus diesen Überlegungen er-gibt sich folgerichtig, dass gottesdienstliches Handeln seinem Wesen nach ohne Musik undenkbar ist.

Von dieser Einsicht war Wolfgang Bretschneider zutiefst durchdrungen. All sein Ein-satz für die Kirchenmusik, sei es im unmittelbaren gottesdienstlichen Tun mit seine Schola oder an der Orgel, sei es sein Engagement in vielen kirchlichen und welt-lichen, nationalen und internationalen Kirchenmusikgremien – in ganz besonderer Weise im ACV –, sei es sein kompositorisches oder musikwissenschaftliches Wirken, sei es seine planerische und gestalterische Kreativität, wie sie bei der Mitarbeit am Gesang- und Gebetbuch Gotteslob oder auch bei der Planung von gottesdienst-lichen Großereignissen wie Katholikentagen zum Tragen kam – all dieser Einsatz für die Kirchenmusik diente letztlich dem einen Ziel, das in der Präfation des Hoch-gebetes zum Thema „Versöhnung" so beschrieben wird:

> „Darum können wir nicht aufhören, dir zu danken und dich zu preisen. Wir stimmen
> ein in den Lobgesang der Chöre des Himmels, die ohne Ende rufen:
> Heilig, heilig, heilig Gott, Herr aller Mächte und Gewalten.
> Erfüllt sind Himmel und Erde von deiner Herrlichkeit.
> Hosanna in der Höhe. Hochgelobt sei, der da kommt im Namen des Herrn.
> Hosanna in der Höhe."[32]

---

32 Hochgebet zum Thema „Versöhnung". Präfation, in: Liturgische Institute Salzburg, Trier, Zürich (Hg.), Fünf Hochgebete, Freiburg 1980, S. 12–13.

AUS GANZEM HERZEN

„[…] et inclina aurem cordis tui" – neige das Ohr deines Herzens. Wenn Gustav Mahler einmal behauptet, das Wichtigste in der Musik stehe nicht in den Noten[33], dann spricht er wohl davon, dass Musik letztlich aus dem Herzen kommen muss und die Noten dazu nur das äußere Gerüst liefern. Wolfgang Bretschneider war mit ganzem Herzen Theologe, Priester und Kirchenmusiker. So wie er ein Leben lang geistlich-theologisch, priesterlich und kirchenmusikalisch Gott und den Menschen von ganzem Herzen zugeneigt war, so dürfen wir hoffen, dass sich nun der auferstandene Herr in seinem Tod ihm zuneigt – aus ganzen Herzen. Und so beten wir für Wolfgang Bretschneider zum auferstandenen Herrn Jesus Christus: „[…] et inclina aurem cordis tui" – neige das Ohr deines Herzens.

---

[33] Vgl. www.innovations-report.de/fachgebiete/kommunikation-medien/bericht-56655/ (abgerufen am 13.08.2021).

Gut zu hören.
Erinnerungen an Wolfgang Bretschneiders Sendung

Hans Langendörfer SJ

Ich bin dankbar, dass ich Wolfgang Bretschneider nicht nur dienstlich begegnet bin. Ich konnte und durfte ganz nachdrücklich auch den Menschen, Seelsorger, Gläubigen und Glaubenssuchenden Wolfgang Bretschneider erleben, den Mann, dessen Sendung die Musik war – im Doppelsinn eines persönlichen, religiös-geistlichen Auftrags wie auch der – vor allem akustischen – Vernehmbarkeit. Er war in mehrfacher Hinsicht gut zu hören.

Unsere Bekanntschaft, die mehr und mehr zu freundschaftlicher Verbundenheit wurde, reicht zurück bis weit vor meine Wahl zum Sekretär der Deutschen Bischofskonferenz. Beide sind wir – einigermaßen ungebrochen – Bonner, im Temperament recht unterschiedlich, aber doch gleich zugänglich für einen hintergründigen Humor, der nicht verletzt, aber entlastet und die Situation entspannt. Was, wie Bretschneider beweist, ein sehr hingebungsvolles Arbeiten, große Ernsthaftigkeit, Genauigkeit und Ehrgeiz nicht ausschließt. Meine Primiz habe ich in der Bonner Münstergemeinde gefeiert, in der Wolfgang ja über viele Jahre hinweg auf vielfache Weise mitwirkte – als Kirchenmusiker und als sehr geschätzter Zelebrant und Prediger bei Eucharistiefeiern, aber auch anderen Gottesdienstformen. Besonders sind mir dabei die Metten der Kartage in Erinnerung. Ich habe bei ihm in Bezug auf die Musik Manches gelernt, was für mich besonders wertvoll war, weil ich schon seit früher Zeit als unmusikalisch und in der Konsequenz musikalisch eher ungebildet galt.

So hat mich Wolfgang Bretschneider aus der Enge des „Jesuita non cantat" in gewisser Weise hinausgeführt in die offene Begegnung mit vielen Facetten des Gottesdienstgesangs, der liturgischen Musik und der zeitgenössischen, neuen Musik. Besonders denke ich dabei – das war dann schon in der Zeit bei der Bischofskonferenz – an die musikalische Gestaltung der alljährlichen vorweihnachtlichen Feier der aktiven und ehemaligen Mitarbeiter des Sekretariats, für die wir Wolfgang immer wieder gewinnen konnten. Er wusste eine kleine Auswahl der schönen, wohlbekannten Adventslieder zu verbinden mit musikalischen Impulsen, die Festlichkeit und Freude bewirkten. Und beim anschließenden Kaffeetrinken mit den jeweiligen

105

Vorsitzenden der Bischofskonferenz – von Kardinal Lehmann bis Kardinal Marx – war er ein treuer Gast und guter Gesprächspartner mit klarem Blick und scharfsinniger Analyse auch in Fragen des kirchlichen Lebens in Deutschland.

Ich betone diese Erfahrung so, weil der gelebte und bezeugte Glaube eine zentrale Dimension des professionellen, beruflichen Lebens von Wolfgang Bretschneider war. Und zwar ganz unmittelbar. Er war Priester und Mann der Musik. Er hat dies auch in für mich persönlich schwierigen Situationen unter Beweis gestellt: Als mein Bruder starb oder mein Vater, und er es verstand, mit großer Empathie für das Requiem ein musikalisches Programm vorzuschlagen, das alle Anwesenden innerlich mitnahm in die Mischung von Traurigkeit und Trost, die solchen Liturgien eigen ist. Aber auch weit darüber hinaus habe ich gespürt, wie seine Konzerte – im kleinen Rahmen der Kapelle der Bischofskonferenz, um deren schöne Klais-Orgel er sich immer wieder kümmerte, oder in den großen Kirchen, ja bis in die Konzertsäle hinein – Menschen erreichten und bewegten; ganz gewiss auch in tieferliegenden, religiösen Schichten ihrer Emotionalität. Und: Wolfgang war stets zur Stelle, wenn man ihn rief und er zeitlich disponibel war. Selbst zu kleinen Messen, für die ich eine Orgelbegleitung suchte, kam er, wann immer es ihm möglich war.

Vielleicht sind mir solche Gesten auch deshalb so wichtig und kostbar, weil sie einen Menschen erleben lassen, der im besten Sinn des Wortes bescheiden war. Oft hat man ja mit Personen zu tun, die sich für über die Maßen wichtig halten und ausgesprochen oder unausgesprochen für sich in Anspruch nehmen, die großen Visionen, die Strategien und Prozesse zur Rettung von Kirche und Welt zu kennen. Ich verkenne nicht, dass das Programmatische wichtig ist! Dem steht eine zurückhaltende, abwägende und ruhige – vielleicht bisweilen sogar etwas scheue – Art entgegen, wie man sie bei Wolfgang erleben konnte. Sie lebte von einer großen Bereitschaft zu Empathie, vom Bestreben um Gerechtigkeit wie auch von der Fähigkeit, barmherzig zu sein. Wer weiß, wie heftig Wolfgang Bretschneider nicht selten kritisiert und im kirchlichen Milieu abgelehnt wurde, wird das besonders zu würdigen wissen.

Für einen Sekretär oder eine Generalsekretärin der Bischofskonferenz hat das den großen Vorteil, dass auch harte Sachgespräche einfacher zu führen sind. Mehr als einmal sind wir uns ja auch dienstlich begegnet, wenn es beispielsweise um den Allgemeinen Cäcilien-Verband und seine Förderung durch den Verband der Diözesen Deutschlands ging. Wolfgang war zudem in vielen Gremien der Bischöfe tätig und wirkte als ein guter, begehrter und anerkannter Berater. Dies gilt besonders für die Arbeit an der neuen Fassung des Gotteslobs, des überdiözesanen Gebet-

und Gesangsbuches. Er war von Anfang an Mitglied der entsprechenden Unterkommission der bischöflichen Liturgiekommission und kümmerte sich vor allem
um die Tagzeitenliturgie – die ihm immer wichtig war – und natürlich das Liedgut.
Beratend war er überhaupt tätig in der Liturgiekommission der Bischofskonferenz
und deren vormaliger Unterkommission Kirchenmusik. Auch wenn ich im Detail
nicht dabei war, kann ich mir doch gut vorstellen, wie viele auch inhaltlich streitige
Gespräche geführt wurden und geführt werden mussten. Zu erwähnen ist zudem
seine Mitsorge um die Musik bei den Katholikentagen, den Ökumenischen Kirchentagen und – unvergesslich – beim Besuch von Papst Benedikt XVI. in Deutschland 2011.

Dass Wolfgang Bretschneider politisch wach und wachsam war, gibt auch seine
Mitarbeit im Zentralkomitee der deutschen Katholiken zu erkennen. Ich habe diese
Wachsamkeit in vielen hintergründigen Gesprächen erlebt, in denen er ein guter
Ratgeber war. Sein Blick und seine Sorge waren klar gerichtet auf kirchliche Erneuerung. Stillstand war ihm zuwider. In diesem Sinn ist der mit einigen Mitbrüdern
aus Anlass des Goldenen Priesterjubiläums verfasste Offene Brief nichts Besonderes, wenn auch im Stil für ihn nicht unbedingt typisch. Immerhin klingen die dort
unterbreiteten Vorschläge schon heute – nur vier Jahre später – extrem gemäßigt.
Damals galten sie fast als eine Art Weckruf.

Sein kirchenpolitisches Engagement lebte im Übrigen auch in der Mitarbeit, zum
Beispiel in der Görres-Gesellschaft und besonders auch der Berliner Guardini-Stiftung, wo wir uns oft begegneten. Die Stiftung trägt aus katholischem Geist mit
ökumenischer Offenheit zur Begegnung von Glaube, Gesellschaft und Kultur in der
Hauptstadt bei – eine Zielsetzung, wie gemacht für den Theologen, Priester und
Musiktheoretiker und -praktiker. Er leitete den Fachbeirat Musik der Stiftung und
trug so Verantwortung für die Präsenz der neuen Musik in den Programmen. Ich erinnere mich an manchen von Bretschneider vorbereiteten oder gefeierten Gottesdienst in der Reihe der Ökumenischen Vespern, zu denen die Stiftung und die Stiftung St. Matthäus, ihre ökumenische Partnerin, seit langem durch die Vergabe von
Kompositionsaufträgen mit dem Ziel einladen, der zeitgenössischen Musik einen
Platz im Gottesdienst zu geben.

Es gibt reichlich Grund zu besonderer Dankbarkeit, wenn man Wolfgang Bretschneider nicht nur aus der Ferne, sondern auch aus der Nähe als einem sehr sensiblen
Mitgläubigen begegnet ist, wenn man seine erfolgreiche Arbeit in der akademi-
schen Welt, in Theorie und Praxis der Musik, in Kirchen und Konzertsälen als seine
Sendung und Mission interpretieren und verstehen kann. Im Leben der Kirche tut

es gerade in diesen Jahren gut, Musik mit ihren Wirkungen auf Glaubensbekenntnis, mitmenschlichen Dienst und Gottesdienst nicht nur zu erleben, sondern an ihr auch – wie es Wolfgang Bretschneider wollte – teilzuhaben.

You want it darker
Wolfgang Bretschneider in der Zusammenarbeit

Richard Mailänder

Als ich vor einigen Jahren einen runden Geburtstag gefeiert hatte, haben einige Freunde die Idee gehabt, in meinem privaten und beruflichen Umfeld Menschen zu bitten, anhand eines Fragebogens etwas über mich zu schreiben. Dabei war auch eine Rubrik, welche Musik der jeweilige Schreiber / die jeweilige Schreiberin mir wünscht, zu hören. Daraus ist ein wunderbares klangliches Kaleidoskop geworden. Besonders auffallend war für mich der Vorschlag von Wolfgang Bretschneider „You want it darker" von Leonhard Cohen. Ich gestehe, zum damaligen Zeitpunkt kannte ich das Werk nicht, und ich fragte mich, warum er mir das wünscht. Ist es ein Lied, das ihn bewegt? Ist es eine Musik, die er mir nahelegt? Auf wen bezieht sich die Aussage „You want it darker"? Und ich gestehe: Zeitweise dachte ich, er wolle einen Scherz machen. Auch das wäre bei ihm nicht ungewöhnlich gewesen. Erst nach seinem Tod habe ich, glaube ich, begriffen, wie existentiell dieser unerwartete Musikvorschlag war. Wir hatten niemals über Leonard Cohen gesprochen, und das Lied war zu dem Zeitpunkt gerade zwei Jahre alt, womit wir schon bei einem typischen Kennzeichen von Wolfgang Bretschneider waren: Er hatte nicht in der Vergangenheit gelebt, sondern intensiv in der Gegenwart, und sensibel aufgespürt, was alles neu im Bereich der Musik passiert, offensichtlich auch in der Popularmusik.

Als er zumindest für uns dann doch sehr unerwartet und schnell gestorben ist, habe ich begonnen, darüber nachzudenken: Wer war Wolfgang Bretschneider eigentlich? Ich habe viele Jahre, Jahrzehnte mit ihm zusammengearbeitet, mal näher, mal etwas entfernter. Über sein Privatleben habe ich jedoch nicht viel gewusst. Wohl gab es in der Anfangszeit unseres Kennenlernens anlässlich einer Reise zu einer Sitzung über die neuen Statuten des Allgemeinen Cäcilien-Verbandes (ACV) Ende der 80er Jahre sehr lange Gespräche über unsere Geschichte, was uns wichtig ist etc. Damals hatte ich den Eindruck, dass er mit enorm vielen Menschen verbunden ist, aber letztlich auch ein Mensch ist, der vieles nur mit sich selbst ausmacht. Im nachfolgenden Text möchte ich versuchen, der Frage nachzugehen, wer Wolfgang Bretschneider war, indem ich die Felder anschaue, in denen wir gemeinsam zusammengearbeitet haben.

109

WOLFGANG BRETSCHNEIDER – VOM HÖREN

Noch als Schüler hatte ich 1974 meine erste Stelle als Kirchenmusiker angenommen, und begann mich dadurch auch für Kirchenmusik zu interessieren. Der damalige Pfarrer überließ mir seine Hefte der „Musica Sacra"[1]. Dort stieß ich erstmals auf den Namen Wolfgang Bretschneider. Ich wusste, er war ein Priester, der sehr gut Orgel spielte. Als 1980 die Kölner Domfestmesse mit Texten von Klaus Lüchtefeld in der Vertonung von Heinz Martin Lonquich uraufgeführt wurde, fiel auch immer wieder sein Name, und richtig bewusst wurde nur der Name dann im Zusammenhang mit dem Katholikentag in Düsseldorf „Kehrt um und glaubt" im Jahre 1982. Aus Anlass dieses Katholikentages erschien erstmals wohl eine Sammlung von Liedern und Grundgebeten für einen Katholikentag. Dort steht sein Name zusammen zum Beispiel mit Alois Albrecht, damals noch Repetent, später Generalvikar im Erzbistum Bamberg, Winfried Pilz und Raymund Weber[2]. Bei letzterem lag die Redaktion der Sammlung.

Aus heutiger Sicht – nach meiner Arbeit an der Erstellung des Gotteslobes 2013 – glaube ich sagen zu können, dass es eine der wichtigsten Publikationen zur Repertoirebildung des Kirchenliedes in den Gemeinden nach 1975 gewesen ist. 1975 war das Gotteslob als erstes gemeinsames Einheitsgesangbuch[3] herausgekommen. Bereits 1964 hatte die Deutsche Bischofskonferenz den Beschluss gefasst, „ein deutschsprachiges, für alle deutschen Diözesen geltendes Gesang- und Gebetbuch herauszubringen, um die Liturgiereform auch im Rahmen der Gemeinden zu verwirklichen"[4]. Es war die Zeit des Aufbruchs einer neuen Bewegung von Kirchenlied durch Gospel und das, was man später Neue Geistliche Lieder nannte[5]. Beim Beginn der Arbeiten am Einheitsgesangbuch dachte jedoch niemand daran, diese Musik mit aufzunehmen. Erst drei Jahre vor Abschluss der Redaktionsarbeiten im Jahre 1970 wurde ein Arbeitskreis „Gesänge von heute" gebildet. Dazu schreibt Winfried Offele im Redaktionsbericht:

---

1   Das war die Zeit, wo es fast noch normal war, dass die Kirchengemeinden die Zeitschrift „Musica Sacra" bezogen, um sie ihren Kirchenmusikern zu geben. Ein Faktum, das schon längst nicht mehr gegeben sein dürfte.

2   Alle drei sind heute im GL 2013 vertreten – wie auch Wolfgang Bretschneider.

3   Daher der Arbeitstitel EGB.

4   Nordhues Paul / Wagner Alois (Hg.): Redaktionsbericht zum Einheitsgesangbuch Gotteslob, Paderborn 1988, S. 14.

5   Ein wichtiges Datum dürfte hier das Jahr 1961 sein, als Martin Gotthard Schneider mit dem Lied „Danke für diesen guten Morgen" ein Lied schuf, das rasch für Furore sorgte.

„Er (sc. der Inhalt des Arbeitskreises) umfasst nicht nur die sogenannten ‚rhythmischen Lieder', die man genauer und gerechter ‚gottesdienstliche Lieder mit nach außen gekehrtem Rhythmus' nennt, sondern alles das, was von ihrer Welle einerseits bewegt und getragen wurde, andererseits aber auch sie bewegte und trug: Lieder, die teils vom Jazz, teils vom Beat, teils von mannigfacher internationaler Folklore beeinflusst sind – Vertonungen von Texten, die in bisher nicht üblicher Weise Alltagsprobleme, Glaubenshöhen und –tiefen, Suchen nach Lebenssinn, nach Gotteserfahrung, besonders im menschlichen Miteinander, zur Sprache bringen, eine breite Palette verschiedenster Inhalte und Formen, Lieder aus dem Leben, aber häufig auch hart an der Grenze der christlichen Botschaft, Fragelieder bis hin zur Verzagtheit, aber auch ermunternde Lieder bis hin zur Extase, textlich weit gespannt von unverblümter Umgangssprache bis zu verschlüsselter Lyrik, musikalisch ebenfalls nach beiden Seiten ausschlagend: bis zum Simplen, bis zum Artifiziellen."[6]

Ich selber war Schüler auf einer von Salesianern geleiteten Schule, und wir hatten in den Schulmessen bereits ab Anfang der 1970er Jahre eine Band, die neue Lieder begleitete, die wir alle mit Begeisterung mitgesungen haben, ob es „Brüder, ruft in Freude, ja, der Herr ist da", „Ja, wenn der Herr einst wiederkommt" oder andere Lieder waren. Die Enttäuschung meiner Generation war groß, als 1975 das Gotteslob herauskam: Von „unseren Liedern" war fast nichts enthalten.[7] Soweit ich es sehe, war die Liedersammlung „Kehrt um und glaubt" die erste Publikation, die sich für die gesamte katholische Kirche Deutschlands an repräsentativem Ort darum bemühte, Altes und Neues zu verbinden. Diese Publikation erschien in vielen Auflagen mit meines Wissens insgesamt 400 000 Exemplaren. Damit war etwas geboren, was uns bis heute begleitet in den verschiedenen Liederheften zu Katholikentagen und Ökumenischen Kirchentagen: Ein Laboratorium mit zahlreichen neuen und auch alten Gesängen, die man ausprobieren kann und die wesentlich zur Kanonbildung der nächsten Jahrzehnte beigetragen haben und wohl auch noch beitragen sollen. Viele Gesänge sind mittlerweile in diesen Heften publiziert, einige wurden über die Jahre beibehalten und viele andere wurden durch wieder neue Gesänge ersetzt. Bei unserer Arbeit am Gotteslob 2013 konnten wir daher auf große und lange Erfahrungen mit neuen Liedern zurückgreifen, was vielleicht auch dazu führte, dass das Gotteslob 2013 im Bezug auf die Liedauswahl weniger Kritik hervorgerufen hat als das

---

6 Winfried Offele, Arbeitskreis 5 „Gesänge von heute" in: Nordhues Paul / Wagner Alois (Hg.): Redaktionsbericht zum Einheitsgesangbuch Gotteslob, Paderborn 1988, S. 218.

7 Aus heutiger Sicht kann ich das relativ gut verstehen. Für ein Gesangbuch, das auf 30–40 Jahre angelegt ist, braucht es Gesänge, die schon ein wenig „abgehangen" sind, um ein Gespür entwickeln zu können, ob sie die nächsten fünf Jahre überleben.

Gotteslob 1975. Und das ist auch wesentliches Verdienst Wolfgang Bretschneiders, das Vielen nicht mehr bekannt sein dürfte.

Nun kommen wir zu etwas, wie ich finde, sehr Typischem für Wolfgang Bretschneider: Er hat mitgewirkt, mit Sicherheit viele Vorschläge gemacht, aber sein Name taucht kaum auf in den verschiedenen Vorschlägen. Er hat also wirklich wesentlich zugeliefert und mit gefiltert, nicht selber Texte oder Melodien eingebracht. Eine Ausnahme mag hier seine Doxologie zum „Vater unser" sein in der Adaption einer Vertonung von Rachmaninoff, die es später auch ins neue Gotteslob 2013 gebracht hat. Sieht man sich „Kehrt um und glaubt" an, so finden sich dort lediglich zwei Vater unser – Vertonungen von Peter Jansens 1982. Rachmaninow kam später und Janssens verschwand zum Teil – das Ergebnis eines typischen Prozesses der Kanonbildung.

Und noch eine wichtige Person muss ich an dieser Stelle erwähnen. Neben Raymund Weber, mit dem Wolfgang Bretschneider im Umfeld des AK SINGLES, der in diesem Jahr 2021 sein 50jähriges Bestehen feiert, zu tun hatte, lernte Wolfgang Bretschneider Heinz Martin Lonquich kennen[8]. Wie wesentlich dieser Kontakt war, zeigt sich zum Beispiel auch in der Langzeitwirkung der beiden, die mitgewirkt haben an den Bänden von Paul Ringseisen „Morgenlob – Abendlob mit der Gemeinde feiern".

KENNENLERNEN

Heinz Martin Lonquich hatte ich im Rahmen eines Treffens katholischer Kirchenmusiker der Stadt Köln 1983 kennengelernt. Wir haben uns auf Anhieb verstanden. Zu meinem Erstaunen wurde ich 1986 zum Mitglied der Erzbischöflichen Kommission für Liturgie und Kirchenmusik, Sektion B Kirchenmusik, berufen, dessen stellvertretenden Vorsitz im selben Jahr Wolfgang Bretschneider übernommen hatte. Wie ich später erfuhr, hatte Heinz Martin Lonquich mich Wolfgang Bretschneider vorgeschlagen, der diesen Vorschlag dann wiederum an den damaligen Vorsitzenden, Prälat Ludwig Schöller, Leiter der Hauptabteilung Seelsorge im Erzbischöflichen Generalvikariat, weitergeleitet hatte. Dort traf ich dann erstmalig Wolfgang Bretschneider. Neu in dieser Kommission waren damals auch Prof. Dr. Wilhelm Schepping und Prof. Clemens Ganz. An dieser Stelle begann unsere Zusammenarbeit, zunächst noch durchaus entfernt. Er, der erfahrene Priester und Musiker und stellvertretende Vorsitzender, ich ein relativ junger und vielleicht auch grüner Kirchenmusiker.

---

8   Das bestätigte mir Lonquichs Ehefrau Hildegard in einem Telefonat. Darüber hinaus berichtete sie, dass die Erfahrung mit der Domfestmesse die beiden auch zusammengeführt hatte.

Ich erlebte ihn bereits damals als eine Art Instanz, die fachlich sehr geachtet wurde und stilistisch recht offen war. In der Zeit sah ich einige Orgelkonzertprogramme von ihm, in denen er für mein damals doch recht konservatives Weltbild der Kirchenmusik schamlos Orgelbearbeitungen spielte. Das war etwas, das in meinem Studium (Kirchenmusik studiert habe ich 1977 bis 1982) unmöglich war. Man spielte nur Originalkompositionen. Und dazu spielte er auch sehr viel französisch-virtuose Musik. Auch das tat *man* nicht so in der Zeit. Er war also durchaus sehr selbständig unterwegs in seinem freien Schaffen als Organist.

Und als ich dann 1987 gefragt wurde, ob ich Diözesanreferent für Kirchenmusik werden wolle[9], habe ich mir gedacht, ich müsse zunächst mit diesem Menschen sprechen. Er scheint wichtig, und ich muss sehen, ob ich mit ihm zusammenarbeiten kann. Es gab Stimmen aus dem eher konservativen Lager, den Liebhabern vorkonziliarer Liturgie, die mich warnten, andere sagten, er ist ein großartiger Mensch. Ich wollte es selber wissen, und wir haben uns zum Kaffee zu Hause getroffen. Ich habe ihm offen gesagt, was mein Anliegen ist: Ich möchte spüren, ob wir zusammenarbeiten können oder nicht. Und es stellte sich heraus, dass das sehr gut gehen kann. Erst danach habe ich meine Zusage für die angebotene Stelle gegeben. Es war das Jahr des zweiten Papstbesuches von Johannes Paul II. 1987 in Köln, wo er auch eine ganz besondere Funktion hatte, über die sich manch ein etablierter Kirchenmusiker aufgeregt hat: Die Messe mit dem Papst fand im Stadion statt, und an einer elektronischen Orgel saß dieser Wolfgang Bretschneider. Für die Anhänger der Pfeifenorgel war das ein unverzeihliches Zugeständnis. Zu dem Zeitpunkt waren im Erzbistum Köln im Prinzip elektronische Orgeln offiziell sogar verboten. Das schien ihm aber nicht viel auszumachen, und er wurde gerade aufgrund seiner Verdienste um diesen Papstbesuch mit dem Msgr.-Titel als Danke ausgezeichnet – womit dann indirekt in gewisser Weise auch die elektronische Orgel akzeptiert war.

ZUSAMMENARBEIT IN DER KIRCHENMUSIK-KOMMISSION

Mit dem Beginn meiner Tätigkeit als Referent für Kirchenmusik wurde mir auch die Aufgabe zuteil, Sekretär der Erzbischöflichen Kommission für Liturgie und Kirchenmusik, Sektion B Kirchenmusik, zu sein. Dadurch hatte ich relativ viel mit Wolfgang Bretschneider zu tun. Insbesondere in den ersten zehn bis fünfzehn Jahren habe ich alle wesentlichen relevanten Themen der Kirchenmusik im Erzbistum Köln über diese Kommission einspeisen können. Und ich hatte das ganz große Glück, dass ich

---

9   Ich hatte mich gar nicht auf die Stelle beworben, sondern eigentlich auf eine andere Position.

spürte, dass Wolfgang Bretschneider mir vertraute und unser Generalvikar damals, Norbert Feldhoff, offenbar ihm vertraute. Somit konnten viele Dinge realisiert werden durch die durchaus direkte und auch indirekte Hilfe und Unterstützung von Wolfgang Bretschneider. Ob das nun als erstes die Einführung eines Erzbischöflichen Prüfungsausschusses für Kirchenmusiker war oder die Einrichtung der Regionalkantorenstellen oder das Konzept Kirchenmusik im Erzbistum Köln oder auch unsere Liedersammlung „Kommt und singt", die ab 1991 erschien und auch am Ende in einer Auflage von fast 400 000 Exemplaren verkauft wurde[10]. Mein Anliegen in all den Jahren in der Aufgabe beim Erzbistum Köln war vor allen Dingen, das Stundengebet zu verlebendigen, das Gebet grundsätzlich in den Gemeinden zu verlebendigen. So hatte ich selber ausgewählt, dass wir bei meiner Einführung als Musikreferent eine Vespervertonung des Bernd Alois Zimmermann-Schülers Willy Giefer zum Abschluss des Tages aufführen auf der Grundlage der Sonntagsvesper im Gotteslob. Das war ja noch relativ zeitgemäß. Im kommenden Jahre hatte ich aber die Idee, eine Vesper aus dem 18. Jahrhundert aufzuführen. Für den damaligen Diözesantag der Kirchenmusik hatten wir Friedlich Wilhelm Riedel, der über die Kirchenmusik am Hof Karls VI. habilitiert hatte, als Referenten eingeladen, der uns dann auch zahlreiches unveröffentliches Material zur Verfügung stellte. Ich weiß noch gut, wie der damalige Vorsitzende der Kirchenmusik-Kommission, Prälat Schöller, Wolfgang Bretschneider fragte, ob das sinnvoll wäre, und er bejahte es! Ich glaube – aus heutiger Sicht – , dass er mich für relativ bekloppt gehalten hat, so etwas zu machen, aber er hatte Vertrauen, dass insgesamt etwas daraus werden kann. Und diese Weite des Herzens habe ich in all den Jahren bei ihm kennengelernt. Im Erzbistum hatte er nicht allzu viele Funktionen zum damaligen Zeitpunkt. Neben dem Vorsitz der Kirchenmusik-Kommission war er Repetent im Albertinum und unterrichtete in der Priesterausbildung auch im Priesterseminar Kirchenmusik und Liturgie. Er war nicht Mitglied des Diözesan-Cäcilien-Verbandes[11].

EINRICHTUNG VON REGIONALKANTORENSTELLEN

Als wir 1993 die Regionalkantorenstellen eingerichtet haben, mussten diese besetzt werden, und Wolfgang Bretschneider war in fast allen Berufungskommissionen dabei. Hier war es interessant, ihn als jemanden zu erleben, der sehr dezidiert

---

10   Hier wirkte Wolfgang Bretschneider jedoch nicht als Mitglied der Redaktion mit. Wohl wurden alle Ergebnisse der Kirchenmusik-Kommission vorgelegt, und somit war er auch hier indirekt beteiligt.

11   Den DCV gab es im Grunde genommen gar nicht. Er bestand nur aus dem Präses, Msgr. Savelsberg, und mir. Eine Satzung gab es noch nicht.

Positionen bezieht zu Personen, ob sie geeignet sind oder nicht, der sehr genau beobachten konnte und dann auch scharf auf den Punkt formulierte. Es war letztendlich ein etwas anderer Wolfgang Bretschneider als in Sitzungen, wo er mehr moderierte, und diese Klarheit hat uns bei vielen Entscheidungen sehr gut getan. Im Laufe der Jahre sind die Regionalkantoren eine Art Säule in der Kirchenmusik im Erzbistum Köln geworden, woran er über die Kirchenmusik-Kommission auch einen großen Anteil hatte.

WERKGEMEINSCHAFT LIED UND MUSIK UND ACV

Da unser Diözesanpräses, Msgr. Ernst Savelsberg, hauptberuflich Gymnasiallehrer war, konnte er nicht zu den ACV-Sitzungen kommen, die meistens von Sonntag bis Dienstag im November stattfanden, da er Schule hatte. Daher war ich in seiner Vertretung im ACV, und Wolfgang Bretschneider war Mitglied durch Berufung von der Werkgemeinschaft Lied und Musik. Hier ist ein weiterer wichtiger Strang des Wirkens von Wolfgang Bretschneider festzumachen: Er leitete einen sogenannten A-Kreis der Werkgemeinschaft Lied und Musik, der sich um Liturgie bemühte. Dieser A-Kreis hat sich nicht nur um die deutsch-deutschen Kirchenmusiktreffen jährlich in Ostberlin verdient gemacht[12], sondern Wolfang Bretschneider stellte auch eine Gruppe von Menschen zusammen, die gerungen haben, über neue Formen von Liturgie nachzudenken. Auf diese Art und Weise lernte ich Personen kennen wie Albert Gerhards, Andreas Odenthal, Thomas Eicker und viele Musikerkollegen. Des Weiteren gehörten dazu Raymund Weber, Heinz Martin Lonquich und andere. Es war ein Ort, an dem wir sehr viel ausgetauscht und, ich glaube, vor allem gelernt haben. Und auch hier Wolfgang Bretschneider: Nicht der große Macher, sondern der, der die Menschen zusammenholte und einen sehr offenen Austausch zuließ, wodurch gänzlich neue Ideen aufkommen konnten. Er war nie ein Macher in diesen Gesprächen, sondern vor allem ein Zulasser und Ermöglicher – eine Gabe, die ihn in meinen Augen auszeichnete. Und wenn man bedenkt, dass in der Gestalt der beiden Zeitschriften „Musica Sacra" einerseits und „Musik und Altar" andererseits zwanzig Jahre vorher noch die heftigsten Kämpfe um die Zukunft der Kirchenmusik ausgefochten wurden, ist es umso erstaunlicher, dass der neue Präses des ACV aus den Reihen der Werkgemeinschaft Lied und Musik kommt, ein echter Pontifex: Wolfgang Bretschneider. Ich selber war noch in den letzten Jahren von Udo Hildenbrand als Präses in den ACV gekommen. Es war eine Zeit, da es im ACV noch kräftig rumorte, in der ebenfalls ein Kölner Priester, der lange Zeit ACV-Präsident war, mit

---

12 An dieser Stelle muss vor allen Dingen Dr. Heinz Bremer genannt werden, der diese Treffen organisiert hat.

seiner Art spaltete wie nur wenige. Dass ausgerechnet ein Versöhner wie Wolfgang Bretschneider ihm später folgte, ist eine wunderbare Entwicklung. Durch Wolfgang Bretschneider kam dann der ACV in gänzlich ruhigeres Wasser, und er konnte beginnen, sich zu regenerieren und wieder anerkannt zu werden von Gremien in Deutschland wie zum Beispiel der Bischofskonferenz, wie dem Deutschen Musikrat etc. Hier hat Wolfgang Bretschneider sicherlich Großes geleistet. Ich erinnere mich noch gut, wie er gewählt wurde: Es lief alles auf ihn hin zu. Ich wüsste nicht, dass er einmal gezuckt hat und irgendwie gesagt hat, er möchte das gerne machen. Es lief einfach auf ihn zu, und er hat es übernommen. Und wie hat er es übernommen? So, wie ich ihn all die Jahre bereits erlebt hatte, als ein Brückenbauer oder, wie es ein befreundeter Priester einmal ausdrückte, „Wolfgang ist ein Synthetiker". Er war, soweit ich es erleben konnte, nie der große Kämpfer, der in die Arena stieg und um Positionen kämpfte[13], aber Wolfgang Bretschneider war der Mann, der fast immer als erster begriff, dass etwas wieder zusammenwachsen kann, und dann eine Position formulierte, mit der alle mitgehen konnten. Auch wenn ich mich manchmal geärgert habe, dass er nicht klar Position in Auseinandersetzungen bezog, am Ende hat er auf seinem Weg wahrscheinlich mehr erreicht als man in der direkten Auseinandersetzung erreicht hätte. Dies ist eine große Gabe.

Für mich interessant war auch, dass Wolfgang Bretschneider, nachdem er Diözesanpräses des Diözesan-Cäcilien-Verbandes in Köln wurde, sich selbst als Mitglied des ACV als Delegierter der Werkgemeinschaft Lied und Musik gesehen hat, weniger als Diözesanpräses. Darauf angesprochen, sagte er, dass es ihm sehr wichtig sei, diese Freiheit zu behalten, über die Werkgemeinschaft Lied und Musik im ACV vertreten zu sein und nicht nur in seinem Amt als Diözesanpräses.

DCV KÖLN

Im Diözesan-Cäcilien-Verband war er Vorsitzender, und ich hatte die Rolle des Geschäftsführers. Auch dieses Miteinander habe ich immer als konstruktiv erlebt. Ihn selbst haben die finanziellen Dinge, die mit einer Geschäftsführung in einem Verband zusammenhängen, nie übermäßig interessiert. Er hat vertraut und konnte vieles laufenlassen. Dafür war er sehr präsent bei den Chören, die ihn – ich glaube, das ist nicht übertrieben – geliebt haben, wenn er eingeladen wurde und zu verschiedenen Festlichkeiten erschien. Er war ein Priester, der bei Festgottesdiensten auf die Musik eingehen konnte, weshalb ihn auch viele Kollegen im musikalischen Bereich

---

13 Worauf auch Stadtdechant Dr. Picken in seiner Predigt anlässlich der Totenvesper für Wolfgang Bretschneider hingewiesen hat; vgl. hierzu die abgedruckte Predigt in dieser Gedenkschrift.

überaus geschätzt haben, der das Herz der Chorsängerinnen und –sänger ansprechen konnte, der aber jede Chance genutzt hat, dann auch liturgisch zu bilden in
seinen Predigten. Es waren dies keine Predigten nach dem Motto „wir singen zur
höheren Ehre Gottes", sondern tiefgehende Auseinandersetzungen mit der Frage
„Was bedeutet die Musik in der Liturgie?". Bei entsprechender Vortragsweise kann
so etwas langweilig werden. Er verstand es aber, seine Anliegen sehr lebendig und
vor allen Dingen auch über Geschichten, wenn es sein musste, auch über Witze, he-
rüberzubringen. Letztes zeigte er noch, als er bereits als Diözesanpräses emeritiert
war, beim großen Chortreffen in der Lanxess Arena 2018, wo er angesichts von fast
15 000 Besucherinnen und Besuchern beim Erzählen von Witzen kaum zu stoppen
war. Auch damit gewann er die Herzen von Menschen.

Noch einmal kurz zurück zum Diözesan-Cäcilien-Verband: Jährlich fand eine Mitgliederversammlung statt, die er leitete. Und was wir manchmal belächelt haben,
was aber letztlich grandios war: Er eröffnete die Sitzung mit einem Gebet und danach stellte er neue Literatur vor, was in der letzten Zeit alles erschienen war an
Büchern über Musik und Glaube, an neuer Chorliteratur, an Orgelliteratur. Er kam
nie ohne einen Stapel solcher Bücher. Das stand zwar nie auf der Tagesordnungn,
aber das war sein Bericht des Vorsitzenden, letztlich auch ein Bericht über das, was
er im vergangenen Jahr alles getan, gelesen, aufgenommen hatte. Auch das kann
ich heute erst so richtig einordnen.

WOLFGANG BRETSCHNEIDER ALS LEHRER

Durch die Einrichtung von 15 Regionalkantorenstellen 1993 hatten wir plötzlich
die Möglichkeit, mit qualifizierten und entsprechend vergüteten Musikern endlich
eine diözesane C-Ausbildung zu beginnen. Wolfgang Bretschneider war auch hier
von vornherein in die Konzeption dieser Ausbildung bis hinein in die Prüfungsord-
nung eingebunden. Und so war es überaus naheliegend, ihn zu bitten, den Litur-
gik-Unterricht in der C-Ausbildung zu übernehmen. Diese Funktion hat er bis kurz
vor seinem Tod ausgeübt. Vermutlich dürfte es eine seiner letzten Veranstaltungen
gewesen sein, als er im Februar 2021 noch Liturgik-C-Prüfungen abgenommen hat.
Die Absolventinnen und Absolventen unserer Ausbildung waren sehr glücklich, einen solchen Lehrer zu haben. Typisch für ihn war, dass es immer gewisse Reibungen
gab, wenn er nur eine Stunde unterrichten sollte, weil er der Auffassung war, man
braucht mindestens zwei Stunden, um einen Gedanken zu entwickeln. Und in der
Tat: Er referierte nicht nur, sondern er kam immer bepackt mit einem großen Stapel
von Büchern und meistens auch CDs, wozu zunächst immer erst einmal die tech-

nischen Anlagen in Betrieb genommen werden musste, bevor er überhaupt die CDs vorspielen konnte. In dem Zusammenhang war eines seiner wichtigsten Worte „Die Wahrheit ist immer konkret". Das bedeutete, dass man wirklich Werke anhören musste und nicht einfach darüber reden sollte. Über viele Jahre fand der Unterricht von ihm zusammen mit Schwester Dr. Emmanuela Kohlhaas, die Kirchenmusikgeschichte unterrichtete, im Kloster der Benediktinerinnen in Raderberg als eine Art Gesamtkunstwerk statt: Er unterrichtete Liturgik im Wechsel mit Kirchenmusikgeschichte durch Schwester Emmanuela, dazwischen gemeinsames Gebet und Bewirtung durch die Schwestern. Durch das Ausscheiden von Schwester Emmanuela, die mittlerweile Priorin des Konventes geworden war, wurde diese Zusammenarbeit eingestellt. Im Folgenden gebe ich eine Reihe von Zitaten wieder. Für unseren Informationsdienst KiEK[14] hatten wir im Heft 1/2021 ehemalige Absolventinnen und Absolventen gebeten, etwas über den Unterricht von Wolfgang Bretschneider zu schreiben. Diese Zitate möchte ich hier gerne wiedergeben:

> „Zu Prof. Bretschneider, den ich ja damals beim C-Examen (1996) – wie auch im Rahmen der Priesterausbildung (2010) noch einmal erleben durfte, waren tatsächlich erstaunlich viele wortgleiche Wendungen und Erklärungen. Eingefallen ist mir:
>
> - Wenn er etwas besonders gut liturgisch passend fand:„Das ist echt Schwarzbrot für die Seele der Gläubigen"
> - „So mancher Organist macht das Vorspiel zum Gloria mit 8'-Lieblich gedackt und 4'-Blockflöte. Tja: Das war's dann, da können sie einpacken, da ist alles dahin!"
> - „Der Rahmen dessen, was Ihnen liturgisch möglich ist, ist so reich und weit, da können Sie wirklich aus dem Vollen schöpfen!"[15]
> - „Jetzt erst recht!";„Niemals resignierend!". Wenn es Probleme in der Kirche gab, sagte er dies immer mit voller Überzeugung.
> - Humorvoll und mit schelmischem Grinsen: „Wir lassen uns nicht unterkriegen und halten als Kirche zusammen" [16]
>
> „Msgr. Prof. Dr. Wolfgang Bretschneider hat uns in der C-Ausbildung das Wesen der Liturgie, ihre Schönheit und Tiefe in vorbildhafter Weise nahe gebracht und uns zahlreiche Anregungen im Sinne seiner Idee von der Kunst, Gottesdienst zu feiern, mitgegeben. Im Bonner Münster konnte ich ihn regelmäßig in der liturgischen Pra-

---

14   Kirchenmusik im Erzbistum Köln

15   Pfarrer Florian Ganslmeier, in: KiEK 1/2021, S. 68.

16   Johannes Güdelhöfer, in: KiEK 1/2021, S. 68.

xis erleben, wenn er als Zelebrant Gottesdiensten vorstand bzw. sie als Leiter der Schola mitgestaltete – gemeinsam mit Münsterkantor Markus Karas. Vor und nach dieser Zeit in Bonn habe ich nur selten Gottesdienste mitgefeiert, die liturgisch ebenso ausgefeilt und ebenso ergreifend waren." [17]

- Wenn er mal wieder auf eine Frage nur ratlose Blicke erntete: „Männer und Frauen von Galiläa! Kommen Sie, das wissen Sie!"
- „Sagen Sie NIEMALS: ‚Wir singen zum Gloria…!'"
- „Weiß jemand, wie man das bedient?" – Jeder seiner Unterrichtseinheiten ging der Aufbau eines beeindruckenden technischen Equipments voraus.
- Immer mal wieder: „Wer kennt Psalm 151?" – Wehe, es gab nicht sofort Widerspruch.
- „Tutti, das schönste Register"
- „Herr, rette mein Geh-Bein"[18]
- Liturgische Kompetenz erwerben
- Prinzip der gestuften Festlichkeit
- Directorium ist das Kochbuch der Liturgie
- Lied für die Gemeinde auf dem „Silbertablett" präsentieren
- Liturgischer Dreischritt

„Er erzählte von einer Gemeinde, in der am Schluss der Messe immer das Lied „Maria dich lieben" gesungen wurde. Als der Organist eines Tages ein anderes Schlusslied intonierte, rief der Pfarrer vom Altar: Maria, dich lieben, aber bitte mit Vorspiel."[19]

„Ich erinnere mich noch an das gesprochene Halleluja, das wie eine warme Cola mit Strohhalm ist (dieses Zitat bekommt gerade in der Coronazeit eine erschreckende Aktualität) und ein paar Stichworte (ohne die genaue Geschichte dahinter): das lateinische Kyrie, ein Zeitungsartikel über einen Priester, der laut ‚Lumpen Christi' singt und den Witz zwischen Priester und Organist rund um das Lied ‚Ich will dich lieben'. [20]

Höhepunkt unserer C-Ausbildung waren immer die sogenannten Intensivtage vom 2. bis 6. Januar, die geprägt waren von durchgehendem Unterricht, unterbrochen

---

17   Boris Braukmann, in: KiEK 1/2021, S. 69.

18   Diverse Zitate, in: KiEK 1/2021, S. 69.

19   Susanne Kriesten, in: KiEK 1/2021, S. 70.

20   Elena Szuczies, in: KiEK 1/2021, S. 71.

von viermaligem Stundengebet. Der letzte Abend war der Vorabend des Festes der Erscheinung des Herrn. Diesen Abend haben wir jährlich mit einem großen, feierlichen Gottesdienst gestaltet, den Wolfgang Bretschneider nahezu jährlich geleitet hat, ein Gottesdienst, der für Viele prägend geworden ist. Es begann in der Thomas-Morus-Kapelle des Kardinal Schulte Hauses in Bensberg mit einer Lichtfeier. Es folgte eine Prozession und dann eine lange, ausgedehnte Eucharistiefeier in der Edith-Stein-Kapelle. Selten endete dieser Gottesdienst vor Ablauf von zwei Stunden, doch dürfte es für alle Beteiligten einer der wichtigsten Gottesdienste des Lebens gewesen sein. Die Absolventinnen und Absolventen des Unterkurses hatten in diesem Gottesdienst meistens ihr erstes Dirigat, und jeder, der zum ersten Mal im Rahmen eines öffentlichen Auftrittes vor einem Chor steht, hat eine gewisse Nervosität. Es war wunderbar, in Wolfgang Bretschneider einen Priester zu haben, der die Zeit hatte, zu warten, zuzuhören, der ein Misslingen verschmerzen konnte, der aber noch mehr ein gutes Gelingen sehr zu schätzen wusste.

Ebenfalls tätig war Wolfgang Bretschneider in der Hochschulausbildung an den Musikhochschulen Köln und Düsseldorf. Es ist fast ein ungeschriebenes Gesetz, dass diese beiden Hochschulen darauf achten, dass sie nicht gemeinsame Lehrer haben, jede hat ein Interesse an einem eigenen Profil. Die Ausnahme war über viele Jahrzehnte Wolfgang Bretschneider, der in Düsseldorf Kirchenmusikgeschichte unterrichtete, nachher wohl auch Liturgik, und in Köln Liturgik. Generationen von Kirchenmusikerinnen und -musikern konnte er dadurch prägen. Dabei kam es im Unterricht nicht nur darauf an, einfach abfragbares Wissen zu vermitteln, sondern sein Anliegen war es, Erfahrungen zu vermitteln, eine Offenheit im Herzen zu erzeugen, die zuhören lässt, die zulässt, die nicht verurteilt, die Fragen stellen kann. Zusätzlich war er Jahrzehnte in der Priesterausbildung des Erzbistums Köln tätig, sowohl im Collegium Albertinum in Bonn wie im Priesterseminar in Köln. Auch wenn ich als Laie das im Wesentlichen nur von außen betrachten konnte, erlebte ich immer wieder, dass er offenbar nicht nur Lehrer war, sondern auch einer, der Beziehungen herstellen konnte zu zahlreichen Priesteramtskandidaten. Zu vielen hat er ein vertrauensvolles Verhältnis gehabt, die bei ihm zum Beispiel in seinem Phönix-Chor im Albertinum mitgesungen haben, in dem er viel Neues probieren konnte. Auch hier hat er sicherlich manche Berufung tief geprägt. Und bei der Sammlung für unsere Publikation KiEK zum Thema Wolfgang Bretschneider hat einer unserer ehemaligen C-Kurs-Absolventen einen wunderbaren Text geschickt, den er mir erlaubt hat, an dieser Stelle auch zu veröffentlichen. Er sagt etwas aus über Wolfgang Bretschneider, der an Menschen etwas spürte, was diese vielleicht noch nicht selbst ahnten, der viel aussagt über seine spirituelle Begleitung:

„Hier mein Text zu Wolfgang Bretschneider, der mich bis zuletzt ab und an geistlich begleitet und dessen Tod mich – wie uns alle – sehr getroffen und berührt hat. Immer wieder sprachen wir, wenn er Freitag nachmittags bei uns im Haus einer jungen Ordensschwester Orgelunterricht gab. Ich habe ihn, gerade im Kontext dieses Hauses und der Ausbildung, nochmal bewusster als wesentliches Bindeglied und Moderator zwischen Theologie, Anthropologie, Psychologie etc. etc. und Musik schätzen gelernt. Wenn in Zukunft nun alles kleiner, wirtschaftlich ärmer und zentrierter wird, hätten gerade wir Studierenden hier seine immer wieder suchenden, ruhelosen, visionären Ansätze gut gebrauchen können.

Dass das Leben einem manchmal mit sehr gekonnten, unerwarteten Wendungen entgegentritt (oder vielmehr durch den Heiligen Geist auf unsere Pläne antwortet), haben wir bestimmt alle schon erlebt. So erging es mir an einem Samstagnachmittag Ende Januar 2015 in der Kölner Musikhochschule, an einem Tisch mit Michael Koll und Msgr. Wolfgang Bretschneider – die Liturgikprüfung zum C-Examen war gerade hinter mich gebracht. Ein paar zwanglose Wortwechsel und die bekannten geistreichen und charmant-witzigen Antworten von Wolfgang Bretschneider gingen die ein oder anderen Themen durch. Mit einem Mal stockte er und sprach unerwartet ernst: „Gehen Sie ins Albertinum. Ja, das sollten Sie tun…sogar einem langjährigen Repetenten dort hat das nicht geschadet, im Gegenteil!" Gemeint hatte er natürlich sich selbst. Prompt habe ich ihm erwidert, dass das ja verrückt sei. Beinahe hätte ich ihm „den Vogel" gezeigt. „Nein, nein, bloß nicht, mit dem Lehramtsstudium steht schon alles fest." Nur noch sein schiefes, wissendes Lächeln blieb mir darauf im Gedächtnis.

Fünf Jahre später, gerade als Priesteramtskandidat im Collegium Albertinum eingezogen, den ersten prüfenden Blick durch das neue Zimmer und einigermaßen überfordert mit der neuen Situation: Da kam sie wieder, diese Erinnerung. Und, das dürfen Sie mir gern glauben, ich musste lauthals lachen. Es war befreiend. Sogleich setzte ich mich an den Bildschirm und schrieb in etwa folgendes: „Lieber Msgr. Bretschneider, ich fürchte, Sie hatten damals Recht. Ob es nun so sein soll oder nicht, als erfolgreicher „Prophet" in dieser Sache möchte ich Ihnen gern danken. Wann darf ich Sie auf einen Kaffee einladen?"

Nach seiner unmittelbaren Antwort und einem ersten Treffen folgten einige weitere sehr lange, tiefgehende geistliche Gespräche, in denen er mit viel Engagement und dem bekannten Fingerspitzengefühl vor allem eines zu tun verstand: Stets österlich-hoffnungsvoll zu stärken.

> So wird Wolfgang Bretschneider mir gerade als dieser zurückhaltend-hörende, liebend-kritische und ehrlich-suchende Mensch, Priester und Musiker dankbar in Erinnerung bleiben. Ein authentisches Vorbild, von dem es viel zu lernen und weiterzuführen gilt: Für mich besonders das kreative Aushalten und Durchleben von Spannungen, von Ohnmacht und Grenzen, das Ernstnehmen von Liturgie als verdichtetem *Leben* in Spannung zum nahen(den) Himmel und mittendrin die Musik als deren aller Brückenbauerin."[21]

Ich habe nun einiges be- und geschrieben zu Wolfgang Bretschneider, wie ich ihn in der Zusammenarbeit erlebt habe. Es bleibt aber immer noch die Frage offen, was ist mit seinem Text „You want it darker"? Diesen Titel trägt sowohl ein Lied Cohens wie auch seine letzte CD. Das Lied selbst hat er wohl wenige Wochen vor seinem Tod in seinem Wohnzimmer erst aufgenommen. „Im Bewusstsein des nahen Todes, im Wissen, dass es sein letztes Werk sein würde, und damit etwas Endgültiges. Cohens Stimme verleiht seinen Worten das letzte Mal diese betörende Macht.

Cohen hat mit diesem Album seine tiefe, lebenslange, komplexe Auseinandersetzung mit dem jüdischen Glauben auf eine Summe gebracht. Eine Auseinandersetzung, die immer wieder auch von außen an ihn herangetragen wurde."[22] Es ist ein Lied, das von großer Zerrissenheit geprägt ist, vom Verzweifeln an Gott wie von der Sehnsucht nach Gott. Dort heißt es:

> „If you are the dealer I am out of the game.
> If you are the healer, it means I'm broken and lame.
> If thine is the glory then mine must be the shame."

Und an anderer Stelle:

> "You want it darker
> We kill the flame."

Und dann das, was vielleicht auch das Bekenntnis von Wolfgang Bretschneider war: Immer wieder der alte Ruf aus der hebräischen Sprache „Hineni, Hineni", dem er hinzufügt: „I'm ready, my Lord."

---

21   Andie Ruster, in: KiEK 1/2021, S. 71.

22   Ralf Rättich, Eine Feier der Liebe angesichts des Todes – Leonard Cohens letztes Album „You want it darker", in: https://literaturkritik.de/eine-feier-der-liebe-angesichts-des-todes-leonard-cohens-you-want-it-darker,22900.html (abgerufen am 10.07.2021).

Ich glaube, auch Wolfgang Bretschneider stand in gewisser Hinsicht in dieser Spannung. Gott, der für uns unbegreiflich ist. Wunderbar hat dies meines Erachtens Markus Bosbach in seiner Predigt anlässlich der Beerdigung von Wolfgang Bretschneider formuliert:

> „Gott ist größer als alle menschlichen Versuche, ihn zu loben, ihn zu fassen, ihn zu begreifen – und damit auch größer als die Musik. Gott war ihm Geheimnis. Deshalb war Wolfgang Bretschneider sehr allergisch, wenn allzu schnell mit allzu großer Sicherheit über Gott gesprochen wurde. Man kann vielleicht sagen, dass er ein Freund der negativen Theologie war, der immer behutsam war mit allen positiven Aussagen, wie Gott nun sei. Die dann sehr schnell auch zu Aussagen werden, wie Gott denn zu sein habe."

Und im Hören dieser Predigt wird mir plötzlich klar, was Wolfgang Bretschneider vielleicht sagen wollte. Er wollte es sich sagen, über sich, vielleicht auch mir sagen: Nie zu sicher zu sein im Umgang mit Gott, und doch ihm vertrauen und immer ihm wieder zurufen: Ja, Herr, ich bin bereit.

Schließen will ich mit einem Zitat aus seiner Ansprache anlässlich des 150-jährigen Bestehen des ACV. Dort sagte er:

> „Was auch wir Christen, gerade wir Christen, wieder lernen müssen: Gott als Geheimnis, als das undurchdringliche Mysterium zu erahnen und auch so davon zu sprechen: diskret, ehrfürchtig, auf den Knien – und gleichzeitig konkret in der Liebe, im Geschehen unserer Tage, im Leiden der Unzähligen. Ein Bescheidwissen über Gott nimmt uns niemand mehr ab. Wo wir aber wissen lassen, dass unsere Heimat im Geheimnis liegt, da könnten wir auf Aufmerksamkeit stoßen. Hier liegt die geniale Chance der Musik, gleichsam ihre Berufung: Von dem geheimnisvollen Gott Kunde zu geben und die Ermutigung: Lass dich auf ihn ein! Vielleicht wird es dann geschehen, dass ich stammle ‚Du bist mein Atem, wenn ich zu dir bete'."[23]

---

23   Der Festvortrag findet sich auch im Anhang dieser Gedenkschrift.

Er hat es Konzelebration genannt
Persönliche Begegnungen mit Wolfgang Bretschneider

Sr. Emmanuela Kohlhaas OSB

EIN FUNKE SPRINGT ÜBER

Schon vor 40 Jahren, als ich 1981 ein Theologiestudium in Bonn begann, bin ich Wolfgang Bretschneider einige Male begegnet. Näher kennen lernten wir uns, als ich 1985 bei ihm Orgelunterricht bekam. Nur wenige Wochen nach meiner Zeitlichen Profess als Benediktinerin in Köln, ich war 23 Jahre jung, fand am 30. April 1985 das erste Treffen im Priesterseminar statt. Unser Arbeitsauftrag lautete: Ich solle die Begleitung des Stundengebetes und Orgelimprovisation zum Gregorianischen Choral lernen. Godehard Joppich hatte Wolfgang Bretschneider meiner Novizenmeisterin empfohlen, als diese in der Abtei Münsterscharzach anrief, um nach einem geeigneten Lehrer zu fragen.

Anders als Wolfgang Bretschneider bin ich keine „geborene Musikerin". Es waren meine Eltern, die früh dafür sorgten, dass meine fünf Geschwister und ich eine musikalische Ausbildung bekamen. Mit fünf Jahren erhielt ich Klavierunterricht und hielt durch, bis ich 17 war. Auch wenn ich nicht ungern spielte, „gezündet" hat in dieser Zeit bei mir Nichts. Ich wäre nie auf die Idee gekommen, Musik zu studieren. Dies sollte sich nun grundlegend ändern, auch wenn es zunächst nur um Akkorde und die freie Begleitung modaler Gesänge jenseits der üblichen Tonalität ging.

Es geschah ganz ohne große Worte. Es waren eher Wolfgang Bretschneiders faszinierendes und geduldiges Beispiel, seine genauso schlichte wie zugewandte Präsenz und auch seine spirituelle Deutung all dessen, was wir übten. Etwas Urlebendiges sprang über und setzte in mir Lebendigkeit und Kreativität frei. Binnen weniger Monate blühte ich auf und hatte einen ganz neuen Zugang zur Musik und zum geistlichen Leben gefunden. Ich machte nun die Erfahrung: Musik ist gelebte Spiritualität. Musik ist Leben.

Eine kleine Szene ist mir als ein Symbol dieser Erfahrung im Gedächtnis geblieben. Manchmal nahm Wolfgang Bretschneider mich nach dem Unterricht im Priterseminar mit dem Auto mit, da unser Kloster im Kölner Süden ohnehin an seinem Weg lag. Bei einer dieser Fahrten hatte ich mich so gründlich in meinen Habit verheddert, dass ich den Verschluss des Sicherheitsgurtes nicht erreichen konnte. Charmant, mit verschmitztem Lächeln, kamen vom Fahrersitz die Worte: „Kommen Sie, ich befreie Sie." Dies traf mich, brachte es doch auf den Punkt und mir ins Bewusstsein, was ich gerade erlebte. In den oft nicht leichten Jahren danach blieb für mich die Musik eine Quelle der Freiheit und der Resilienz.

MAN STEIGT NIE ZWEIMAL IN DENSELBEN FLUSS

Obwohl Wolfgang Bretschneider auf mich immer gelassen wirkte und stark in sich zu ruhen schien, war seine Spiritualität doch zutiefst von Bewegung geprägt. „Bleib(t) jung und dynamisch!" lautete bis zuletzt ein oft verwendeter Abschiedsgruß von ihm. Ein Exkurs während des Orgelunterrichtes befasste sich dann auch mit dem auf Heraklit zurückgeführten Gedanken: „Alles fließt". Wolfgang Bretschneider erläuterte mir das Bild, das Goethe in einem Gedicht rezipiert hat:

> „Gleich mit jedem Regengusse
> Ändert sich dein holdes Tal
> Ach, und in demselben Flusse
> Schwimmst du nicht zum zweiten Mal"

Ein Fluss, in den ich an derselben Stelle ein zweites Mal steige, ist nicht mehr derselbe. Nichts im Leben wiederholt sich. Dies war mit Anfang zwanzig neu für mich, denn die Philosophie hatte mich nie interessiert. Es traf aber mein Lebensgefühl und half mir dieses zu deuten. Das Bild vom Fluss gefiel mir, und ich erinnere mich noch lebhaft daran, wie ich es ausmalte. Ich fand, es passte zu ihm. Wolfgang Bretschneiders Leben und Persönlichkeit war für mich wie ein Strom, wie der Rhein, äußerlich ruhig dahinfließend und zugleich belastbar und von einer strömenden Energie, die nicht aufzuhalten ist. Dies war auch seine Vorstellung vom Leben und von der Kirche, die den Menschen neues Leben, Leben in Fülle vermitteln sollte. Wandel, Wandlung, Kreativ- und Innovativ-Sein, das war der Anspruch, den er an sich und seine Kirche hatte. Tief verwurzelt im Glauben und in der Tradition der Kirche waren für ihn Formen nie Selbstzweck, sondern ein Vehikel. Kaum etwas erboste ihn so sehr wie eine lieb- und leblos, bloß „herunterzelebrierte" Liturgie.

Hinter Wolfgang Bretschneiders außergewöhnlicher Bescheidenheit und warmherziger Offenheit in jeder Begegnung verbarg sich nicht nur das profunde Wissen eines hochgebildeten und belesenen Mannes, sondern auch eine große Kraft, Zielstrebigkeit und auch ein starker Wille. Er war unermüdlich tätig für das, was er als seine Sendung betrachtete. Und er ging ganz darin auf. Jahrzehntelang hat er sich einen Sport daraus gemacht, auszutüfteln, was er alles in einen Tag oder in eine Reise hineinpacken konnte. Ein anderer Priester aus dem Leitungsteam des Collegium Albertinum sagte mir einmal: „Niemand von uns arbeitet so viel wie Wolfgang."

„AUS DER TIEFE RUFE ICH, HERR, ZU DIR"

Eine Szene, die mir unvergesslich geblieben ist, ereignete sich ebenfalls noch während der Zeit meines Orgelunterrichtes. Durch einige unglückliche Erfahrungen in der Kindheit litt ich – wie so viele – unter einer Angst, alleine zu singen. Das war auch der Hauptgrund, warum ich als Kind beim Geigenunterricht kapituliert hatte. Mein Lehrer wollte immer, dass ich den Ton, den ich suchte, auch singe. Aber allein diese Vorstellung erfüllte mich damals mit Panik. Als Wolfgang Bretschneider mich während des Improvisationsunterrichts ebenfalls aufforderte, ich solle eine Phrase doch zunächst einmal singen, blockierte ich. Er ließ mich eine Weile weiterspielen und überrumpelte mich dann. Während er mir etwas vorspielte, sagte er auf einmal ruhig und bestimmt: „Jetzt stellen Sie sich hinter mich und singen auf der Silbe ‚na'…" So wie das kam, hatte ich schon „gehorcht", ehe mir zu Bewusstsein kam, was ich tat. In der Aufforderung lag eine ermutigende Autorität. Unglücklicherweise hörte man dies durch den ganzen Kreuzgang, denn inzwischen hatten wir den Unterricht in unser Kloster verlegt. So verging kaum mehr als eine Minute, ehe meine Novizenmeisterin im Raum stand und fragte: „Was macht ihr da?" Mit der gleichen Ruhe und Bestimmtheit antwortete Wolfgang Bretschneider schlagfertig, ohne sich überhaupt nur umzudrehen: „Wir üben: ‚Aus der Tiefe rufe ich, Herr, zu dir." Sie schloss ohne ein weiteres Wort schnell wieder die Türe hinter sich.

Wolfgang Bretschneider hatte für den Umgang mit jungen Menschen eine besondere Begabung. Das lag u.a. daran, dass er seine Schüler und Studenten niemals Überlegenheit spüren ließ. Wenn er merkte, dass Bemühen und Einsatz da waren, war er immer wertschätzend und ermutigend, egal wie klein „das Pflänzchen" noch war, das da wachsen wollte. Er konnte es wachsen lassen und begegnete immer auf Augenhöhe. Erlebte er aber Desinteresse, Lustlosigkeit oder gar Arroganz, konnte er auch mit großer Klarheit darauf reagieren.

DER GROSSINQUISITOR ODER DIE FURCHT VOR DER FREIHEIT

Mit meiner Ewigen Profess am 25. März 1988 fand unser Unterricht ein vorläufiges Ende. Es bedeutete mir viel, dass Wolfgang Bretschneider diese Messe zelebrierte. Ich erinnere mich kaum an die Worte seiner Predigt, nur der Anfang ist mir noch präsent. Wir hatten gerade Hochwasser und die Kölner Altstadt war überschwemmt. Wolfgang Bretschneider spielte auf diese Situation an, sie passe zur Emotionslage einer solchen Feier. Dann war da sein wohlwollendes Lächeln angesichts des eher hilflosen Spiels einer Novizin auf einer einsamen Blockflöte als einziger Instrumentalmusik dieser Feier. Damals wäre noch niemand auf die Idee gekommen, dass wir ja auch einen Organisten hätten kommen lassen können. Ja, und da war der Ring. Die Liturgie der Feierlichen Profess sieht vor, dass dies der Zelebrant macht. Ich weiß nicht, ob ich die einzige geblieben bin, aber offensichtlich war ich die erste Frau in seinem Leben, der er einen Ring ansteckte. Er scheute sich, wirklich zuzupacken und flüsterte mir zu: „Können Sie das nicht selber machen?" Ein stummes Kopfschütteln war meine Antwort.

Prägend blieb das Geschenk, das Wolfgang Bretschneider mir zu diesem Anlass machte, sagt es doch sehr viel über ihn selbst und seine Spiritualität aus. Er schenkte mir eine Aufnahme von Fjodor Michailowitsch Dostojewskis literarischem Meisterwerk der Kirchenkritik „Der Großinquisitor", gesprochen von Ernst Ginsberg (1904–1964). Iwan Karamasow erzählt darin seinem Bruder Aljoscha eine Geschichte. Im Sevilla des 16. Jahrhunderts, wo auf ungezählten Scheiterhaufen die Ketzer öffentlich verbrannt werden, erscheint Jesus ein zweites Mal. Die Menschen erkennen ihn und jubeln ihm zu. Als er, wie im Evangelium, ein totes Mädchen zum Leben erweckt, lässt der Großinquisitor, ein 90jähriger Kardinal, ihn verhaften. Nachts im Kerker spricht er zu ihm, während Jesus kein einziges Wort sagt. Es geht in diesem Monolog um Gehorsam und Freiheit – auch dies ein hochaktuelles Kirchenthema.

Wir tauschten uns später mehrfach darüber aus. Auch Erich Fromms Buch „Die Furcht vor der Freiheit" kam dabei zur Sprache. Erst sehr viel später verstand ich, dass in all dem neben einem starken Bedürfnis nach Freiheit noch ein weiteres Lebensthema von Wolfgang Bretschneider mitschwang, das sich erst erschloss, wenn man ihn näher kennenlernte, nämlich das Thema „Angst". Die Freiheit, die er lebte, hatte einen inneren Gegenpol. Sein Leben lang blieb es für ihn eine Schwierigkeit, in problematischen Situationen öffentlich Stellung zu beziehen, oder gar direkt in einen Konflikt zu gehen, offensiv um etwas zu kämpfen.

WEGBEGLEITUNG

Nach einer Unterbrechung von knapp drei Jahren begannen wir mit einer zweiten Phase Orgelunterricht, die dann nahtlos in eine geistliche Begleitung überging. Rund zehn Jahre lang, von 1991 bis nach meiner Promotion trafen wir uns regelmäßig zum Gespräch. Wolfgang Bretschneider war ein wacher, geduldiger Zuhörer, der seinem Gegenüber nie etwas aufdrängte, sondern mich stets zum eigenen Weg und meinem eigenen, authentischen Glauben ermutigte.

So manches, was ich dabei auch von seinem geistlichen Weg erfuhr, hat mich ihn und seine Priestergeneration, die vom Miterleben des Zweiten Vatikanischen Konzils geprägt war, tiefer verstehen lassen. Eine Story aus dieser Zeit hat bis heute nichts an ihrer Pointe verloren und stellt mehr denn je eine ganz entscheidende Frage an die Kirche als Institution. Während der Predigtausbildung wagte es einer seiner Mitseminaristen, sich in seinen pointiert innovativen Gedanken unmittelbar auf das Evangelium zu beziehen. Johannes Overath (1913–2002), seit 1948 Professor für Homiletik, fuhr daraufhin erbost die ganze Gruppe mit den Worten an: „Meine Herren, vergessen Sie das Evangelium und halten Sie sich an die Lehre der Kirche!"

Zwei für ihn typische Haltungen brachte Wolfgang Bretschneider immer mal wieder ins Wort, indem er Hans Daniels (1906–1992) zitierte, der – genau wie er selber – fast drei Jahrzehnte (nämlich von 1935–1963) am Collegium Albertinum in der Priesterausbildung tätig war. Da war die Verfügbarkeit: „Dräng dich nicht und drück dich nicht. Dann brauchst du dir nie sagen: Du Rindviech!" Und ein tiefer, erkennender Blick für den Menschen: „Ich habe mich schon mal geirrt, aber nie wirklich." Er kannte den Kölner Klerus wirklich sehr gut.

Wie vielen anderen Menschen war es auch mir eine Frage, wie das denn zusammenpasst, einerseits Priester zu sein und seinen Platz am Altar zu haben und andererseits als Organist oder Scholaleiter an einem ganz anderen Platz zu stehen. Das geht doch nicht zur selben Zeit. Das bleibt doch ein Entweder-Oder. Es dauerte lange, ehe ich begriff, dass dies ein Problem war, dass nur für mich existierte. Für Wolfgang Bretschneider war es nicht nur kein Gegensatz, sondern es war einfach eins. Aus beiden Perspektiven war es für ihn die eine Feier der Liturgie. Zur Feier der Eucharistie sagte er mir einmal genauso schlicht wie überzeugend: „Ich lebe daraus." In den ungezählten Feiern, bei denen er in unserem Kloster über Jahrzehnte zelebrierte oder die Orgel spielte, hat er mich nie spüren lassen, was von beidem er jetzt lieber täte. Wolfgang Bretschneider lebte sein Priester-Sein ganz und gar als Dienst. Jeder Klerikalismus war ihm fremd und zuwider. Zugleich lebte er eine Entgrenzung: Weihe-Priestertum und das allgemeine Priestertum aller Getauften waren in ihm eins. Wolfgang Bretschneider war, wie Kardinal Woelki bei der Einführung zu seinen Exequien sagte, „eine Priesterpersönlichkeit, wie man sie selten erlebt."

EIN IMPROVISIERTES DUETT

„Kreativität" war ein Schlüsselwort für Wolfgang Bretschneider. Er war ein ausgezeichneter Improvisator. Dies hatte auch eine anthropologisch-spirituelle Dimension. Eine oberflächliche Ästhetik war ihm fremd. Es ging dabei vielmehr um sein Menschen- und Gottesbild. So lernte ich durch ihn Hugo Rahners Buch „Der spielende Mensch" (1949) kennen. Der *homo ludens*, der spielende Mensch, hat als Gegenbegriff zum *homo faber*, dem schaffenden Menschen oder dem Menschen als Handwerker, eine Bedeutung für die Anthropologie des 20. Jahrhunderts. Die Idee dahinter ist, dass jeder Mensch spielend seine individuellen Eigenschaften entdeckt und so seine Persönlichkeit entwickelt. Es geht um das „Spiel des Lebens selbst, jenseits von Bedürfnis und äußerem Zwang – die Manifestation eines Daseins ohne Furcht und Angst, und somit die Manifestation der Freiheit." (Herbert Marcuse)

1994 hatte ich in Bonn ein Studium der Musikwissenschaft, Psychologie und der Vergleichenden Religionswissenschaften aufgenommen. Durch Wolfgang Bretschneiders Vermittlung bekam ich bis 1997 ein Zimmer im Collegium Albertinum zur Verfügung gestellt, in das ich mich jederzeit zurückziehen konnte. Während eines mehrtägigen Aufenthaltes in den Semesterferien verabredeten wir uns zu einem gemeinsamen Improvisationsabend. Zunächst trafen wir uns in der Hauskapelle und improvisierten dann bis weit in die Nacht hinein zu zweit an der Orgel im geschlossenen, dunklen Bonner Münster. Dieser intensive und unvergessliche Abend markierte den Anfang einer neuen Phase unseres Miteinanders. Aus der Lehrer-Schülerin-Beziehung wurden nach und nach eine partnerschaftliche Zusammenarbeit und eine Freundschaft.

In den beiden folgenden Jahrzehnten waren wir in vielfältiger Weise gemeinsam tätig. Das neue Gotteslob, für das er Berater war und ich die Leitung der Arbeitsgruppe „Psalmodie" übernahm, war das größte, aber bei weitem nicht einzige Projekt. In zahlreichen Liturgien fand unsere Kreativität Ausdruck und in gemeinsamen Konzerten, bei denen Wolfgang Bretschneider meist an der Orgel improvisierte, während ich mit dem 2003 gegründeten Vokalensemble „Vox Clamantis", der Hochschul-Schola oder unserer klösterlichen Schola Gregorianische Gesänge oder auch frühe Mehrstimmigkeit sang. Oder auch schon mal umgekehrt: Wolfgang Bretschneider zelebrierte und ich spielte Orgel. Wenn es nicht ohnehin Liturgie war, hatten die Konzerte immer geistliche Programme. Die Botschaft, die er verkündete, war immer präsent. Bis zuletzt freuten wir uns an diesem gemeinsamen Spiel im Rahmen unserer klösterlichen Feste.

Besonders viel Freude bereiteten Wolfgang Bretschneider die Studientage für Liturgie und Musikgeschichte des C-Kurses Köln, die wir von 2003–2019 gemeinsam in unserem Kloster hielten. Er hat es immer „Konzelebration" genannt. Neben dem Unterricht, in dem wir uns „die Bälle zuspielten", gab es auch immer einen kreativ gestalteten Gottesdienst in der Klosterkirche, bei dem wir mit den Studierenden musikalische und liturgische Formen ausprobierten.

ABSCHIED NEHMEN

Erfolg war für Wolfgang Bretschneider eine Kategorie, die zumindest verbal keine Rolle spielte. Er brauchte sich nichts (mehr) zu beweisen. Dennoch: In dem, was er leben wollte, hat er alles erreicht. Zugleich war es ihm wichtig, dass das Leben weiter ging: „Man will sich ja selber auch noch weiterentwickeln", sagte er einmal in einem Gespräch zu mir.

Das Loslassen, das 2006 mit dem Ende seiner Lehrtätigkeit an der Hochschule für Musik und Tanz in Köln begann, fiel im spürbar schwer. Wo es nur eben ging, lebte und arbeitete er weiter wie bisher. Eine unverwüstliche Gesundheit half ihm dabei. Für etwa 10 Jahre konnte man kaum sehen, dass er alterte. Ich habe mich so manches Mal gefragt, was geschehen wird, wenn er nicht mehr kann. So schmerzlich sein unerwarteter Tod ist, er bewahrte ihn vor Abhängigkeit.

Wolfgang Bretschneider war sein Leben lang ein Mensch des Rückzugs mit einem großen Bedürfnis nach Autonomie. Dies zeigte sich auch in dem stilvollen „Singlehaus", zu dem er sein Elternhaus 2004 neu aufbauen ließ. Als Einzelkind aufgewachsen, waren die Jahrzehnte in der Hausgemeinschaft des Collegium Albertinum für ihn die intensivsten Erfahrungen geteilten Lebens in einer größeren Gemeinschaft. Zu der üblichen Supervision für das Leitungsteam sagte er mir einmal: „Ich brauche das nicht." Und er erzählte mir, dass er als Priesteramtskandidat kein einziges Mal mit dem Spiritual gesprochen habe. Deshalb habe ihm Josef Kardinal Höffner bei den Skrutinien vor seiner Priesterweihe 1967 auferlegt, dies wenigstens ein einziges Mal zu tun. Es sei ein nettes Gespräch mit dem Spiritual über Musik geworden.

Wolfgang Bretschneider genoss seine Freiheit, als er 1997 mit dem ganzen Leitungs-team des Collegium Albertinum ausgetauscht wurde. Er habe nach jeder Reise neu im Albertinum ankommen müssen und sich dort nie wirklich zuhause gefühlt, er-zählte er mir einmal. Zugleich war diese Erfahrung des „Abgesetzt-Werdens" durch Joachim Kardinal Meisner eine bleibende Wunde. Wie viele andere Priester seiner Generation erlebte er sich durch den Erzbischof von Köln weder wahrgenommen noch wertgeschätzt. In den letzten Jahren litt er immer mehr an der Situation der Kirche, sehnte Veränderung herbei. Ein offener Brief, den er zusammen mit seinem Weihejahrgang anlässlich des Goldenen Priesterjubiläums 2017 verfasste, brachte einige Kritikpunkte ins Wort. Eine Antwort blieb aus.

Brachte schon die mehrjährige Schließung des Bonner Münsters wegen Renovie-rung, Wolfgang Bretschneiders geistlicher und musikalischer Heimat, eine gewaltige Herausforderung mit sich, wurde die Corona-Pandemie für ihn zu einer umfassenden Verlusterfahrung. Fast alles, was sein Leben ausgemacht hatte, war nun unmöglich geworden und kein Ende in Sicht. Nach den schweren Monaten des ersten Lock-downs, in denen er fast depressiv wirkte, fand Wolfgang Bretschneider neue Wege, sich einzubringen. Einer davon war, dass er lernte, Beziehungen aufzunehmen und zu pflegen, jenseits von Funktionen und Veranstaltungen. Er wurde dabei persönlicher und noch zugewandter. Und seine vielleicht größte menschliche Stärke kam noch intensiver zum Leuchten. Ich war fasziniert mitzuerleben, wie der Funke noch einmal zu unserer Novizin Sr. Maria übersprang. Ein Altersunterschied von fast 60 Jahren. Ich habe sie gebeten, ihre Erfahrungen mit Wolfgang Bretschneider ins Wort zu bringen:

> „Ich weiß, dass Wolfgang Bretschneider ein ganz österlicher Mensch war. Wenn ich aber an seine Spiritualität denke, fällt mir zuerst das Wort ‚Menschwerdung' ein. Nicht nur die Menschwerdung Gottes, sondern auch die Menschwerdung des Menschen. Wolfgang Bretschneider fing bei seiner Verkündigung beim Menschen an. Sein Zu-gehen auf und Sprechen zu anderen war geprägt von einer großen Bejahung und Annahme seines Gegenübers. Er verstand es, jeden Menschen da abzuholen, wo er stand, und er hatte immer Worte der Ermutigung und der Hoffnung für diesen Men-schen. Das bestärkte seinen persönlichen Weg zu Gott und machte ihn frei. In der Be-gegnung mit Wolfgang Bretschneider lag auch ein großer Ansporn; denn ich spürte, dass er das, was er sagte, selbst erlebt und erfahren hat, und dass er selbst daraus lebte. Ich habe seine Spiritualität als eine erlebt, die den ganzen Menschen meint und aufbaut. Sie war lebensnah, praktisch und zutiefst geistlich."

Wir konnten nicht wissen, dass dies der Abschied war. Wolfgang Bretschneider er-zählte am Ende der Eucharistiefeier, die er mit uns am Rosenmontag, den 15. Februar feierte, einen Witz – humorvoll wie immer. Er hatte „Schalk hinter den Ohren" und war unter Menschen, mit denen er es gut konnte, auch zu jedem „Unfug" bereit. Auch hatte er eine Sammlung von Kuriosa aller Art und es gab mit ihm immer viel zu lachen. – Erst viel später erfuhren wir, dass er am 12. Februar 2021 sein Testament aktualisiert hatte.

„Bleiben Sie katholisch!"
Eine sehr persönliche Würdigung aus protestantischer Sicht

Julia Götting mit Tobias Götting

Wolfgang Bretschneider und ich sind uns in den Neunzigerjahren in der Musikhochschule Köln zum ersten Mal begegnet. Wenn man als Protestantin Kirchenmusik im „hillije Kölle" studiert, dann kommt man an den Katholiken selbstverständlich nicht vorbei, und ich habe diesen Blick über den Tellerrand immer als große Bereicherung empfunden. Durch zahlreiche Veranstaltungen und Konzerte – innerhalb der Hochschule aber auch außerhalb – kreuzten sich unsere Wege immer wieder und waren oft von persönlichen Gesprächen begleitet. Beeindruckt hat mich damals bei Wolfgang Bretschneider auf Anhieb eine besondere Art der Zugewandtheit und Aufmerksamkeit, ein ehrliches Interesse am Gegenüber, ohne jede oberflächliche Beiläufigkeit.

MANN OHNE ALLÜREN

Eine Begegnung sticht in meinen Erinnerungen besonders heraus. Wir stehen in der Hochschule vor einem Konzertplakat:

Orgelkonzert
Msgr. Prof. Dr. Wolfgang
Bretschneider

Ich sage ein bisschen scherzhaft: „Ich bin sehr geehrt, Sie zu kennen. Sie sind die einzige Person, die ich kenne, die so viele Titel hat, dass sie mit dem Namen nicht mehr in eine Zeile auf das Konzertplakat passen." Seine Antwort hat mich damals nachhaltig berührt. Nach einem kurzen Lachen meinte er: „Wissen Sie, das mit den Titeln, das ist zwar ganz nett. – Aber es macht einen auch sehr einsam. Die Menschen nähern sich einem nur noch auf Knien."

Einsamkeit war auch eines der Themen des 2017 von ihm mitunterzeichneten offenen Briefes Kölner Diözesanpriester. Die Menge an Titeln hat mich daraufhin nicht davon

133

abgehalten, ihn zu mögen und nicht bloß aus der Ferne zu verehren. Er hat es einem seinerseits leicht gemacht, den Graben der Titel und Ämter zu überwinden, und er ist mir in den weit über zwanzig Jahren, die wir uns kannten, mehr als einmal in schwerer Zeit ein weiser Zuhörer und profunder Ratgeber, mitunter auch Seelsorger gewesen.

Und er selber ließ sich entsprechend ebenfalls nicht von formalen Autoritäten blenden. Er hatte eine exzellente Menschenkenntnis und wusste immer sehr genau, mit wem er es zu tun hatte, wem der Stand mehr galt als der Inhalt und was er von wem zu halten hatte.

In meinen Erinnerungen ist aber auch sein Humor und eine absolute Angstfreiheit, möglicherweise mit dem nächsten Witz in Fettnäpfchen zu treten, gepaart mit der Fähigkeit, sich selber nicht zu ernst zu nehmen. So waren die Begegnungen mit ihm ebenso von viel Heiterkeit und Lachen geprägt, wie sie auch Tiefgang hatten. Ich erinnere mich an viele Begegnungen im kleineren oder größeren Kreis über viele Jahre. Die Unterschiede in unseren Konfessionen spielten dabei, wie so oft an der Basis, eine untergeordnete Rolle. Meine Frage vor einer von ihm zelebrierten Messe, was ich als Protestantin denn nun mit der Kommunion mache, wurde als völlig unnötig weggewischt. Natürlich empfinge ich die Kommunion, was für eine Frage! Lange Zeit war sein Abschiedsgruß an mich augenzwinkernd „Bleiben Sie katholisch!" und mehr als einmal dachte ich, das sei eine gute Frage für *Wer wird Millionär?*: Was ist die Übersetzung von katholisch? Die ursprüngliche Wortbedeutung allumfassend, allgemein beschreibt seine innere Haltung aus meiner Sicht sehr gut.

Die Frage, in welche Richtung sich unsere Kirchen, evangelisch und katholisch, auf allen Ebenen entwickeln und die für uns ja nicht nur Arbeitgeber, sondern Lebens-Raum sind, hat uns in Gesprächen, auch mit meinem Mann, der ev. Pastor ist, besonders in den letzten Jahren oft beschäftigt. Immer wieder beleuchteten wir die Problematik einer vermeintlichen Konkurrenz zwischen Altar/Kanzel und Orgel, die mangelnde Wertschätzung der kirchenmusikalischen Arbeit als Verkündigung, aber auch der in der Kirchenmusik tätigen Menschen. Formelhafte, geistlose Leere und mittelmäßige Qualität in Liturgie und Musik waren ihm ebenso zuwider wie der Gebrauch von Musik zur Selbstdarstellung.

ZEUGE FÜR DIE ÖKUMENE

Wichtig war ihm die Wahrhaftigkeit und Authentizität in Musik und Wort in Bezug auf beide Konfessionen. Da wir, die wir zwar aus unterschiedlichen Konfessionen und somit unterschiedlichen theologischen, kirchenmusikalischen und liturgischen Prägungen kamen, letztlich aber in unseren Kirchen viele Dinge gleich empfanden, waren die Unterschiede in Gesprächen kaum fühlbar. Gemeinsam einte uns auch die Frage, wie der zunehmenden spirituellen Obdachlosigkeit in unserer Gesellschaft zu begegnen wäre, auch angesichts einer wachsenden kulturellen Diversität mit zum Teil sehr starker religiös geprägter Identität. Die unter uns Kommilitonen ausgetauschten humorvollen Spitzen gegenüber der jeweils anderen Konfession habe ich bei ihm nie erlebt. Es war ihm dermaßen selbstverständlich, meine Konfession als in jeder Hinsicht gleichwertig zu betrachten, dass es absolut unnötig war, die Unterschiede – die es natürlich gibt und die nicht wegzureden sind – zu betonen. In seinem eigenen Glauben tief verwurzelt zu sein und trotzdem oder gerade deshalb den Wert des anderen Glaubens zu erkennen, ohne die eigene Identität aufgeben zu müssen, war die Basis unserer fachlichen Gespräche.

Bedingt durch die Corona-Pandemie liegt unser letztes persönliches Treffen schon länger zurück, und selbst wenn unser Kontakt nicht so häufig war, so verlief doch kein Telefonat mit anderen Freunden aus der Studienzeit ohne die Frage: Hast du was von Wolfgang gehört?

Bei unserem letzten Telefonat wurde bei ihm, genau wie bei uns allen, deutlich, dass Corona wie ein Schatten über uns liegt. Selbst wenn wir nicht von existenziellen Sorgen betroffen sind, so drückt einen die Dauer der Pandemie doch nieder und es trifft und bewegt mich, dass er das Ende dieser Zeit nicht mehr erleben wird. Dass darüber hinaus eine Infektion mit dem Corona-Virus einen Herzinfarkt begünstigte und Wolfgang Bretschneider letztlich der Pandemie zum Opfer fiel, macht seinen Tod in meinen Augen so dermaßen sinnlos, dass es mir schwerfällt, ihn in seinem Sinne österlich zu verstehen und nicht damit zu hadern.

Waren wir befreundet? Wahrscheinlich mehr, als ich es zu seinen Lebzeiten benannt hätte, und mir fällt auf, dass die deutsche Sprache relativ arm an Begriffen ist für alles, was sich zwischen Freund und Bekanntem ansiedeln lässt. Unser unter uns Kommilitonen benutzter Spitzname – und Ehrentitel – „Onkel Wolfgang" erklärt vielleicht am ehesten das Verhältnis zu ihm. Und auch das Maß der Erschütterung.

135

WAS BLEIBT?!

Über allem ein starkes Gefühl der Dankbarkeit, ihn gekannt zu haben. Seine bedingungslose Menschenfreundlichkeit, fast kindliche Offenheit und Herzenswärme, innige Anteilnahme an unserem Leben, auch unseren Kindern gegenüber. Sein Brennen für den Glauben und auch für die Kirche, mit allen Auseinandersetzungen, eher im Sinne von „sich beschäftigen" als „streiten". Seine Authentizität, Sensibilität und auch Verletzbarkeit. Seine mit Geist erfüllten Gottesdienste, sei es als Organist, Musiker oder Zelebrant, wirklich in jeder Hinsicht „Schwarzbrot für die Seele". Formelhafte Leere war bei ihm nicht zu finden. Sein mitunter inflationärer Gebrauch des Wortes „hier". (Wie oft schon musste ich in der letzten Zeit unwillkürlich lachen und an ihn denken, wenn ich diese alltägliche Vokabel benutzt habe.) Sein Witz und sein Humor. Sein im eigentlichen Wortsinn „katholischer" Weitblick und Tiefgang. Sein von Ostern her geprägter Glaube. Seine Prägung in uns. Jede Begegnung, jedes Gespräch, jedes Telefonat hat in uns Spuren hinterlassen. Und so lebt auch in uns ein Teil von ihm weiter. Und nicht zuletzt natürlich allgemein: Die Erinnerung an ihn. Es kommen keine weiteren Erinnerungen an Begegnungen mit ihm mehr dazu, aber die, die man hat, die behält man und für die bin ich dankbar.

Und ich bin sicher, dass er das, womit er jede Begegnung mit uns eröffnete, dort, wo er jetzt ist, noch mal ganz anders und tiefer sagen kann: „Nein, hier, welche Freude hier!" In diesem Sinne, lebe wohl im Anderland, lieber Wolfgang. Und Danke.

Erinnerungsfragmente
Die Entstehung der Tagzeitenbücher „Morgenlob und Abendlob"

Paul Ringseisen

Lieber Wolfgang!

Die Nachricht von Deinem so jähen Sterben hat mich buchstäblich sprachlos gemacht: Ich finde keine Worte. Dein lautloses Verschwinden hat bei mir eingeschlagen wie ein Blitz aus heiterem Himmel: Ich bin immer noch wie gelähmt. Nur mühsam und langsam finde ich aus dieser Starre heraus. Darum nur einige „Blitz – Lichter" aus unserer gemeinsamen Arbeit an den Tagzeitenbüchern, die uns zu einer kostbaren Freundschaft zusammengeschweißt hat.

Das ganze Abenteuer begann mit meinem Anfrage-Besuch bei Dir in Bonn. Du warst im Leitungsteam des Kölner Priesterseminars Collegium Albertinum. Ich kam am Ende meines Studien-Freijahres vom Liturgischen Institut in Trier zu Dir. Mein Anliegen: „Morgen- und Abendlob mit der Gemeinde feiern" – wie geht das heute konkret? Ich brachte meine Erfahrungen zu diesem Thema aus den fast 20jährigen Experimenten mit kleinen und großen Gruppen im Exerzitienhaus mit. Bei Dir lernten die Studenten mit dem Stundenbuch umgehen, Gottesdienste aus dem Geist des Konzils zu gestalten. Du hattest aber auch große Erfahrung mit dem Thema durch das reiche Stundengebet-Angebot bei Katholikentagen.

Als ich Dir in unserem Gespräch das Stichwort „Tages-Pascha" nannte, meine große Entdeckung auf der Suche nach dem Ursprung der Tagzeitenliturgie, waren wir beide wie elektrisiert: „Tages-Pascha"! Das war das Leitwort der frühen Kirche. Sie lebte aus der Mitte des Pascha-Mysteriums, der Hingabe und Auferweckung Jesu. Wovon wir täglich leben, das müssen wir täglich feiern – und zwar am Sonn- und Festtag in der Hochform der Eucharistiefeier, am Werktag aber in einer alltäglicheren Form im gemeinsamen Morgen- und Abendlob der Kirche. So jedenfalls sah es am Anfang in den Kathedralkirchen des Ostens aus: Am Morgen den Tag in die aufgehende Sonne, das Licht der Auferstehung hineinstellen mit Lob und Bitte. Am Abend das ganze Geschehen des Tages in die Kreuzeshingabe Jesu legen, die alle Mächte des Dunkels bezwingt. So feiert die Kirche jeden Tag *Ostern*: in den beiden

Polen Morgen und Abend. Ich höre Dich noch sagen: „Diese Urform des Gebetes des Volkes Gottes in heutiger Form wieder aufleben zu lassen, wird eine Pionierarbeit sein. Dazu brauchen wir die richtigen Leute". Und Du machtest Dich daran, das richtige Team zu suchen. Wir hatten Glück: Stefan Klöckner, Markus Eham, Heinz Martin Lonquich – alles Musiker und Liturgiker, eine geballte professorale und professionelle Wucht. Dazu Maria Brunnhuber, die nicht nur den undankbaren Part der Rechteeinholung übernahm, sondern uns zur rechten Zeit von falschen geistlichen Höhenflügen herunterholte und auf den Boden der Wirklichkeit stellte. Sie verstand es auch vorzüglich, uns in den jährlichen Treffen zur Faschingszeit eine Atmosphäre zu bereiten, die ein lust- und freudvolles Arbeiten garantierte. Wie fröhlich es trotz aller Arbeit bei uns zuging, davon zeugen die Fotoalben aus diesen Wochen.

Was mich im Rückblick besonders fasziniert, war Deine Art und Weise, die unaufgeregte, ruhige Präsenz, mit der Du Dich in die gemeinsame Arbeit aller eingelassen hast. Ganz dabei, voll engagiert, aber zugleich ganz gelassen. Immer wieder einmal gab es Situationen, wenn wir in der Erstellung eines Modells (wir nannten es „Menükarte") nicht recht weiterkamen. Du hast oft lange kein Wort gesagt, geschwiegen, gewartet – bis Du schließlich in aller Ruhe und völlig unaufdringlich in die Runde hinein einen Vorschlag machtest: „Wie wäre es denn, wenn wir mal dies oder jenes versuchten?" Meist zeigte uns dies den Weg zur richtigen Lösung. Mit Deiner „engagierte Gelassenheit" (Teilhard de Chardin) warst Du in unserer Mitte der ruhende Pol. Ein großes und seltenes Charisma, das uns oft aus der Enge ins Weite hinaus geholfen hat.

Noch eine Episode, die ich nie vergesse: Erinnerst Du Dich an den Abend nach dem Abschluss des Katholikentages in Regensburg 2014? Wir kommen vom Abendlob, das ich geleitet und Du mitgefeiert hattest. Nahe der „Alten Kapelle" lädst Du mich zu einem Glas Wein ein. Es gibt viel zu erzählen nach den Erlebnissen dieser Tage. Wir stoßen dankbar an auf die Freundschaft, die uns die jahrelange, harte Arbeit an dem gemeinsamen Werk der Tagzeiten – Bücher geschenkt hatte. Und wir wünschten uns eine sich wandelnde Kirche, die sich weithin als müde, ratlos und orientierungslos zeigt. Dein Trinkspruch darauf war: „Ich wünsche ihr 7 mal 70 Visionen!" Und als wir uns nach unseren Gesprächen über die Situation der Kirche verabschiedeten, flüsterst Du mir in Deinem rheinischen Humor ins Ohr: „Aber vergiss nicht: Ohne uns wäre alles noch viel schlimmer!"

Abbildung Folgeseite: Robin Mödder, „New Beginning" (2021)

III. „Der Chor der Engel möge dich empfangen"
(Rituale Romanum)
Adieu, Wolfgang!

Predigt
Totenvesper für Msgr. Prof. Dr. Wolfgang Bretschneider
in Bonn, St. Remigius, 16. März 2021

Wolfgang Picken

Lieber Wolfgang,

eigentlich hätte ich, so hatten wir es vereinbart, im Sommer zu Deinem 80. Geburtstag einladen und dann dabei das Wort an Dich und Deine Gäste richten sollen. Es ist nun so gänzlich anders kommen. Ja, auch jetzt war es zwar an mir, für Dich einzuladen, aber nun zu Deinem unerwarteten Abschied aus unserer Mitte. Wie sehr hätte ich mir das anders gewünscht und ehrlich gesagt, es schmerzt mich in diesen Tagen sehr, diesem Moment innerlich näher rücken zu müssen.

Die Münstergemeinde in Bonn und unsere Stadt verlieren mit Dir eine herausragende Priesterpersönlichkeit und einen warmherzigen Seelsorger. Du wirst in Liturgie und Musik fehlen, nicht nur hier, sondern an vielen Orten unseres Erzbistums und der Deutschen Kirche. Unglaublich, dass wir nicht mehr hören werden, wie Du unverkennbar über die Tasten und Manuale der Orgel und im Dirigat der Münsterschola die Musik und die Verkündigung unseres Glaubens in eine die Seele bewegende Einheit führst.

Viele verlieren mit Dir, auch ich selbst, einen Freund und wohlwollenden Weggefährten. Gerne erinnere ich mich an unsere erste Begegnung im Collegium Albertinum. Ich als Studienanfänger direkt nach dem Abitur und Du als Priester des Vorstands. Du bist mir direkt mit offenem Herzen und wachem Interesse begegnet. Ein Wesenszug, den viele an Dir geschätzt haben. Es ist diese Offenheit und Aufmerksamkeit an Dir, die dazu geführt hat, dass so viele Menschen mit Dir in Verbindung stehen und die Nachricht von Deinem Tod traurig aufgenommen haben.

Du hast dich damals mit mir intensiv auseinandergesetzt. Ich habe es Dir dabei nicht immer einfach gemacht, was mir im Nachhinein betrachtet leidtut. Aber Du hast über meine Schwächen hinweggesehen und Deinen Blick auf die Fähigkeiten gelenkt und sie gefördert. Dir war an meinem persönlichen Fortkommen gelegen.

143

Du hast so nicht nur an meiner Entwicklung, sondern an der vieler Deinen Anteil. Du hast Dich sehr darauf verstanden, Talente zu entdecken, und konntest Menschen ermutigen, daraus etwas zu machen. Es war – so hast Du es oft geschildert – Deine eigene Erfahrung. Du hat solchen Menschen verdankt, dass Du ein anerkannter Musiker und ein wichtiger, geistlicher Wegweiser für andere werden konntest. Wenn man seine Ziele erreichte, warst Du es, der sich mit einem freuen konnte. Überhaupt Dein Lächeln und die Ausdruckskraft Deiner Gefühle waren unverwechselbar. Neid war Dir fremd, was in der klerikalen Welt besonders hervorzuheben ist. Bewundert habe ich immer, wie bescheiden Du geblieben bist, obwohl Du guten Grund gehabt hättest, stolz auf Dich und Deine Leistungen zu sein.

Du hast Generationen von Theologen und Priesteramtskandidaten, Musikstudenten und angehenden Kirchenmusikern mitgeprägt. Unverkennbar war dabei eine gewisse Art von Sendungsbewusstsein. Es ging Dir dabei immer um eine gereifte Form des Glaubens, eine stimmige Gestaltung von Liturgie als Ort der Gottesbegegnung und ein Verständnis von beseelter Musik. Unermüdlich hast Du das betont und wiederholt, bis es sich schließlich in vielen von uns eingeprägt hat. Noch heute leitet mich bei der Vorbereitung von Gottesdiensten Deine Rede von der „gestuften Festlichkeit" und damit von einer Ausgewogenheit von Anlass und Formsprache. Auch ist es mir bis heute unmöglich, ein Blumengesteck auf den Altar zu stellen und damit den Blick auf das Mahl zu versperren. Undenkbar auch, ein Sanctus anzustimmen, in dem nicht wirklich dreimal das Wort „heilig" vorkommt. Ich gebe zu, damals hat mich deine Hartnäckigkeit und Deine Aufmerksamkeit für das Detail zuweilen genervt, aber heute weiß ich, wie klug und tief durchdrungen das von Dir Gesagte war. Es war Ausdruck einer großen Sensibilität und einer ausgeprägten Ästhetik und zeugte von einem tiefen Verständnis vom Menschen und einer innigen Verbindung zum Unsichtbaren. Keine Frage, mit mir profitieren viele davon, dass Du ihnen die Augen für diese Dimensionen geöffnet hast.

Was mir sofort ins Bewusstsein trat, wenn ich in den letzten Tagen an Dich gedacht habe, war die Haltung und Ruhe, auch die Konzentration, mit der Du Gottesdienst gefeiert, die Orgel gespielt und Dich im Gespräch Deinem Gegenüber gestellt hast. Das hatte Ausstrahlung und Wirkung, weil es einen inneren Seelenfrieden wiederspiegelte, den Du in Deiner Beziehung zu Gott gefunden hast. Wir verdanken Dir viele, an das Mystische grenzende Momente.

Deine ausgeprägte Sensibilität und Kreativität bildeten die Grundlage für vieles, worauf Du Dich virtuos verstanden hat. Zugleich machte es Dich verletzbar. Du hast davon nicht viel gesprochen, so wie es grundsätzlich nicht Deine Art war, viel von

Dir persönlich preiszugeben. Aber es gab nicht wenige Augenblicke, in denen Dich manches geschmerzt und auch persönlich gekränkt hat. Nicht zuletzt manche Umgangsformen und Verhaltensmuster im kirchlichen Leben oder im mitbrüderlichen Umgang. Vielleicht weil Du um die Wirkung wusstest, die es auf Dich haben würde, warst Du bemüht, Dich dem zu entziehen, und wie Du es mir einmal selber gesagt hast, vielleicht das eine oder andere Mal auch nicht mutig genug, in eine Auseinandersetzung zu treten. In Konflikten zu stehen und sie auszuhalten, das war nicht Deine Stärke. Manchmal hat mich das enttäuscht. Heute denke ich, dass es eine legitime Art der Reaktion und der Lebenseinstellung ist, denn die Bereitschaft zur Auseinandersetzung und zum Konflikt birgt immer das Risiko bleibender Entzweiung und des Unfriedens. Und so hast Du Deine Ziele mit Friedsamkeit verfolgt und mit Beständigkeit erreicht.

Wir wissen, dass Du mit Blick auf unsere Kirche in vielem Reformbedarf gesehen hast. Manches war Dir zu strikt und schien Dir nicht mehr zeitgemäß. Dennoch hast Du diese Kirche geliebt, Dich mit ihr und ihrer Sendung identifiziert und hast nie einen leisen Zweifel daran aufkommen lassen, dass Du als Priester für sie Deinen Dienst tun willst. So bist Du für manche in Zeiten des Umbruchs und der Krise eine Orientierung und ein Halt gewesen. Ein lebendes Argument dafür, in der Kirche zu bleiben und sich für sie zu engagieren.

Wenn ich mich frage, was Deine größte Motivation war, dann muss ich sofort an unser Gespräch im letzten Jahr denken, als wir mitten im ersten Lockdown die vielen Fernseh-Übertragungen in der Fastenzeit, der Heiligen Woche und am Osterfest hinter uns hatten. Wir standen hier im Kreuzgang und ich höre Dich sagen: „Ach, was wären wir ohne Ostern. Es ist die schönste Botschaft, die es geben kann. Was haben wir den Menschen doch zu schenken."

Das Osterfest. Der Glaube an die Auferstehung, an eine Liebe, die sich nicht von uns abwendet und die das Leben für uns will. Ein Prinzip, das stärker ist als alles, was uns niederdrücken kann, und das selbst vor dem Tod nicht zurückschreckt. Wir reden vom großen Geheimnis des Lebens, in das unser Glaube eine Zuversicht vermittelnden Ein-Blick gestattet. Liebe, die im Tod das Leben schenkt.

Ich verbinde den Gedanken an Ostern mit Deinem Lächeln, mit vielen Deiner Worte, mit Deinem geistlichen Wirken und der faszinierenden Kraft Deiner Musik. Du wirst uns als Zeuge dieser Botschaft fehlen, sehr fehlen, aber Du hast diesen Lebensmut des Glaubens und diese Hoffnung nachhaltig in uns verankert. Dafür und für das Viele deines Lebens danken wir Dir.

Wir freuen uns mit Dir, dass das, was Dich mit so großer Kraft erfüllt und im Herzen stets zuversichtlich hat sein lassen, nun die Wirklichkeit ist, in der DU lebst.

Lebe wohl und auf Wiedersehen bei Gott.

Adieu, mein Freund Wolfgang.

Predigt
Requiem für Msgr. Prof. Dr. Wolfgang Bretschneider
in Bonn, St. Remigius, 17. März 2021

Markus Bosbach

Liebe Schwestern und Brüder,
liebe Mitbrüder im geistlichen Dienst,
lieber Herr Kardinal,

österliche Texte mitten in die Traurigkeit des Abschieds von Wolfgang Bretschneider! Aber wie sollte es anders sein – bei einem, der immer so österlich war. Wie oft hat er in seine Grußkarten oder Briefe einen handschriftlichen Zusatz hineingeschrieben: „Bleib österlich gestimmt!". Also stellen wir uns heute angesichts seines Todes der wunderbaren Osterbotschaft – und bleiben wir österlich gestimmt.

Als mir die Aufgabe angetragen wurde, als sein Nachfolger im Amt des Diözesanpräses für Kirchenmusik heute die Predigt zu halten, da – das will ich nicht verhehlen –, hat mich das mit Respekt erfüllt. Ich bin von meiner Statur eigentlich nicht dafür gebaut, irgendwie Probleme damit zu haben, im Schatten von jemanden zu stehen – im Gegenteil. Aber Wolfgang als Vorgänger hat weite Schatten geworfen. Aber ich habe sie immer als bergend erlebt und ihn als ermutigend. So wie er immer ermutigend war: Ich erinnere mich in diesen Tagen an viele ermutigende Begegnungen und Szenen, wie wahrscheinlich die meisten hier auch. Wenn ich hier in Richtung der Kölner Diözesanpriester schaue, natürlich auch an viele Begegnungen im Collegium Albertinum: Wenn ich mir an der Orgel einen abgebrochen hatte oder die Schola zu leiten hatte – und er war dabei –, dann war ich immer ganz zittrig. Aber er war immer ermutigend. Er hat nie die Fehler anderer herausgearbeitet, sondern wertschätzend immer auf das gesehen, was gut war.

Ein österliches Evangelium also heute in dieser heiligen Eucharistie. Wir sind in Gemeinschaft mit den drei Frauen unterwegs zu einem Grab. Leider können wir heute nicht alle diesen Weg zu seinem Grab in physischer Weise mitgehen, weil das Bonner Münster derzeit Baustelle ist. Aber es ist ein wunderbares Zeichen von dir, Wolfgang (Stadtdechant Dr. Wolfgang Picken) und der Münsterpfarrei, dass das möglich ist, dass Wolfgang dort im Schatten der Basilika, die er so sehr geliebt hat, seine

147

letzte Ruhe findet. An dem Ort, wo er so vieles ausprobiert hat und wo er immer wieder alle Theorie auch in der eigenen Praxis als Priester und Musiker geerdet hat.

Die drei Frauen auf dem Weg zum Grab. Ich stelle mir vor, dass sie sich natürlich miteinander unterhalten haben. Sie werden sich erinnert haben: Wer war dieser Jesus für mich, für uns? Und so haben das sicher Sie alle, die Sie hier sind, und viele darüber hinaus, die auch jetzt mit uns verbunden sind, auch getan im Angesicht des dann doch so überraschenden und plötzlichen Todes von Wolfgang: Wer war er für uns, für mich? Jede und jeder hat vielfältige Erinnerungen beizutragen. Eine Predigt kann das gar nicht angemessen widerspiegeln. Viele Nachrufe sind ja erschienen. Aber nichts kann wirklich einen Menschen ganz und gar fassen.

Aber wir wollen es ein wenig hier im Angesicht der zu verkündenden Botschaft von Tod und Auferstehung versuchen. Zu Hilfe nehme ich mir dabei ein Wort des hl. Thomas von Aquin. Ich hatte das bei einer Predigt verwendet, die ich zum Abschluss eines C-Kurses gehalten habe. Wolfgang saß damals als Konzelebrant an meiner Seite, und hinterher sprachen wir darüber. Dieses Wort hatte ihm gefallen und er sagte, dass er es in seinem Bezug zur Musik so noch nie erfasst hatte.

Dieses Wort des heiligen Thomas entstand seiner Fronleichnamssequenz „Lauda Sion" – „Lobe Zion, deinen Hirten". Denn am Anfang dieser Fronleichnamssequenz steht eine große Einladung zum Gotteslob. Und damit eine Einladung, ihn in der Musik zu preisen. Denn Gotteslob ohne Musik ist einfach nicht denkbar. Die zweite Hälfte der ersten Strophe soll uns jetzt bei der Erinnerung ein wenig helfen. Weil sie gut das fasst, was Wolfgang Bretschneider ausgemacht hat.

„Quantum potes tantum aude" fängt dieser Teil an. „Was du kannst, das wage!" Was ist Kunst? Können und Kunst hängen eng miteinander zusammen, auch im Leben von Wolfgang Bretschneider. Er hat früh angefangen, sich Können anzueignen. Als Junge kam er hier nach Bonn, und er bekam Orgelunterricht bei Hubert Brings, der übrigens heute seinen Todestag hat. Und Hubert Brings wurde ihm auch zum väterlichen Freund, ihm, der ja ohne Vater aufgewachsen ist. Und vielleicht hat ihn das inspiriert, später selbst für viele ein väterlicher beziehungsweise priesterlicher Freund, Mentor und Wegbegleiter zu werden. Auf jeden Fall ist das sicher etwas, das ihn gekennzeichnet hat. Die Treue und die Bereitschaft, beieinander zu stehen. Er hat dann sein Können später natürlich ausgeweitet: Studium der Theologie und Philosophie, der Musikwissenschaft und der Pädagogik. Aber er hat immer wieder versucht, dass aus dem Können auch Kunst wird, indem er sich selbst immer auch als tätiger Musiker weitergebildet hat bei großen Lehrern:

Franz Lehrndorfer, Jean Langlais, Guy Bovet, um nur diese drei zu nennen. Er war eigentlich immer ein Lernender. Bis ins hohe Alter haben wir ihn erlebt als neugierig und bereit, Dinge auszuprobieren: bereit zu sehen: Was kann funktionieren? Was funktioniert dann vielleicht auch nicht? Was bleibt? Was vergeht? Er war bereit, wachsen zu lassen und nicht im schnellen Urteil irgendetwas für erledigt zu erklären. Dabei war er in seinem Lernen nie ein Fachidiot, er war breit interessiert, schaute in die Welt der Literatur, in die Welt der Philosophie. Und er ließ, was er dort erfahren hat, was er gesammelt hat, Teil seiner Arbeit werden. Am Bonner Münster wurde vieles ausprobiert, oft mit seiner Münsterschola. Aber auch die Priesteramtskandidaten oder die Studentinnen und Studenten an den Musikhochschulen, an denen er tätig war, und nicht zuletzt auch unsere C-Kurs-Absolventen, die haben von diesem reichen Fundus des Sammelns, des Experimentierens immer wieder profitieren dürfen. Bis heute liegt in der Nähe meines Schreibtisches eine rote Mappe, die mit lauter Zettel und Kopien aus Begegnungen mit ihm gut gefüllt ist und aus der ich gerne immer noch das eine oder andere herausgreife. Aus der eigenen Neugier, aus dem Suchen und Sammeln wurde er auch zur Inspiration für andere. Er verstand, erfolgreich zu begeistern. Er hat viele Menschen auf dem Weg in die Kirche und in der Kirche begleitet, wurde zum geschätzten Lehrer unzähliger Priesteramtskandidaten und Musikstudierenden. Dabei hat er es verstanden, immer im Blick zu haben, zu wem er jetzt gerade spricht, sei es ein Kirchenchorjubiläum auf dem Land oder vor einem Fachpublikum. Er war im besten Sinne des Wortes adressatenorientiert, ohne die eigene Authentizität zu verlieren. Er war immer unverwechselbar er selbst.

Und er wurde durch sein Können und seine Kunst auch zu einem großen Netzwerker. Viele sind ja auch heute hier, die für dieses breite Netzwerk stehen. Und hätten wir nicht Corona, dann wäre hier sicher ein noch viel größeres Netzwerk von Menschen zusammen, die mit ihm irgendwie zu tun hatten. Er hat es geschafft, in seiner Netzwerkarbeit die Kirchenmusik in Deutschland immer wieder nach vorne zu bringen und ihre Bedeutung herauszustellen. Deutlich zu machen, dass sie nicht ein kulturelles Randphänomen ist, sondern ein ganz lebendiger Teil unserer kulturellen Tradition und Gegenwart. Und dass er im Deutschen Musikrat Ehrenmitglied ist, ist ein sprechender Ausweis dafür.

Nicht, dass Kirchenmusik für ihn nur ein kulturelles Phänomen gewesen wäre, sondern zuerst gelebter, gefeierter Glaube. Auch im Allgemeinen Cäcilien-Verband für Deutschland (ACV) und im Diözesanverband konnte er das in besonderer Weise voranbringen. Unlängst wurde er ACV-Ehrenpräses, im Kölner Diözesanverband hatten wir es auch beschlossen, aber Corona hat dann die Verleihung dieser beson-

149

deren Würde bisher leider verhindert. Wolfgang, wir werden dich in höchsten Ehren halten und auch ohne diesen Titel bist du unser Ehrenpräses.

Quantum potes tantum aude – Was du kannst, das wage! Wolfgang Bretschneider hat gekonnt und er hat gewagt. Und dabei hat er immer großen Respekt gehabt, vor dem, was denn der heilige Thomas im Fortgang dieser Strophe gedichtet hat: „Quia maior omni laude, nec laudare sufficis." Gott, den wir loben, ist doch immer der Größere. Unser Lob wird nie ausreichen, ihn ganz zu fassen. Gott ist größer als alle menschlichen Versuche ihn zu loben, ihn zu fassen, ihn zu begreifen – und damit auch größer als die Musik. Gott war ihm Geheimnis. Deshalb war Wolfgang Bretschneider sehr allergisch davor, wenn zu schnell mit allzu großer Sicherheit über Gott gesprochen wurde. Man kann vielleicht sagen, dass er ein Freund der negativen Theologie war, der immer behutsam war mit allen positiven Aussagen, wie Gott nun sei. Die dann sehr schnell auch zu Aussagen werden, wie Gott denn sein zu habe. Er war lebendig interessiert an der Gottesfrage, und das war neben allem Leiden an konkreten Fragen der Kirche unserer Zeit sicher die große Frage, an der er gelitten hat, mit und in der Kirche: Dass die Gottesfrage, die Frage nach Gott so wenig Raum einnimmt in unserer Gesellschaft, aber inzwischen oft auch in der Kirche. Dass wir oft nicht mehr wirklich nach Gottes Willen fragen und dann mit vorschneller Gewissheit über ihn sprechen. Als er uns 2018 zum 150jährigen Jubiläum des ACV in Regensburg den Festvortrag hielt, da sagte er unter anderem: „Je mehr ich von einem Geheimnis verstehe, desto geheimnisvoller wird es." Ich weiß nicht, ob es ein Zitat war, das er dort brachte, aber es war ein Wort, das zweifelsohne zu ihm passte. Ein Paradox, ein mystisches Wort. Und es führte für ihn ganz konsequent in die Welt der Liturgie. Wir können Wolfgang Bretschneider weder als Priester noch als Musiker verstehen ohne diesen Ort, wo das zusammenkommt. Liturgie hat er geliebt und geschätzt, nicht, weil es der Ort der Musik ist, sondern weil er hier in das Geheimnis Gott treten konnte, um es von innen her zu ergreifen und weil dieses Ergreifen im Dialog geschieht. In der Musik hat sich ihm und vielen durch ihn auch etwas mitgeteilt von der Schöpferkraft Gottes. Die göttliche Kreativität hat Menschen angeregt, in eigener Kreativität gnadenhaft darauf Antwort geben zu können, in und durch die Musik! Zwei Charismen kamen dort zusammen: Priester und Musiker – kein Widerspruch!

Dieses kleine Wort des hl. Thomas: „Quantum potes tantum aude, quia maior omni laude nec laudare sufficis", das ist in ihm Fleisch geworden.

Mit diesen Erinnerungen gehe ich heute Mittag in Gemeinschaft der drei Frauen auf das Grab zu, und Sie alle werden Ihre Erinnerungen noch dazu legen. Wir haben wie die Frauen die Frage: Wer wird den Stein wegrollen? Der Stein ist groß, er ist schwer. Wir stehen als Menschen immer auch rätselnd vor dem Geheimnis des Todes. Wir fühlen die Bedrückung, wenn ein Mensch, den wir geliebt und geschätzt haben, von uns geht. Doch die Frauen machen die überraschende Erfahrung: Der Stein ist schon weggerollt. Er ist noch da, man sieht ihn noch, aber der Blick geht weiter, er geht über den Stein hinweg in eine tiefere und größere Wirklichkeit: Die des leeren Grabes, die des Ostermorgens.

Auch unsere Trauer in dieser Stunde ist noch da und ist nicht einfach weg. Sie ist da, wie dieser Stein und sie lastet auf uns. Aber auch unser Blick kann im Glauben weitergehen.

Wenn ich wiederum an die rote Mappe an meinen Schreibtisch denke und an die Sammlungen, dann findet sich darin ein Lied nach einem Gedicht von Lothar Zenetti, den er ja sehr verehrt hat. Damals versuchte Wolfgang dieses Lied in einer Vertonung von Heinz Martin Lonquich nach vorne zu bringen. Das war einer der Versuche, wo es ihm nicht gelungen ist, dass ein Lied in den Kanon der allgemeinen Lieder aufgenommen wurde. Ein Lied, von dem er dennoch ganz überzeugt war. Ich möchte es am Ende für uns sprechen:

> Seht der Stein ist weggerückt
> nicht mehr wo er war;
> nichts ist mehr am alten Platz
> nichts ist wo es war.
>
> Seht das Grab ist nicht mehr Grab
> tot ist nicht mehr tot
> Ende ist nicht Ende mehr
> nichts ist wie es war.

Oder, mit dem Apostel Paulus:

Wolfgang Bretschneider war mit jedem Ton, mit jedem Klang, mit jedem Wort seines Lebens: Tod, wo ist dein Sieg? Tod, wo ist dein Stachel?!

151

Kondolenzschreiben und Nachrufe

DEUTSCHE BISCHOFSKONFERENZ
DER VORSITZENDE

Kaiserstraße 161
53113 Bonn

Postanschrift
Postfach 29 62
53019 Bonn

Ruf   0228-103-0
Direkt 0228-103-290
Fax   0228-103-299
E-mail: Vorsitzender@dbk.de

AZ :

Bonn, den 15. März 2021

Herrn
Rainer Maria Kardinal Woelki
Erzbischof von Köln
Kardinal-Frings-Straße 10
50668 Köln

Lieber Mitbruder!

Mit großer Betroffenheit habe ich Kenntnis vom Tod Deines Diözesanpriesters Msgr. Prof. Dr. Wolfgang Bretschneider erhalten. Viel zu früh ist er zu seinem Schöpfer heimgerufen worden. Ich übermittle Dir, den Angehörigen des Verstorbenen und allen Trauernden, besonders in den Innenstadt-Pfarrgemeinden von Bonn meine tief empfunden Anteilnahme.

Gerne und dankbar erinnere ich mich an die Begegnungen mit Prof. Wolfgang Bretschneider zurück. Seine Verdienste in der Priesterausbildung und in der Kirchenmusik können nicht hoch genug eingeschätzt werden. Die Deutsche Bischofskonferenz ist dem Verstorbenen zu großem Dank verpflichtet. Aufopferungsvoll und immer bereit zu helfen, hat er sich über mehrere Jahrzehnte in den Beratungen der Deutschen Bischofskonferenz verdient gemacht. Hier denke ich zunächst an sein Mitwirken in der Liturgiekommission und dann vor allem an die Neugestaltung des Gotteslobes. Ohne Frage trägt das Gebet- und Gesangbuch der deutschen Diözesen in besonderem Maße die Handschrift von Prof. Bretschneider. Daran werden wir uns erinnern, wenn wir aus dem Gotteslob beten und singen. Die große Anerkennung für den Verstorbenen gilt auch seiner beeindruckenden Fähigkeit Großgottesdienste über viele Jahrzehnte verantwortlich mit zu organisieren: bei Katholikentagen und Papstbesuchen war sein Rat ebenso unverzichtbar wie seine Ideen und sein liturgisch-musikalisches Wissen.

Prof. Dr. Wolfgang Bretschneider hat bis zu seinem Tod für die Kirche und die Musik gelebt. Das war in der langjährigen Verantwortung als Präsident des Allgemeinen Cäcilien-

Verbandes Deutschlands ebenso zu spüren wie in den internationalen Kontexten, zu denen der Verstorbene immer zu Rate gezogen wurde, gerade auch in Rom. Sein Wissen um die Kirchenmusik und sein Brückenbau zwischen Liturgie und Musik haben Maßstäbe gesetzt. Seine Improvisationskunst auf der Orgel hat für die Zuhörerinnen und Zuhörer und die Mitfeiernden Sphären erreicht, bei denen sich mit der Musik Himmel und Erde berührt haben. Ein wenig durften das die Mitarbeiterinnen und Mitarbeiter des Sekretariats der Deutschen Bischofskonferenz in Bonn einmal im Jahr erleben: Dann war Professor Bretschneider gern gesehener Gast bei der adventlichen Feier der Mitarbeiterschaft, wo er in der Heiligen Messe die Orgel im Collegium Albertinum spielte.

Der engagierte Seelsorger und Priester, der Kirchenmusiker und Meister des liturgischen Geschehens, der Mensch Wolfgang Bretschneider wird uns fehlen. Sein Tod ist ein Verlust und ich wünsche Dir und den Trauernden die Zuversicht, dass der Verstorbene jetzt in Gottes Angesicht das Himmlische Jerusalem schauen darf.

Im Gebet verbunden

Bischof Dr. Georg Bätzing

Der Präsident

Zentralkomitee
der deutschen Katholiken

ZdK · Zentralkomitee der deutschen Katholiken
Postfach 24 01 41 · 53154 Bonn

im März 2021

Pressemitteilung:

ZdK trauert um Kirchenmusiker Wolfgang Bretschneider

Kaum eine Vollversammlung des ZdK, bei der Wolfgang Bretschneider nicht zum Gottesdienst die Orgel spielte: Der Kirchenmusiker und Priester, seit 1990 Mitglied des Zentralkomitees der deutschen Katholiken (ZdK) ist am Morgen des 12. März 79-jährig verstorben. „Wir trauern um eine herausragende Persönlichkeit, einen begabten Musiker und Professor für Liturgik und Kirchenmusikgeschichte, einen Mann von großer Warmherzigkeit und einem bewundernswerten Einsatz für das ZdK", so ZdK-Präsident Thomas Sternberg.

Bei zahlreichen Katholikentagen wirkte Bretschneider mit. Als Mitglied in liturgischen Arbeitskreisen war er mehrfach federführend für musikalische Konzeptarbeit und Gestaltung zuständig. „Er hat neue Maßstäbe gesetzt, die Katholikentage für zeitgemäße musikalische Formen und Stile geöffnet", würdigt Thomas Großmann, Leiter der Arbeitsgruppe Katholikentage und Großveranstaltungen beim ZdK, das Wirken Bretschneiders.

Wolfgang Bretschneider wurde am 7. August 1941 in Dortmund geboren und kam sechs Jahre später nach Bonn-Bad Godesberg. Seit seinem siebten Lebensjahr spielte er Klavier, erhielt ab dem 13. Lebensjahr Orgelunterricht. Nach dem Abitur studierte er zeitgleich Theologie und Musikwissenschaft. Im Januar 1967 wurde er zum Priester geweiht. Von 1987 bis 2007 war er Professor für Liturgik und Kirchenmusikgeschichte an der Robert-Schumann-Hochschule in Düsseldorf, ab 1994 auch an der Hochschule für Musik und Tanz in Köln. Jahrzehnte war er als zweiter Organist am Bonner Münster tätig. Er beriet die Liturgie- und Musikkommission der Deutschen Bischofskonferenz und war langjährig Präsident des Allgemeinen Cäcilienverbandes für Deutschland.

mit Wolfgang Bretschneider habe
ich einen Freund und ein Vorbild
verloren. Person und Werk bleiben
in bester Erinnerung. R. i. P.!

Büro des Präsidenten
Niels-Stensen-Str. 8. 48149 Münster
Generalsekretariat Hochkreuzallee 246. 53175 Bonn
Postfach 24 01 41. 53154 Bonn

Tel. +49. (0) 251. 98 111 209 **Fax** +49. (0) 251. 98 111 210
Mail praesident@zdk.de
Tel. +49. (0) 228. 38 297 - 0 **Fax** +49. (0) 228. 38 297 - 44
Web www.zdk.de

DEUTSCHES LITURGISCHES INSTITUT

Wolfgang Bretschneider zum Gedenken

Wenn es in den letzten vier Jahrzehnten in der katholischen Kirche in Deutschland um Fragen von Liturgie und Kirchenmusik ging, war Prof. Dr. Wolfgang Bretschneider zumeist an vorderster Stelle verantwortlich beteiligt. Sei es bei der Gestaltung von Großgottesdiensten, der Erarbeitung des Gotteslobs oder als Berater in Fachgremien auf diözesaner, nationaler und europäischer Ebene. 1967 zum Priester des Erzbistums Köln geweiht, lehrte Bretschneider zuerst in der Priesterausbildung, dann an den Musikhochschulen Düsseldorf und Köln Liturgik und Kirchenmusikgeschichte, aber auch in der Ausbildung nebenamtlicher Kirchenmusiker und an der Universität Bonn. Von 1989 bis 2018 stand er erst als Landespräses, dann als Präsident dem Allgemeinen Cäcilienverband für Deutschland vor, an dessen Neukonstituierung und Entwicklung zum Dachverband für Kirchenmusik er maßgeblich Anteil hatte.

In seinen verschieden Funktionen gab Bretschneider der Kirchenmusik innerhalb und außerhalb der Kirche Gesicht und Stimme. Mit hohem Engagement setzte er sich stets für eine Feier der Liturgie ein, die Gott und den Menschen gerecht wird und bei der die Kirchenmusik eine entscheidende Rolle spielt. Die Verbindung von lebendiger Tradition und wacher Zeitgenossenschaft war dabei stets sein wichtigstes Anliegen. Zugleich litt er auch an Unzulänglichkeiten in Kirche und kirchenmusikalisch-liturgischer Praxis. Neben seinen vielfältigen Aufgaben war er am Bonner Münster als zweiter Organist und Scholaleiter tätig, konzertierte aber auch weit darüber hinaus.

Am 12. März 2021 ist Wolfgang Bretschneider im 80. Lebensjahr in Bonn verstorben. Er möge nun ohne alle derzeit in unseren Gottesdiensten notwendigen Einschränkungen am himmlischen Lobgesang teilnehmen dürfen.

Dr. Marius Linnenborn
Leiter des Deutschen Liturgischen Instituts

DEUTSCHER MUSIKRAT

Der Präsident

Deutscher Musikrat · Schumannstraße 17 · D-10117 Berlin

Allgemeiner Cäcilien-Verband für Deutschland
Weinweg 31
93049 Regensburg

Deutscher Musikrat trauert um sein Ehrenmitglied Prof. Dr. Wolfgang Bretschneider

Am Freitag, den 12. März 2021 ist Wolfang Bretschneider im Alter von 79 Jahren in Bonn verstorben. Monsignore Professor Dr. Wolfgang Bretschneider war Priester des Erzbistums Köln und von 1989 bis 2018 Präsident des Allgemeinen Cäcilien-Verbandes für Deutschland. Von der Mitgliederversammlung des Deutschen Musikrates (DMR) wurde er 2018 für sein kulturelles und musikalisches Engagement zum Ehrenmitglied berufen. In der DMR Arbeitsgruppe Kirchenmusik setzte er viele Jahre lang wertvolle Impulse.

Der Deutsche Musikrat trauert um sein Ehrenmitglied Monsignore Prof. Dr. Wolfgang Bretschneider. Der Verstorbene hat jahrzehntelang die katholische Kirchenmusik in Deutschland wesentlich geprägt, sei es als Künstler, Wissenschaftler oder Präsident des Allgemeinen Cäcilien-Verbandes ACV, der Dachorganisation der katholischen Chöre. Bis zu seinem Tod war er, nicht nur als Mitglied des ökumenischen Arbeitskreises Kirchenmusik des Deutschen Musikrates, gesuchter Ratgeber. Er verkörperte durch seine von rheinischem Temperament geprägte Persönlichkeit eine wunderbare Verbindung von Spiritualität, Humanitas, umfassender Bildung, wacher Neugier, unbestechlicher Urteilskraft und treffsicherem Humor. Der Deutsche Musikrat wird Wolfgang Bretschneider ein ehrendes Andenken bewahren.

Prof. Martin Maria Krüger
Präsident

Deutscher Musikrat
Schumannstraße 17
D-10117 Berlin

Prof. Martin Maria Krüger
Präsident
www.musikrat.de

Tel +4930 30881010
Fax +4930 30881011
generalsekretariat@musikrat.de

Der **Allgemeine Cäcilien-Verband für Deutschland (ACV)**
trauert um seinen Ehrenpräsidenten

Msgr. Professor Dr. Wolfgang Bretschneider

* 7. August 1941   † 12. März 2021

Wolfgang Bretschneider führte den ACV als Präses bzw. Präsident von 1989 bis 2018. Danach blieb er dem Verband
als Ehrenpräsident auf Lebenszeit verbunden. Er hat über diese Jahrzehnte hinweg die katholische Kirchenmusik
in Deutschland maßgeblich geprägt und ihr in Kirche, Politik und Gesellschaft Respekt und Gehör verschafft.
Sein Verdienst ist es, in seiner Präsidentschaft den ACV zu einem repräsentativen Dachverband
für die katholische Kirchenmusik mit all ihren verschiedenen Strömungen und Aufgabenfeldern gemacht zu haben.

Als Christ und Priester war Wolfgang Bretschneider von der österlichen Botschaft der Auferstehung zutiefst
überzeugt und geprägt – so beendete er viele seiner Briefe und Mails mit den Worten »Bleib österlich gestimmt«.

Der ACV trauert um einen liebenswerten, lebensfrohen und hoch gebildeten Menschen,
der die Kirche als Weggemeinschaft verstand, in der die Spannung zwischen Bewahren und Erneuern
immer wieder neu ausgelotet werden muss. In seiner Abschiedsrede als Präsident 2018 rief Wolfgang Bretschneider
dazu auf, die Kirchenmusik »nicht zur Ideologie zu machen«, sondern sie »in unsere Zeit einzupflanzen«.
Diese Aufforderung ist dem ACV lebendiges Vermächtnis und bleibender Auftrag für seine Arbeit in der Zukunft.

Für den Allgemeinen Cäcilien-Verband für Deutschland

Diakon KMD Dr. Marius Schwemmer
Präsident

Das Requiem für Wolfgang Bretschneider wurde am 17. März in der St.-Remigius-Kirche in Bonn
durch den Kölner Erzbischof, Rainer Maria Kardinal Woelki, gefeiert.
Anschließend erfolgte die Beisetzung in der Gruft der Münsterpfarrer und Stadtdechanten
im Kreuzgang des Bonner Münsters.

Eine ausführliche Würdigung von Wolfgang Bretschneider erfolgt in der nächsten Ausgabe der Musica sacra.

Deutscher Chorverband
PUERI CANTORES e.V.
Vereinigung kirchlicher
Knaben-, Mädchen-,
Jugend- und Kinderchöre

Deutscher Chorverband
PUERI CANTORES e.V.

Präsidentin Judith Kunz

Tunisstr. 4
D-50667 Köln
Fon: +49 (0)2 21 - 16 85 91 46
judith.kunz@pueri-cantores.de

Kinder singen ihren Glauben

ist der Titel einer Veröffentlichung der Deutschen Bischöfe aus dem Jahr 2010. Singenlernen und Glaubenlernen gehören eng zusammen, sie sind sozusagen zwei Seiten einer Medaille, die einen gelingenden Weg zum mündigen Christen in der Gemeinschaft der Kirche weist.

Diese im Auftrag der Liturgiekommission der Deutschen Bischofskonferenz entstandene Handreichung haben Wolfgang Bretschneider und der damalige Präsident des Deutschen Chorverbandes Pueri Cantores, Matthias Balzer, gemeinsam auf den Weg gebracht und gestaltet.

Für Wolfgang Bretschneider ist dieser Titel, wie auch die gesamte Handreichung sicherlich eine „Selbstverständlichkeit. Aktuell heute wie im Jahre 2010 und doch immer wieder erwähnens- und erklärungswert.

Beinahe eine Lebensaufgabe, der sich Wolfgang Bretschneider verschrieben hat. Ob an der Mitwirkung zum Gotteslob, an oben zitierter Schrift, im Rahmen der Priesterausbildung, im Unterrichten junger Kirchenmusiker; für ihn war die Musik ein entscheidendes Medium, die Beziehung Gott und Mensch zu leben und erlebbar zu machen. Das spiegelte sich in seinen Ideen von der liturgischen Gestaltung der Gottesdienste wider, die Freude daran, Musik aller Genre zuzulassen, in der Zusammenstellung von Konzertprogrammen. Dabei unverzichtbar das immerwährende Drängen auf die actuosa participatio, die Menschen in das Geschehen mit hineinzunehmen.

Wir haben Wolfgang Bretschneider als Botschafter für die Kirchenmusik viel zu verdanken. Als Brückenbauer zwischen der Theologie und der Musik ist er nie müde geworden, die Bedeutung der Musik für den glaubenden Menschen zu vertreten. Sein eigener Glaube und die Liebe zur Musik waren dafür eine nie versiegende Quelle.

Möge er, wie er geglaubt und durch sein Musizieren und Handeln gezeigt hat, nun in der Gemeinschaft mit allen Engeln, Heiligen und Vorangegangen ein ewiges Lied singen.

Judith Kunz
Präsidentin Deutscher Chorverband Pueri Cantores e.V.

Matthias Balzer
Vize-Präsident Deutscher Chorverband Pueri Cantores e.V.

Nachruf Prof. Dr. Wolfgang Bretschneider

Überraschend hat uns am 12. März 2021 die traurige Nachricht ereilt, dass Prof. Dr. Wolfgang Bretschneider (*1941) verstorben ist. Nach der Aufspaltung des *Allgemeinen Cäcilienverbandes der Länder deutscher Sprache* in drei unabhängige Landesverbände, stand er seit 1989 dem *ACV* bis 2018 vor und erlebte dabei einige Wechsel des Präsidiums im *SKMV*. Sein Leben war eines für die Kirchenmusik und für die Liturgie. Sein Engagement erstreckte sich weit über die deutschen Landesgrenzen hinaus. So wurde ihm nebst vielen anderen Auszeichnungen die *Orlando-di-Lasso-Medaille* verliehen. Verdientermassen wurde er mit grossem Pomp zum Ehrenpräsidenten des *ACV* ernannt. Gerne hätten wir ihm dieses Jahr zu seinem 80. Geburtstag gratuliert. Nun bleibt uns nur, einen verdienstvollen, engagierten Kirchenmusiker in bester Erinnerung zu behalten.

Thomas Halter, Präsident SKMV

Wolfgang Bretschneiders grosse Leidenschaft galt zeit seines Lebens der Kirchenmusik. Als Siebenjähriger sitzt er am Klavier, im Alter von 13 Jahren erhält er Orgelunterricht. Ab 1961 studiert er Philosophie und Theologie in Bonn und München sowie Musikwissenschaft und katholische Kirchenmusik. 1967 empfängt er die Priesterweihe. «Er verband das Orgelspiel auf unübertreffliche Weise mit seiner priesterlichen Sendung zu einer viele Menschen berührenden und überzeugenden christlichen Verkündigung», sagt Stadtdechant Wolfgang Picken.
Der Verstorbene brachte als Lehrender zahlreichen jungen Menschen die Kirchenmusik näher.
Er beriet auch die *Deutsche Bischofkonferenz* in Liturgie- und Musikfragen. So war er in der Kommission zur Erarbeitung des Neuen Kirchengesangbuches *Gotteslob* tätig.
Wolfgang Bretschneider konzertierte im In- und Ausland. Sein Schwerpunkt lag bei der französischen Orgelmusik des 19. und 20. Jahrhunderts. Als Herausgeber von Orgelnoten veröffentlichte er das gesamte Orgelwerk des Liechtensteiner Komponisten Joseph Rheinberger.
2017 mahnte Bretschneider zusammen mit zehn weiteren Priestern in einem Brief Reformen in der Kirche an. Anlässlich ihres goldenen Priesterjubiläums wandten sich die Geistlichen gegen Grosspfarreien, den Pflichtzölibat und den Ausschluss von Frauen von Weiheämtern.
Der Verstorbene wurde in einer Gruft des Bonner Münsters beigesetzt.

pd/ca

Kirchen musik kommission
Österreichische

St. Peter-Bezirk 1, Stiege 2, A-5020 Salzburg
Telefon: +43/662/844576-84
Telefax: +43/662/844576-80
Email: kirchenmusik@liturgie.at
Homepage: www.kirchenmusik.at

Nun sich das Herz von allem löste -
Wolfgang Bretschneider im 80. Lebensjahr verstorben

Am 12.3.2021 verstarb in Bonn der am 7.8.1941 in Dortmund geborene Priester und Kirchen-musiker Msgr. Prof. Dr. Wolfgang Bretschneider. Er war – nicht nur als Präsident des deutschen Cäcilienvereins (ACV) 1989-2018 – eine der einflussreichen und prägenden Persönlichkeiten der Kirchenmusik in Deutschland und auch darüber hinaus.

Er studierte Theologie und Musikwissenschaft in Bonn und München und wurde mit einer hym-nologischen Arbeit über Kaspar Anton von Mastiaux 1980 zum Dr. phil. promoviert. Seine Orgelstudien betrieb er bei Franz Lerndorfer, Jean Langlais und Guy Bovet. Als konzertieren-der Organist feierte er vor allem mit französischer Orgelmusik viele Erfolge in zahlreichen Ländern Europas, seine größte Stärke aber war das liturgische Orgelspiel und die Improvisa-tion, beides konnte er lange Jahre als 2. Organist und Subsidiar am Bonner Münster beispielge-bend entfalten. Nach der Priesterweihe 1967 war er zunächst Kaplan in Neuss, dann war er als Repetent 1969-1997 in der Priesterausbildung am Bonner Albertinum tätig. In der Ausbildung akademischer Kirchenmusiker wirkte er an den Musikhochschulen in Düsseldorf (1987-1994) und Köln (ab 1994). 2003 ernannte ihn die Theologische Fakultät der Universität Bonn zum Honorarprofessor. Bretschneider hat sich auch als Autor und Herausgeber von Orgelmusik ei-nen Namen gemacht. Er war mit seiner Expertise in zahlreichen kirchlichen und staatlichen Gremien als Berater gefragt, darunter auch im Zentralkomitee der deutschen Katholiken und im deutschen Musikrat. Als 2001 der Startschuss zur Herausgabe des Gotteslob 2013 fiel, war er von Anfang an mit voller Energie in den obersten Gremien dabei. Als Offizier des Ritteror-dens vom Heiligen Grab war ihm die Sorge um das Heilige Land ein besonderes Anliegen.

Fest auf dem Boden des 2. Vatikanischen Konzils und seiner Liturgiereform stehend, hatte Bretschneider einen weitsichtigen Blick für die Weiterentwicklung der liturgischen Musik ge-mäß den Anforderungen an einen menschengerechten und im Heute stehenden Gottesdienst, der auf die vielen gesellschaftlichen Veränderungen im Geiste des Evangeliums eingehen kann. Die Förderung der neuen Musik in der Liturgie in ihren vielen Spielarten war bei ihm, dem retrospektives Denken fremd war, gut aufgehoben. Mit großer Kreativität hat er im Bonner Münster und auch auf kirchlichen Großveranstaltungen zahlreiche neue Formate des liturgi-schen Feierns mitentwickelt.

Ich durfte Bretschneider zunächst in der Internationalen Arbeitsgemeinschaft der Liturgischen Kommissionen im deutschen Sprachgebiet, dann im ACV und in besonderer Weise bei der Arbeit am neuen Gotteslob kennen und schätzen lernen. Konziliant, heiter, freundlich und als guten Zuhörer, aber auch zum scharfen Widerspruch fähig, so haben ihn viele erlebt. Politik war ihm nicht fremd. Die vielen Frustrationen mit den Restaurationstendenzen der Nullerjahre

1

in Sachen Liturgie hat er vielfach mit seinem rheinischen Humor, der oft entschärfend und ausgleichend gewirkt hat, weggesteckt. Als ich um das Jahr 2000 einmal in einer Auseinandersetzung um die theologische Legitimität bestimmter Kirchenlieder nahe am Explodieren war, drückte er mich sanft in den Sessel zurück und sagte: „Ach, lass doch mal. Seien wir doch froh, dass wir die dummen Musikanten sind." Wie weise. Das neue Gotteslob trägt in manchen Details seine spirituelle wie musikalische Handschrift. Wolfgang Bretschneider war tief in seiner Kirche verwurzelt, hat daher auch an vielen Entwicklungen gelitten und konnte sich über neue Aufbrüche freuen. Er war ein österlicher Mensch, der Freude am Leben in seiner Vielfalt hatte. So möge er nun mit den Chören der Engel auf ewig Gott, das Leben, schauen.

Prof. Dr. Franz Karl Praßl
Präsident der Österreichischen Kirchenmusikkommission

2

Chorverband in der Evangelischen Kirche in Deutschland

KMD Christian Finke
Präsident

c.finke@berlin.de

Geschäftsstelle

Luzerner Str. 10 - 12
12205 Berlin

Tel.: 030 – 84318972
Fax: 030 – 79703889
www.choere-evangelisch.de

Nachruf für Monsignore Prof. Dr. Wolfgang Bretschneider

Am 12. März 2021 ist Monsignore Prof. Dr. Wolfgang Bretschneider im Alter von 79 Jahren unerwartet an den Folgen eines Herzinfarktes verstorben. Für den Bereich der katholischen Kirche, vor allem für den Allgemeinen Cäcilienverband für Deutschland (ACV), deren Präsident er von 1989 bis 2018 war, ist sein Tod ein großer Verlust. Auch wir vom Chorverband in der evangelischen Kirche (CEK) – ehemals Verband der evangelischen Kirchenchöre Deutschlands (VeK) – gedenken seiner in brüderlicher Verbundenheit.

Als Vorsitzender des Bereichs Chöre im Verband Ev. Kirchenmusik in Württemberg pflegte ich einen partnerschaftlichen Austausch mit dem Amt für Kirchenmusik der Diözese Rottenburg-Stuttgart. In der Zusammenarbeit ist mir aufgefallen, dass es dort nicht nur ökumenisch, sondern in der Abarbeitung von Tagesordnungen durchaus humorvoll zuging. Viel später lernte ich diesen atmosphärischen Umgang auch bei meinen zahlreichen Begegnungen mit Dr. Bretschneiders feinem von Bescheidenheit getragenen Humor schätzen.

In den neunziger Jahren begegnete ich erstmals Dr. Bretschneider in einer unserer Zentralratstagungen. In seinem Referat sprach er engagiert über die Gemeinsamkeiten der Chormusik in den beiden Kirchen. Als ich dann Präsident des damaligen Verbandes ev. Kirchenchöre Deutschlands wurde, war mein Anliegen, unsere Begegnungen intensiv und konstruktiv zu gestalten. Das hatte zur Folge, dass wir auf unseren Zentralratstagungen stets gegenseitig zugegen waren. In der Zusammenarbeit entwickelte sich dabei ein von Vertrauen getragenes Miteinander. In der Initiative „Singen mit Kindern" haben wir Verbände ACV und VeK uns gegenseitig abgestimmt und im Bischofshaus in Würzburg dazu eine Tagung durchgeführt. Gemeinsam besuchten wir Veranstaltungen wie die Einladung zum Bundespräsidenten ins Schloss Bellevue anlässlich des Tages der Musik. Auch bei fachspezifischen Anfragen haben wir uns für eine anstehende Beantwortung zuvor immer gegenseitig abgesprochen, um nach außen stets mit einer Stimme zu sprechen. So entwickelten wir einen selbstverständlichen Umgang zueinander.

Im Laufe der Zeit habe ich mancherlei Facetten seiner Persönlichkeit mit Bewunderung wahrgenommen. In seinen vielen Ansprachen ist mir aufgefallen, mit welcher Präzision er einen Vorgang darstellen konnte. Dabei erkannte ich öfters, dass seine Formulierungen von einem viel weiteren Wissenshintergrund getragen sind. So bekam ich einen großen Respekt vor seinen vielseitig abgelegten Studiengängen in Philosophie, Theologie, Musikwissenschaft und schließlich der Kirchenmusik. Diese Ausstattung machte ihn allerdings nicht elitär. Ganz im Gegenteil: Er ging damit in einer souveränen Gelassenheit um, aus der auch oft eine österlich gestimmte Fröhlichkeit aufflackerte. So war es für ihn selbstverständlich, Musik und Theologie als Verkündigung des österlichen Glaubens zu verstehen. Meine Bewunderung galt besonders auch seinem Orgelspiel. Als ich ihn nach einem Orgelkonzert daraufhin ansprach, wie er das bei seinen vielseitigen Aufgaben noch bewältigen kann, sagte er mir lapidar: „Dafür habe ich in meinem Leben viel zu viel investiert". Hintergrund meiner Frage war allerdings, dass ich selbst durch die Verbandsarbeit immer weniger zum Orgelspiel gekommen bin.

Auf einer unserer Zentralratstagungen regte er uns an, einen Aufruf in Sachen Singen in der Kirche zu entwerfen. Dieser wurde dann teilweise von der damaligen Landesbischöfin Margot Käßmann in Predigten zitiert. So war es Dr. Bretschneider stetes Anliegen, die Kostbarkeiten der Kirche offensiv nach außen zu vertreten. Für seine Kirche war er maßgeblich an der Entstehung des neuen Gesang- und Gebetsbuchs, dem 2013 erschienenen Gotteslob, beteiligt. In diesem Zusammenhang äußerte er mir gegenüber, dass für die Entstehung des neuen Gotteslobs unser Evangelisches Gesangbuch (EG) das große Vorbild ist. Umso mehr war er dann erstaunt und überrascht, dass die evangelische Kirche nach relativ kurzer Zeit bereits an ein neues Gesangbuch denkt.

Während unserer Zusammenarbeit habe ich Herrn Dr. Bretschneider auch als ein allseits den Menschen stets zugewandte Persönlichkeit erlebt. Öfters erzählte er vom Bonner Münster als seiner musikalischen Heimat. Über Jahrzehnte spielte er dort die Münsterorgel in Gottesdiensten und Konzerten. So ist es seitens der Münsterpfarrei ein Zeichen der Verbundenheit gegenüber einer für das Münster und der gesamten katholischen Kirche in Deutschland hervorragenden Persönlichkeit, ihn in der Gruft im Kreuzgang des Münsters, die den Münsterpfarrern vorbehalten ist, zu bestatten.

In dankbarer Erinnerung bleibt uns nun eine prägende Persönlichkeit, die das freundliche Gesicht der Kirchenmusik in der katholischen Schwesterkirche über Jahrzehnte als Hochschullehrer, als Präsident des Allgemeinen Cäcilienverbandes in Deutschland und als virtuoser Organist geprägt hat. Zu dem freundlichen Gesicht gehört auch, dass Dr. Bretschneider mit seinen vielseitigen Engagements nie als getriebener Mensch gewirkt hat. Er bleibt für mich lebendig als herausragende Persönlichkeit, als hochbegabter Musiker und als feinsinniger Mensch gepaart von einer großen Bescheidenheit. Gerne denke ich an die gemeinsame Zeit zurück!

Lothar Friedrich

AGÄR TRAUERT UM MONS. PROF. DR. WOLFGANG BRETSCHNEIDER

Die Arbeitsgemeinschaft der Ämter und Referate für Kirchenmusik der Diözesen Deutschlands (AGÄR) hat in Trauer Abschied genommen von ihrem langjährigen Mitglied Mons. Prof. Dr. Wolfgang Bretschneider. Der Verstorbene ist in seiner Rolle als damaliger Berater der Liturgiekommission der Deutschen Bischofskonferenz einer der Wegbereiter für die Gründung der AGÄR gewesen und hat ihr über mehrere Jahrzehnte angehört.

Mit seiner hohen fachlichen und menschlichen Kompetenz warb er zeitlebens für die Umsetzung der Ideen und Vorgaben des II. Vatikanischen Konzils. Bei der AGÄR selbst bereicherte er mit seinem charismatischen und humorvollen Wesen die jährlichen Konferenzen, wirkte während seiner Zeit als ACV-Präsident bei den Sitzungen des erweiterten Vorstands mit und übernahm in vielen Diskussionen gleichsam die Rolle einer „moralischen Instanz".

Durch seine langjährige Tätigkeit als Hochschullehrer für Liturgik und Kirchenmusik in Düsseldorf, Köln, Aachen und Bonn sowie am Priesterseminar des Erzbistums Köln ist W. Bretschneider prägend für Generationen von angehenden Kirchenmusikerinnen und Kirchenmusikern sowie auch Priestern gewesen. Seine große Leidenschaft galt einer qualitätsvollen, aber auch pastoral an den Menschen orientierten Kirchenmusik. Trotz aller hohen Fachlichkeit blieb Bretschneider stets ein Mensch, der durch seine menschliche Wärme anderen schnell den Kontakt ermöglichte und zugleich seine Überzeugung von einem Leben unter dem Schutz des Höchsten vermitteln konnte.

Die AGÄR wird Wolfgang Bretschneider immer ein ehrendes Andenken bewahren.

Für den Vorstand der AGÄR

Michael Hoppe   Martin Tigges

Deutscher Chorverband e. V. • Karl-Marx-Straße 145 • 12043 Berlin

Allgemeiner Cäcilien-Verband
für Deutschland
Diakon KMD Dr. Marius Schwemmer
Präsident
Weinweg 31

93049 Regensburg

Präsident
Christian Wulff

Geschäftsstelle
Karl-Marx-Straße 145
12043 Berlin

Telefon: 030 8471089-0
Fax: 030 8471089-99

E-Mail: info@deutscher-chorverband.de
Internet: www.deutscher-chorverband.de

Datum: Berlin, 20.03.2021

Gedenken an Monsignore Professor Dr. Wolfgang Bretschneider

Sehr geehrter Herr Präsident,
lieber Herr Dr. Schwemmer,

zum Tod von Monsignore Professor Dr. Wolfgang Bretschneider möchte ich Ihnen mein herzliches Beileid aussprechen.

Professor Dr. Wolfgang Bretschneider, der als Ihr Vorgänger den Allgemeinen Cäcilien-Verband für Deutschland viele Jahrzehnte geprägt hat, war auch für den Deutschen Chorverband (DCV) ein hoch geschätzter Partner, der durch seine sachorientierte und kompetente Art genauso überzeugen konnte wie durch seine Herzlichkeit und Liebe zur Musik. Er verstand es, widerstreitende Positionen zu einen und Brücken zu bauen. Maßgeblich hat er den Weg für überverbandliche Kooperationen mitbereitet und so ist ihm der DCV insbesondere für sein Engagement für die erste chor.com 2011 oder den Chorwettbewerb des Deutschen Chorfests zu Dank verpflichtet.

Ich gedenke Monsignore Professor Dr. Wolfgang Bretschneider als einer der prägenden Persönlichkeiten der Kirchenmusik in Deutschland in Hochachtung und Dankbarkeit.
Der tiefe Glaube, der das Leben dieser außergewöhnlichen Persönlichkeit ausfüllte, gebe allen Trost, die ihm eng verbunden waren.

In stiller Trauer

Christian Wulff
Präsident des Deutschen Chorverbands
Bundespräsident a. D.

Präsident:
Christian Wulff
Bundespräsident a. D.

Sitz: Berlin
Amtsgericht Charlottenburg
VR 27678 B

Deutsche Bank
Privat- und Geschäftskunden AG
Konto   564 202 000 BLZ 100 700 24
IBAN   DE64100700240564202000
BIC/SWIFT DEUTDEDBBER

Partner des DCV

ARAG

**Diözesan-Cäcilien-Verband
im Bistum Limburg**

Geschäftsstelle
Referat Kirchenmusik
Bernardusweg 6
65589 Hadamar

Allgemeiner Cäcilien-Verband Deutschland (ACV)
Herrn Präsident
Dr. Marius Schwemmer
Weinweg 31
93049 Regensburg

Limburg, den 16. März 2021

Sehr geehrter Herr Dr. Schwemmer,

mit Trauer und Betroffenheit nehmen wir Anteil am Tod des langjährigen Präsidenten und Ehrenpräsidenten des ACV, Herrn Monsignore Professor Dr. Wolfgang Bretschneider.

Ein außergewöhnliches Leben für die Kirchenmusik und die Kirche ist zu Ende. Dr. Wolfgang Bretschneider hat in herausragender Weise die Kirchenmusik in Deutschland vertreten und ihr Bild innerkirchlich und in die Gesellschaft hinein geprägt. Kirchenmusik war ihm neben dem priesterlichen Dienst zeitlebens Berufung und Herzensanliegen und er verstand es, dies vielseitig und gewinnend zu vermitteln. Sein Leben und Wirken hat verdeutlicht, in welch enger Beziehung diese Ausprägungen des kirchlichen Lebens in der Feier der Gottesdienste verheutigt und verlebendigt werden können, wenn Theologen und Musiker im Dialog miteinander für die Gemeinde agieren. Zahlreiche wertvolle Impulse aus seinem literarischen und wissenschaftlichen Schaffen werden fortdauern, viele praktische Anregungen und Publikationen zur Kirchenmusik die Erinnerung an ihn lebendig halten.

Sehr gern und mit herzlicher Freude erinnern wir uns an zahlreiche Begegnungen, im Bistum und darüber hinaus bei der Erarbeitung des Gotteslobs, bei überdiözesanen Konferenzen und Tagungen. Immer war sein freundlicher und aufgeschlossener Umgang willkommen und bot anregende Kontakte und geistig-geistliche Inspiration. Die Kirchenmusik in Deutschland verdankt ihm sehr viel.

Wir gedenken Monsignore Dr. Wolfgang Bretschneider im Gebet und empfehlen ihn der Güte unseres barmherzigen und treuen Gottes. An die Verheißung des österlichen Lichts hat er geglaubt, es möge ihm nun hell erstrahlen in der Ewigkeit Gottes.

Mit stillen Grüßen

+ Weihbischof Dr. Thomas Löhr   DKMD Andreas Großmann

BISCHÖFLICHES
GENERALVIKARIAT
KATHOLISCHE KIRCHE
BISTUM MÜNSTER

Bischöfliches Generalvikariat | Rosenstraße 16 | 48143 Münster

Allgemeiner Cäcilien-Verband Deutschland (ACV)
Herrn Präsident Dr. Marius Schwemmer
Weinweg 31
93049 Regensburg

Diözesan-Cäcilien-Verband
Rosenstraße 16
48143 Münster

Fon   0251 495-570
Fax   0251 495-7570

luebbers-c@bistum-muenster.de
www.bistum-muenster.de

Ansprechpartner
Präses Clemens Lübbers

1. September 2021

Sehr geehrter Herr Dr. Schwemmer!

Mit dem Tod von Monsignore Professor Dr. Wolfgang Bretschneider verliert die katholische Kirche in Deutschland und darüber hinaus einen begnadeten Kirchenmusiker, Theologen und Priester. Seine Fähigkeiten, zum einen das Theologische und die Glaubenstiefe der Kirchenmusik zur Erkenntnis und zum Klingen zu bringen, zum anderen die vielfältigen Möglichkeiten und vielseitigen Facetten der Kirchenmusik in der Liturgie herauszustellen und zu betonen, schließlich als profunder Experte der kirchenmusikalischen Kompositionen – von der Gregorianik bis in die Neueste Zeit – diese selber und mit anderen zusammen zum Hörgenuss werden zu lassen, verdient hohe Anerkennung und großen Respekt. Sein kirchenmusikalisch-theologisches Wirken im Weinberg des Herrn stellt eine außerordentliche Lebensleistung dar. Möge er nun mit einer himmlischen Stimme – zusammen mit den Cherubim und Seraphim – einstimmen in den großen Lobgesang der Kirche!

Für das Bistum Münster

Ulrich Grimpe
Kirchenmusikreferent

Pfarrer Clemens Lübbers
Präses des Diözesan-Cäcilien-Verbandes Münster

Diözese
ROTTENBURG-
STUTTGART

BISCHÖFLICHES ORDINARIAT

VIIIa
Amt für Kirchenmusik

Ihr Gesprächspartner
DMD Walter Hirt

Telefon: +49 (0) 7472 169-950
Telefax: +49 (0) 7472 169-955
whirt@bo.drs.de
http://www.amt-fuer-kirchenmusik.de

Bischöfliches Ordinariat, Postfach 9, 72101 Rottenburg am Neckar

Allgemeiner Cäcilien-Verband
Deutschland (ACV)

Herrn Präsident
Dr. Marius Schwemmer
Weinweg 31
93049 Regensburg

Rottenburg, 2. September 2021

Sehr geehrter Herr Dr. Schwemmer,

die Kirchenmusikerinnen und Kirchenmusiker der Diözese Rottenburg-Stuttgart trauern um Monsignore Professor Dr. Wolfgang Bretschneider. Wie in vielen Diözesen war er auch in unserer immer wieder als beredter und geistreicher Referent zu hören – mehrfach beim Forum Kirchenmusik in Rottenburg, beim Diözesankirchenmusiktag 2012 in Weingarten sowie als Festredner zum 150-jährigen Jubiläum unseres Diözesancäcilienverbandes am 24. November 2017. Seine Beiträge waren immer wieder eine Bereicherung für unsere Kirchenmusikalischen Nachrichten sowie für die Bistumszeitung „Katholisches Sonntagsblatt". Im regelmäßigen Austausch und in den vielen Begegnungen durften wir stets auf seinen guten Rat zählen und gleichzeitig seine Offenheit für Anregungen erleben. In besonderer Weise zeigte sich dies in der Zeit der Erarbeitung und Einführung des neuen Gotteslob.

Anlässlich des genannten Jubiläums schrieb er uns in seinem Grußwort:

Die musica sacra nimmt in der Liturgie und der gesamten Pastoral einen einmaligen Platz ein. Sie ist und bleibt die Visitenkarte der Kirche und der Gradmesser ihrer Vitalität. … Auf die wichtigste Aufgabe der Kirchenmusik könnten wir uns von dem schweizerischen Dichter Kurt Marti aufmerksam machen lassen. Im Blick auf die Dichter, wir könnten hinzufügen „und die Komponisten", sagte er einmal: „Vielleicht hält Gott sich einige Dichter, damit das Reden von ihm jene heilige Unberechenbarkeit bewahre, die den Priestern und Theologen (manchmal) abhanden gekommen ist."

Olivier Messiaen benennt im fünften Bild seiner Oper „Franz von Assisi" die Musik als zentrales Medium der Kommunikation zwischen Gott und uns Menschen sowie als Schlüssel für das Erahnen des Geheimnisses seiner Herrlichkeit, wenn der Engel der Musik singt:

www.drs.de

Anschrift: Postfach 9, 72101 Rottenburg am Neckar   Dienstgebäude: Sprollstraße 20, 72108 Rottenburg am Neckar

La musique nous porte à Dieu par défaut de Vérité. Tu parles à Dieu en musique : Il va te répondre en musique. Connais la joie des bienheureux par suavité de couleur et de mélodie.	Die Musik trägt uns zu Gott in Ermangelung der Wahrheit. Du sprichst zu Gott durch die Musik : Er wird dir durch die Musik antworten. Erkenne die Freude der Seligen durch die Sanftheit der Farbe und der Melodie.
Et que s'ouvrent pour toi les secrets, les secrets de la gloire ! Entends cette musique qui suspend la vie aux échelles du ciel, entends la musique de l'invisible…	Mögen sich die Geheimnisse für dich öffnen, die Geheimnisse der Herrlichkeit ! Höre diese Musik, die das Leben aufhängt an die Leitern des Himmels, höre die Musik des Unsichtbaren…

Das Wirken von Wolfgang Bretschneider wird uns unvergessen und seine Leidenschaft für die Kirchenmusik Vorbild bleiben. Möge er im Himmel teilhaben an der Freude der Seligen und mögen sich ihm öffnen die Geheimnisse der Herrlichkeit.

Für die Diözese Rottenburg-Stuttgart

Walter Hirt
Diözesanmusikdirektor

Thomas Steiger
Diözesanpräses

An den   Bonn, am 12. März 2021
Allgemeinen Cäcilien-Verband
für Deutschland (ACV)

Verehrter Herr Präsident,
sehr geehrte Herren Vorstände,
sehr geehrte Damen und Herren Mitglieder,

die Nachricht vom jähen Tod Ihres jahrzehntelangen ehemaligen
Präsidenten und späteren Ehrenpräsidenten Msgr. Prof. Dr. Wolf-
gang Bretschneider erfüllt mich mit tiefer Betroffenheit und
Trauer. Diese dürftigen Zeilen reichen nicht aus, um meiner
Dankbarkeit dem Verstorbenen gegenüber angemessen Ausdruck zu
verleihen. Gestatten Sie mir dennoch einige wenige Worte.

Beim Festakt zum 150jährigen Bestehen des ACV am 22. September
2018 wurde mir die unverdiente Ehre eines Grußwortes zuteil und
dieses geriet mir spontan zu einer Laudatio auf Msgr. Bretschneider, denn vor allem seine kulturpolitische nationale wie
internationale Netzwerkarbeit in fast dreißigjährigem Dienst am
ACV im Speziellen wie der katholischen Kirchenmusik im Allgemeinen hat reiche Früchte getragen, von denen wir noch heute
zehren dürfen!

Nach meiner erwähnten Spontan-Laudatio kam Wolfgang Bretschneider lächelnd auf mich zu und wies mein Lob mit den Worten zurück: „Zu viel Weihrauch schwärzt den Heiligen". Ja, sein gol-
dener Humor, der uns oft und herzlich miteinander - gerne in
frohen „Vigilien" zwischen langen Sitzungstagen kirchenmusikalischer Bundesgremien - scherzen ließ, war eine ganz besondere
Gabe des Verstorbenen, ohne dass ich ihn freilich je oberfläch-
lich erlebt hätte. Vielmehr habe ich selten einen derart ernst-
haft reflektierten Menschen erlebt.

Vom Philosophen Robert Spaemann gibt es einen wunderbaren Essay
"Wer ist ein gebildeter Mensch?". Ich teile Spaemanns Positionen sonst durchaus nicht alle, aber dieser Essay ist mir weitgehend aus dem Herzen geschrieben und wenn ich ihn heute zur
Hand nehme, dann deshalb, weil er sich wie ein Nachruf auf
Wolfgang Bretschneider liest: "Der gebildete Mensch kann sich
mit etwas identifizieren, ohne naiv oder blind zu sein. Er kann
sich identifizieren mit Freunden, ohne deren Fehler zu leugnen.
Er kann sein Vaterland lieben, ohne die Vaterländer anderer
Menschen zu verachten... Das Fremde ist ihm eine Bereicherung,
ohne die er nicht leben möchte, kein Grund sich des Eigenen zu

schämen. Identifikation bedeutet für ihn nicht Abgrenzung, sondern 'Oikeiosis', Anverwandlung. [...] Der gebildete Mensch
kann bewundern, sich begeistern, ohne Angst, sich etwas zu ver-
geben. Insofern ist er das genaue Gegenteil des Ressenti-
menttyps... [...] Der gebildete Mensch scheut sich nicht, zu
werten, und er hält Werturteile für mehr als für den Ausdruck
subjektiver Befindlichkeit. [...] Der gebildete Mensch hält
sich für wahrheitsfähig, aber nicht für unfehlbar."

Wolfgang Bretschneider war ein Mann klassischer humanistischer
Bildung, sittlicher Herzensbildung und tiefen Glaubens an den
dreieinen Gott. Sein Lebenswerk muss und wird weiterwirken.
Tröstlich, wenn sich für ihn nun erfüllt, was wir erhoffen.
Möge er ruhen in Frieden!

Mit einem herzlichen Gruß des Gedenkens

Dr. Jakob Johannes Koch

Bundesverband
Präsident
Prof. Ekkehard Klemm

VDKC e.V. • Klemm • Scharfenberger Str. 44 • 01665 Naustadt-Klipphausen

Allgemeiner Cäcilien-Verband
Herrn Präsident KMD Dr. Marius Schwemmer
Weinweg 31 (Westmünster)
93049 Regensburg

Landesverbände:
Baden-Württemberg
Bayern
Berlin/Brandenburg/Mecklenburg-Vorpommern
Nordrhein-Westfalen
Nordwest
Hessen/Rheinland-Pfalz/Saarland
Sachsen/Sachsen-Anhalt/Thüringen

Naustadt-Klipphauser,
12.03.2021

Zum Tod von Monsignore Prof. Dr. Bretschneider 12.03.2021

Sehr geehrter Herr KMD Dr. Schwemmer,

mit großer Erschütterung und Trauer haben wir heute die Nachricht vom Tod Ihres Ehrenpräsidenten Monsignore Professor Dr. Wolfgang Bretschneider erhalten. Bitte erlauben Sie, dass ich Ihnen dazu im Namen des Verbandes der Deutschen KonzertChöre VDKC unser tiefes Beileid und die herzliche Anteilnahme aller unserer Vorstandsmitglieder übermittle!

Ich selbst durfte Monsignore Bretschneider innerhalb des Präsidiums der Bundesvereinigung Deutscher Chorverbände BDC kennenlernen. Seine freundliche, geradlinige und wahrhaftige Art haben mich sofort für ihn eingenommen. Seine Stimme war ebenso wichtig wie jederzeit aufrichtig. Dass die BDC mittlerweile erfolgreich im größeren und schlagkräftigen Bundesmusikverband Chor und Orchester BMCO aufgegangen ist und dort mit neuer Kraft und neuem Schwung für den Chorgesang wirkt, ist nicht zuletzt auch das Verdienst von Prof. Bretschneider, der den neuen Verband prägend mit auf den Weg gebracht hat.

Im Namen des VDKC möchte ich Sie bitten, der Familie des Verstorbenen unser tiefes Mitgefühl zum Ausdruck zu bringen. Wir werden das Andenken an Prof. Bretschneider in Ehren halten und gedenken seiner in Dankbarkeit für sein segensreiches Wirken im Dienste der Musik, besonders der uns allen am Herzen liegenden Chormusik!

Ich grüße Sie in Verbundenheit – Ihr

Prof. Ekkehard Klemm
Präsident des VDKC

Präsident: Prof. Ekkehard Klemm, Dresden • Vizepräsidentin: Konstanze Sander, Potsdam • Schatzmeister: Bruno Hohmann, Wiesbaden • Vorsitzender des Künstlerischen Beirates: Prof. Jürgen Budday, Maulbronn • Ehrenpräs.: Reinhold Stiebert, Zwickau

Schenke im Ende auch die Vollendung.
Nicht in die Leere falle die Vielfalt irdischen Seins.
Herr, deine Pläne bleiben uns dunkel,
doch singen Lob wir dir, dem dreieinen, ewigen Gott.

(Polykarp Ühlein)

Msgr. Prof. Dr. Wolfgang Bretschneider
* 1941   † 2021

In großer Trauer nehmen wir Abschied von Wolfgang
Bretschneider. Mit seinem tiefen Verständnis von Musik und
Theologie hat er uns über 30 Jahre lang geprägt. Unter seiner
Leitung in der Münsterschola zu singen, war ein Zeugnis
ermutigenden und lebendigen Glaubens. Er ist uns ein
Freund gewesen.

Die Münsterschola, Bonn

Annika, Ansbert, Bernd, Birgitta, Bram, Gertrud, Guido,
Holger, Michael, Monika, Sylvia, Torsten

Martin Wolters

Isseldeich 1
46499 Hamminkeln
ALLEMAGNE · GERMANY
12.03.2021

Herrn
Diakon KMD Dr. Marius Schwemmer
Präsident des Allgemeinen Cäcilien-Verbandes
Weinweg 31

93049 Regensburg.

**Die Zeit unsres Lebens währt insgesamt siebzig Jahre,
wenn es hoch kommt, achtzig Jahre [...].
Ja, eilends ist es dahin, im Fluge vergangen.**

Ps. 90, 10

Sehr geehrter Herr Dr. Schwemmer,

auf diesem Wege möchte ich Ihnen mein Beileid zum Tode Ihres Vorgängers im Amt, des unvergessenen Mons. Wolfgang Bretschneider, übermitteln. Fast zwanzig Jahre diente er als Präsident des ACV und prägte die Kirchenmusik und den Verband in dieser Zeit wie kaum jemand vor ihm. Sein Name wird dauerhaft mit seinem standhaften Engagement im Glauben und der Begeisterung für die Musik im Dienst Gottes und der Menschen verbunden bleiben. Ich bete um Seinen Segen für alle, die um den Verstorbenen trauern, und für die ganze Familie des ACV.

Aus dem Bistum Münster grüßt Sie

Ihr ergebener

Martin Wolters

IV. „Kirchenmusik ist keine Reise ins Plusquamperfekt."
    (Wolfgang Bretschneider)
    Perspektiven von Wolfgang Bretschneider

Liturgie – Fessel oder Anregung Neuer Geistlicher Musik?[1]

Wolfgang Bretschneider

Ein weithin angesehener Komponist sagte vor kurzem: Als Komponist bin ich immer wieder vor die Entscheidung gestellt: Schreibe ich Kirchenmusik oder schreibe ich gute Musik?" Ein Ausruf, der aufschreckt und betroffen macht! Er gibt eine Stimmung von vielen Musikern und Komponisten wieder, die im öffentlichen Leben Rang und Namen haben. Es ist unbestreitbar: Das Verhältnis von zeitgenössischer geistlicher Musik und kirchlich-liturgischem Leben ist zutiefst gestört.

„Bevormundung durch die Kirche, Kunstfeindlichkeit, der gefährliche Ruf nach volkstümelnder Gemeindeverständlichkeit und zweckbestimmtem Konformismus, Ausverkauf von einst hoch geschätzten Kunstwerken zugunsten von glatten Fassaden eines toten Liturgismus, kirchenmusikalischer Bildersturm vor allem seit dem II. Vaticanum, Einzug von Banalität und Trivialität"; so die Stimmen auf der einen Seite.

„Esoterik, Exclusivität, Selbstdarstellungs- und Selbstzelebrationssucht, fehlende pastorale Sensibilität": so die Vorwürfe der anderen Seite. Beide Parteien scheinen sich in ihren Gräben verschanzt zu haben und stehen sich unversöhnlich gegenüber.

Ob ich mit solchen plakativen, verdächtigenden und anschuldigenden Vorwürfen die allgemeine Lage zutreffend beschreiben und verbessern kann, ist mehr als fraglich. Ich muß tiefer sehen.

Vielleicht liegt eine bessere Antwort bei einer Suche nach Gründen für das angesprochene Dilemma der Entfremdung zwischen Kunst und Kirche in den Worten des singenden „Ich" in Kreneks vorläufig letztem Werk „Opus ine nomine": Dort rechtfertigt das Ich vor seinem Widersacher den von Zweifeln gepeinigten Glau-

[1] Ungekürzte Wiedergabe des Vortrags auf der Akademietagung „Neue Gesitliche Musik", Würzburg 18.–20.1.1991. Ersterscheinung in: Liturgie – Fessel oder Anregung Neuer Geistlicher Musik?, in: MS (D) [= Musica sacra] 111 (2/1991), S. 106–112.

181

ben: „Was ich glaube, schwankt im Zwielicht. Alles ist verklungen, nur der Nachklang tönt verloren im leeren Hohlraum. Die hohen Mauern stehen noch, mit heeren Bildern schön geschmückt. Doch sicher fühlt es sich nicht mehr im Schutz der Schreine, Türme, Glocken und Symbole."[2] Kirche als Rest einer längst vergangenen Kultur ohne Bezug zur Gegenwart, Kirche als Relikt aus uralter Zeit, das nur noch mit archaisierenden Reminiszenzen umschrieben werden kann!

Sicher ist hier ein Höhepunkt der Entfremdung, des Auseinanderdriftens von Kirchenmusik und Kirche zu sehen. Daß sich diese Diastasen gerade im Zentrum des Christentums, in der Feier der Liturgie, besonders deutlich und schmerzlich zeigt, verwundert nicht.

EIN BLICK ZURÜCK

Wenn wir unsere Fragestellung nicht simplifizierend angehen wollen, dann ist ein kurzer historischer Rückblick angeraten, nicht um vorschnell zu erklären oder zu entschuldigen, sondern um das Gespür für die Probleme zu schärfen.

Spannungen zwischen gottesdienstlicher Musik und kirchlichen Institutionen hat es nicht erst seit Ende des 18. Jahrhunderts gegeben (vgl. z. B. Mozarts und Beethovens Emanzipationsbestrebungen), sondern von Anfang an. Ich darf aus einem päpstlichen Dekret zitieren: „Die Sänger der Ars nova zerschneiden die Melodien mit Hoqueti und machen sie mit hinzugefügten Diskant-Stimmen schlüprig; sie stampfen sie bisweilen mit volkssprachlichen Tripla und Moteti derart platt, daß sie auf die „Fundamte", die sie dem Antiphonar und Graduale entnommen haben, hochmütig hinabschauen… So rennen sie und kommen nicht zur Ruhe, berauschen das Ohr, statt es zu erquicken und suchen durch Gebärden auszudrücken, was sie vortragen. Dadurch wird die Andacht (devotio), die noch der Endzweck ist, zur gleichgültigen Nebensache; und Zügellosigkeit, die doch gerade vermieden werden soll, wird öffentlich vorgeführt … Wir legen ausdrücklich fest, daß niemand von nun an diese oder ähnliche Dinge in den Offizien … oder bei der Feier der Messe auszuführen sich anschicke. Wenn aber einer zuwider handelt, soll er Kraft der Autorität dieses Erlasses durch die Suspendierung vom Gottesdienst für 8 Tage bestraft werden." (Aus dem Dekret „Docta sanctorum patrum" des Johannes XXII von 1324.[3]

---

2   Vgl. Roman Summereder, Vielfalt und Einheit, Geistliches und Liturgisches im Werk des Ernst Kreneck, in: Singende Kirche, Heft 3/4, 1990.

3   H. Hucke, Das Dekret „Docta Sanctorum Patrum" Papst Johannes XXII., in: Musica disciplina 38, 1984, S. 130f.

Das Dekret richtet sich nicht primär gegen kirchenmusikalische Mißstände, sondern „betrachtet diese nur als Konsequenz der Entwicklung der Ars musica".[4]
(H. Hucke)

Entwicklung der Kirchenmusik wird nicht grundsätzlich in Frage gestellt, Quint-, Quart- und Octav-Organa werden zugelassen, da bei ihnen durchaus das bewahrt bleibt, was für eine Kirchenmusik unabdingbar ist: Wortverständlichkeit und Devotio bei den Gläubigen.

Abzulehnen sind, da sie dem Wesen der Liturgie widersprechen, alle Techniken, die das Wort zerstückeln, es nur noch als Vehikel für Zügellosigkeit, Schlüpfrigkeit, reine Genußsucht, schließlich für eine ungehemmte, subjektivistische Selbstdarstellung mißbrauchen.

Vertiefung und Verinnerlichung des Glaubens gegenüber allen Formen veräußerlichter und oberflächlicher Religiosität waren auch in den folgenden Jahrhunderten immer wieder der Tenor kirchenamtlicher Äußerungen zur Kirchenmusik. Es sollte deshalb eine musica sacra gefördert werden, sie sich deutlich von außerkirchlichen Musiken unterschied. Sowohl im instrumentalen wie vokalen Bereich sollte daher alles Lascive, Unreine, Profane und Theatralische aus der gottesdienstlichen Musik herausgehalten werden. Immer wieder wird die Textverständlichkeit gefordert. Einer Instrumentalmusik, die sich im Gottesdienst verselbständigt oder das liturgische Wort unterdrückt, verdunkelt, die sich nur noch in neuen Modulationen und Verzierungen ergeht, wird kein Heimatrecht zugestanden. Reine Rinnenfreude, reines Vergnügen gehen and der Zielsetzung des Gottesdienstes vorbei. Dagegen wird der Affectus cordis, die platonische Expressivität, befürchtet.

Beim Überblick über die gesamten kirchlichen Äußerungen in Fragen Kirchenmusik läßt sich sagen, daß kein bestimmter Musikstil kanonisiert wird, daß man offen bleibt gegenüber zeitgenössischen musikalischen Äußerungen, allerdings unter der Voraussetzung, daß das gottesdienstliche Wort den Vorrang behält.

Zu fragen bleibt allerdings, ob bei dieser Sicht die Vieldimensionalität von Musik nicht verkürzt, ja, die Musik insgesamt zu sehr instrumentalisiert und funktionalisiert wird. Dies ist ein Vorwurf, der vielfach in Vergangenheit und Gegenwart von Komponisten und Musikern immer wieder erhoben wurde. Wofang Fortners Ausspruch vom „Ikonenhaften, wenig veränderlichen Charakter der Kirchenmusik" kor-

---

4   E. Krenek, Von der Würde der abendländischen Musik, in: ders., Im Zweifelsfalle, Wien 1984.

respondiert Kreneks Feststellung: „Die Festhaltung der Musik im heiligen Bereich und die Auffassung ihrer Ausübung als Bestandteil des kultischen Rituals steht nicht allein ihrer Unabhängigkeit sondern auch ihrer Geschichtlichen Wandlung hindern im Wege."[5]

Schon jetzt wird deutlich, daß unsere Frage „Liturgie – Fesel oder Anregung Neuer Geistlicher Musik?" so alt ist wie die Kirchenmusik selbst. Gestritten wurde immer wieder. Die Auseinandersetzungen zwischen kirchlichen Institutionen, Musikausübenden und Komponisten sind aufschlußreich, manchmal klärend, oft bedrückend. Erinnert sei nur noch an einen Mann wie Franz Xaver Witt, den Initiator des ACV, der mit seinem kompromißlosen Legalismus nicht mehr zu überbieten war, so wenn er 1881 schrieb: „daraus folgt, daß man in der Liturgie zuerst legal, dann erst fromm sein muß; daß die exakte Durchführung der rituellen Vorschriften das von Gott gewollte Erste, die Vorbdingung alles anderen ist."[6]

Ob Fortner oder Krenek – als zwei Beispiele für heute weit verbreitete Meinungen – mit ihrer Sicht und Bewertung der angeschnittenen Fragen Recht haben oder nicht, wie weit sie möglicherweise theologischen Mißverständnissen und historischen Engführungen erlegen sind, wollen wir nun zu klären versuchen.

UNMÖGLICHKEIT KLARER DEFINITIONEN UND ABGRENZUNGEN

„Kirchenmusik", „musica sacra" sind unpräzise Ausdrücke, die zur Klärung der anstehenden Fragen wenig beigetragen haben. So bezeichnet bis 1800 das Wort musica nur mehrstimmige Instrumentalkompositionen. Gregorianischer Choral und kirchlicher Volksgesang werden als cantus bezeichnet, so noch heute in römischen Dokumenten. Auch seit dem 2. Vaticanum hat es keine größere Klarheit in der Terminologie gegeben.

Die von Ph. Harnoncourt getroffene Einteilung „Kirchenmusik in strengem Sinn = liturgischer Gesang" und „Kirchenmusik im weiteren Sinne = geistliche Musik" scheint mir sachgerecht ausreichend und differenziert genug zu sein. In beiden Kategorien gibt es ein und mehrstimmiges Singen, Volks- und Chorgesang, Gesang

---

5   E., Krenek, Von der Würde der abendländischen Musik, in: Krenek, Im Zweifelsfalle, Wien 1984.

6   F. X. Witt, Gestzmäßigkeit, in : Musica Sacra 14, 1881, S. 124–127, hier S. 124. Vlg. Auch den instruktiven Aufsatz von A. Gerhards, Der liturgische Hintergrund der Palestrina-Renaissance im 19. Jh., in: Palestrina und die Kirchenmusik im 19. Jh. , hrsg. Von W. Kirch, BD 1, Regensburg 1989, S. 181–194.

mit und ohne Begleitung von Instrumenten sowie reine Instrumentalmusik. Bis zum 2. Vatikanischen Konzil war eindeutig geklärt, was liturgischen Gesang ausmachte (cantus liturgicus): der liturgisch vorgeschriebene, vertonte, lateinische Text, vollständig in Musik gesetzt und gesungen. In der Folgezeit aufgestellte Kriterien zur musikalischen Form und künstlerischen Qualtität trugen zu einer vertiefenden Definition wenig bei.

Heute ist die genaue Bestimmung von liturgischen Gesang erheblich schwieriger geworden. Den einen vorgeschriebenen Text gibt es nicht mehr. Zu unterscheiden sind vielmehr:

1. Vorgeschriebene Texte (z. B. Gloria, Vater unser, Magnificat)
2. Zur Auswahl stehende offizielle Texte (z. B. das Große oder Apostolische Glaubensbekenntnis, verschieden Hymnen aus dem Stundenbuch),
3. Zur Auswahl stehende, formal approbierte Texte, die nicht in einem offiziellen Liturgiebuch enthalten sind (z. B. Texte zur Danksagung aus dem Gotteslob) und
4. In liturgischen Feiern gesungene, den Sinngesetzen der Liturgie entsprechende, frei ausgewählte Texte (z. B. für Kinder- und Gruppenmessen).[7]

Der thesaurus musicae sacrae hat von seinem ursprünglichen Reichtum viel zurückgewonnen.

OHNE GESANG KEIN GOTTESDIENST

Gehen wir nun einen Schritt weiter und fragen nach dem Sitz von Gesang und Musik im christlichen Gottesdienst. Der alttestamentliche wie neutestamentliche Mensch ist der unumstößlichen Überzeugung, daß Gott ihn gewollt hat und unverbrüchlich zu ihm steht. Selbst Leid und Tod sind kein Beweis dagegen. Wer das einmal erfahren hat, muß es dankend, preisend kundtun, oder treffsicher formuliert mit den Worten des Kirchenvaters Augustinus: „Erklären können wir`s nicht, schweigen aber dürfen wir nicht, also laßt uns singen!" Deshalb ist das Volk Gottes singendes Volk. Ja, man kann – auch aus historischer Erfahrung – sagen: Ohne Musik verflüchtigt sich der Glaube. Was Christen und Juden im Innersten bewegt hat und bewegt, finden sie im Buch der Psalmen, im „Buch der Preisungen" (M. Buber) in unüberbietbarer Weise. Nichts ist zu hoch oder zu tief, zu unbegreiflich oder zu abgründig, zu

7   Vgl. Ph. Harnoncourt, Die liturgische und apostolische Sendung der Musica Sacra, in: Heiliger Dienst, Heft 1 / 2 1989, wiederveröffentlicht in : Musica Sacra, Sonderheft 1989.

schön oder zu grausam, als daß es dort nicht Platz hätte, wo es um Mensch und Gott geht. Im Mittelpunkt steht immer wieder das Handeln Gottes an seinem Volk. Was er in Jesus Christus getan hat, ist frohmachende Botschaft, klärend, aufrüttelnd, beschämend, immer aber Frohbotschaft. Damit stehen die Christen aber auch unter dem Auftrag Jesu: Erzählt es weiter, tut dies zu meinem Gedächtnis, geht in alle Welt! So ist das Leben der Christen und ihr Gottesdienst fundamental an das Wort Gottes gebunden. Und so geben die Christen im gesprochenen und noch mehr im gesungenen Wort ein Vierfaches kund: daß sie glauben, wem sie glauben, was sie glauben und wie sie glauben. Daß solcher Glaube nicht zuerst eine Sache der Vergangenheit ist, sondern der Gegenwart, macht die Dynamik und Vitalität christlicher Existenz aus. Jetzt, heute macht Gott mit seinem Volk Geschichte. Heute wird der Dialog zwischen Gott und den Menschen geführt. Die Grundüberzeugung ist: Gott kommt auf den Menschen zu, und der Mensch wird der Angesprochene und zur Antwort Gerufene. Genau diese Bewegung meint das Wort Gottesdienst. Dieser Dialog vollzieht sich immer wieder in drei Schritten:

1. Gott wendet sich dem Menschen liebevoll zu, als Schöpfer, als Vater.
2. Der Mensch lässt sich darauf ein und erfährt diese Zuwendung Gottes als sein Heil, seine Befreiung. Diese Erfahrung verbindet die Menschen zu Volk Gottes, zur Kirche, die sich nun
3. Gott dankend und anbetend zuwendet.

Dieser heilsdialogische Dreierschritt findet sich auch in der Liturgie wieder; er ist gleichsam, das pädagogische Grundgesetz christlichen Gottesdienstes: Lesung – Gesang – Gebet. Wie sehr bei dieser Sicht die Kategorie der Geschichtlichkeit in ihrer Spannungseinheit von Vergangenheit, Gegenwart und Zukunft ernstgenommen wird, dürfte deutlich geworden sein. Wenn es denn so um Gott und sein Verhältnis zum Menschen steht, dann wird auch einsichtig, daß christlicher Gottesdienst Feier und Fest ist, nicht Arbeit, nicht Belehrung, nicht zu leistendes Pensum, ja, die Zweckfreiheit und „Maßlosigkeit" ist eines ihrer wichtigsten Merkmale.

KIRCHENMUSIK WIEDERENTDECKT

Vor allem seit der Liturgiekonstitution von 1963 ist die Kirchenmusik in ihrer ureigenen und ursprünglichen Bedeutung wiederentdeckt und in ihre alten Rechte eingesetzt worden. Kirchenmusik ist wesentlicher Bestandteil des Gottesdienstes. Damit sind bestimmte Restaurationsbewegungen des 19. Jahrhunderts überwunden und eine neue Epoche der Musik im Gottesdienst eröffnet. Kirchenmusik ist nicht mehr nur Schmuck und Mittel zur Stilisierung des Gottesdienstes, sie ist nicht mehr auf einen bestimmten sog. „kirchlichen Stil" verpflichtet. Kirchenmusik ist mehr als Vertonung von Texten. Sie ist jetzt verwiesen auf ihre jeweilige Rolle und Aufgabe bei jedem einzelnen Ritus. Gesprengt ist damit z. B. der alte Panzer „Ordinarium Missae", überholt das sinfonische Kunstwerk „Messe", bei der bekanntlich das Credo Mittel- und Höhepunkt war, wodurch aber die dramaturgische Struktur der Eucharistiefeier empfindlich gestört wurde.

Lassen Sie mich das entscheidend Neue, aufgebrochen im 2. Vaticanum und der nachfolgenden Entwicklung, zusammenfassen mit den Worten des Musikwissenschaftlers H. Hucke: „Musik ist nicht nur Vertonung von Texten, sondern formbildend … Die Geschichte unserer Kirchenmusik ist nicht bloß Geschichte von Textvertonungen und auch nicht Geschichte von Ausschmückungen des Gottesdienstes. Sie ist vielmehr Geschichte von Gesten, Zeichen, Riten und Strukturen des Gottesdienstes und deshalb wesentlich Teil der Liturgiegeschichte selber. Solange man das nicht begreift, kann die liturgische Erneuerung musikalisch nicht bewältigt werden."[8]

Daß man hier vor einem gewaltigen Aufgabenfeld steht, dürfte einsichtig geworden sein. Die Liturgiker allein sind ebenso überfordert wie die Musiker, wenn sie unter sich bleiben; aber in gemeinsamer Anstrengung könnten die notwendigen Inkulturationsprozesse in Gang kommen mit Ergebnissen, die fortbildende Qualität besitzen.

Zwei grundlegende Konfliktfelder allerdings tun sich hierbei auf:

1. Viele tradierte Formen, auch musikalische, werden heute nicht mehr verstanden, können somit nicht mehr nachvollzogen werden. Diese Erfahrung machen nicht nur viele Christen in der Dritten Welt, sondern zunehmend auch bei uns. Die Suche nach neuen Gestaltungen – unter Wahrung des von uns von Christus Aufgegebenen – ist vordinglich.
2. Die Pastoralliturgen suchen nach sog. „inklusiven" Formen und Gestalten, die von möglichst vielen Menschen verstanden und mitvollzogen werden können und zwar ohne den oft mühsamen Aufwand langatmiger Erklärungen. Künstlerische Gestaltung dagegen ist de facto exklusiv. Diese Spannung liegt in der Natur der Sache und darf deshalb auch nicht nach der

---

8   H. Hucke, Singen und Musizieren, in: Gestalt des Gottesdienstes, sprachliche und nichtsprachliche Ausdrucksformen, hrsg. Von H. B. Meyer u. a., Regensburg 1987, S. 164f. Vgl. auch A. Gerhards, Liturgie und neue Musik, Erwartungen und Möglichkeiten aus liturgiewissenschaftliche Sicht, in: Musica Sacra, Heft 2, 1988, S. 106–115.

einen oder anderen Seite hin aufgelöst werden. Um sie aber fruchtbar werden zu lassen, braucht es den Dialog zwischen liturgietheologischer und kirchenmusikalischer Kompetenz. Hier müssen viele neue Brücken gebaut werden. Wie schwierig diese Arbeit ist hängt wesentlich daran, daß die bürgerliche Musikkultur, da sie nicht mehr als gemeinsam und normgebend anerkannt wird, in einer tiefen Krise steckt.

KIRCHENMUSIK IM AUFBRUCH

Lassen Sie mich im folgenden vier Kriterien gottesdienstlicher Musik benennen, die für ein erstes Gespräch hilfreich sein könnten.

1. Gottesdienstliche Musik braucht Inkulturation, Aktualisierung, will sie ihre Aufgabe als Teilnehmerin an der Verkündigung und als Stimme und Artikulation der antwortenden Gemeinde gerecht werden. Sie ist angewiesen auf jede neue Inkulturation im Hier und Jetzt. Sie nimmt Teil am Verkündigungsauftrag Jesu, ist mit einbezogen in die Deutung heutiger Wirklichkeit mit und unter den Augen Gottes, ist in Dienst genommen als Interpretin gegenwärtiger Geschehnisse. Kirchenmusik kann nicht zeitenthoben, geschichtslos sein. Musik als Zeit-Ansage; an ihr und mit ihr erahnen wir, was die Stunde geschlagen hat! Das Problem unserer Kirchenmusikkultur (unseres Musikkonsums) liegt u. a. darin, daß um diesen Anspruch nicht gewußt oder dieser auch gar nicht gewollt wird. Nicht selten drängt sich gerade in der Kirchenmusik unserer Tage der Eindruck auf, daß man sich dem Andrängenden und möglicherweise Verunsichernden nicht aussetzen will; man bleibt lieber beim „Alt-Bewährten". Schlimmer noch ist die Haltung, die der Pro-Vocation Gottes aus dem Wege geht und nur noch den ästhetischen Genuß sucht gemäß der Empfehlung „an Gott zweifeln, an Bach glauben!". Wenn gottesdienstliche Musik teilnimmt an der Verkündigung Gottes, dann muß sie auch betroffen machen und wachrütteln, einem den Atem verschlagen und ratlos machen.

Hier liegt ihr prophetischer Auftrag, ein Auftrag, dem sich gerade die zeitgenössische Musik erstaunlich soft stellt. Es wäre töricht, leugnen zu wollem, daß auch die tradierte Musik solches bewirken kann. Ob heutige Menschen aber den ursprünglichen und eigentlichen Anspruch dieser vermeintlich so wohlvertrauten Musik noch erfahren können, bleibe dahingestellt.

Wenn – im allgemeinen Kulturbetrieb ebenso wie in der Kirchenmusik – die zeitgenössischen Komponisten mit ihren Werken eher die Ausnahme sind, dann scheint mir grundsätzlich etwas nicht mehr zu stimmen, dann sehe ich das Verhältnis von Gegenwart und Vergangenheit auf den Kopf gestellt und hege den Verdacht, daß auch unsere gottesdienstlichen Feiern so sehr in den Klauen romantisierter Zeiten gefangen sind, daß sie dem Hier und Jetzt des göttlichen Anrufs nicht mehr gerecht werden.

Keine musikalische Geste ist davor gefeit, zur antiquierten Formel degradiert zu werden. Die Entschärfung musikalischer Klangrede, die Mumifizierung traditioneller Komposition, die noch so gepflegte Routine oder der traditonalistische Schlendrian sind der Tod jeder lebendigen Liturgie. Was wir immer wieder brauchen, ist die musica viva, die inspirierte, engagierte authentische An-Sprache, die aufhorchen läßt und gefangennimmt. Gemäß dem Wort der Apostelgeschichte: „Wir können nicht schweigen von dem, was wir gehört und gesehen haben."

Ziel allen Bemühens muß der Hörende sein, nicht der Hörige. Natürlich weiß ich um die komplexe und diffuse Situation unsrer Kultur- und Musiklandschaft. Es gibt nicht mehr die einheitliche Musiksprache. An ihre Stelle ist in den letzten Jahrzehnten eine Vielfalt von Stilen, Techniken und Experimenten getreten, die ratlos, vielleicht auch taub machen können. Ich glaube, daß bei dem Bemühen um Authentizität heutiger Kirchenmusik die Fragen nach Atonalität, serieller Technik usw. zweitrangig sind. Entscheidend ist auf Seiten des Komponisten seine Sensibilität für das Heute, seine Kreativität und sein spürbares Engagement. Inkulturation sehe ich im Spannungsfeld von Vergangenheit und Zukunft.

2. Die gottesdienstliche Musik der Zukunft muß von der Versammlung der Gläubigen her beschrieben werden. Die Musik eines Gottesdienstes ist für die Versammlung der überzeugendste und wirksamste Ausdruck dessen, was geschieht. Sie muß deshalb in dieser Versammlung ausführbar und ihr grundsätzlich zugänglich sein. Es muß gelten, daß Musik im Gottesdienst von der Gemeinde als förderlich und eigentlich unverzichtbarer Beitrag zu ihrem Fest des Glaubens empfunden wird. Eine Musik, die keine Chance hat, von den Gläubigen "verstanden" und zumindest im Laufe der Zeit akzeptiert zu werden, verbietet sich für den christlichen Gottesdienst.

    Für den Komponisten und Kirchenmusiker bedeutet dies: den Leuten auf´s Maul schauen, ihnen aber nicht nach dem Mund reden; Diese Spannung läßt sich nicht aufheben; dem Bemühen, sie durchzutragen, ist allerdings Zukunft verheißen. Dann könnte befreiende Wirklichkeit werden, was Jehan Alain einmal so formuliert hat: „Wenn du meine Musik magst, wenn sie dir etwas sagt, wird mein Traum Wahrheit."[9] Ein neues Pfingsten könnte geschehen.

Gegen manche Borniertheit muß mit allen Nachdruck gesagt werden: Die christliche Gemeinde braucht Musik. Ohne diese wird ihr Glaube, ihre Liebe und Hoffnung ausgezehrt. Es scheint sich heute die alte Erfahrung erneut zu bestätigen: So sie´s nicht singen, glauben sie´s nicht. Die Gemeinde der Glaubenden kommuniziert wesentlich durch das Medium Musik. Kein anderes Mittel ist für sie geeigneter, Ausdruck zu verleihen der Freude wie der Empörung, den Seligpreisungen wie den Sehnsüchten, den Verlockungen wie den Visionen. All dies ereignet sich in der Verkündigung, im Bekenntnis und im Gebet.

Zeitgenössische Musik im gottesdienstlichen Raum kann mit Akzeptanz rechnen, wo sie offen spricht, glaubwürdig kündet, nicht vergewaltigt und nicht einengt, nicht zur Geheimsprache entartet, nicht in elitäre, exotische, individualistische Zirkel flieht. Daß damit weder Primitivität noch Trivialität heiliggesprochen werden sollen, versteht sich von selbst. Wohl aber seien beschworen die Simplizität, die Transparenz und Unmittelbarkeit der musikalischen Sprache. Sie sind konstitutiv für eine zeigemäße Musik der religiösen Sozialisation, Evangelisierung und Katechesierung, für eine Musik der ursprünglichen, großen einladenden Geste. Wie schwer solche Arbeit ist, weiß jeder, der sich bereits darum bemüht hat.

3. Die gottesdienstliche Musik der Zukunft wird die unterschiedlichen Grundakte liturgischen Tuns ernst nehmen. Wenn es stimmt, daß die Musik des christlichen Gottesdienstes sich nicht trennen läßt vom Ort der Versammlung, der Architektur, der bildenden Kunst, der Sprache und Poesie, der Gestik und des Tanzes[9], dann sieht sich gerade der zeitgenössische Komponist und Kirchenmusiker in und von der Feier des Glaubens und ihren Gesetzen in die Pflicht genommen. Wer einmal die Dramaturgie christlichen Gottesdienstes erfahren und begriffen hat, wird von der Fülle der ihm gegebenen Möglichkeiten fasziniert sein. Die Vielfalt der musikalischen Gesten, Formen, Gattungen, Parameter kann ihn zu einer unerschöpflichen Kreativität anspornen. In der „Komposition" von alten und modernen Wirken, von unterschiedlichsten Formen und Gedanken zu einem überzeugenden „Kunstwerk" bieten sich ihm unerschöpfliche Möglichkeiten. Hier liegen einmalige Chancen, dem traditionellen wie dem distanzierten Christen

---

9   Vgl. zu dieser wichtigen Frage: W. Hahne, „Ars celebrandi" – Die Kunst des Feierns, in: Heiliger Dienst, Heft 1 / 2, 1990, S. 3–20.

altvertraute oder fremdgeworden Elemente des Gottesdienstes neu zu erschließen und sie mit neuem Leben zu erfüllen. Was Worte oft nicht mehr vermögen, kann einer erlebten oder auch erlittenen Musik gelingen.

Was hinter der Forderung nach „Reinhaltung eines Sprachspieles" (R. Schaeffler) steht, daß z. B. ein Gebet nicht zur Verkleidung von Belehrung, Ermahnung oder Disziplinierung der Gemeinde dient, gilt ebenso auch für die nonverbalen Vorgänge, also auch für die Musik. Musik im Gottesdienst soll nicht verschleiern, vernebeln, falsche Eindrücke wecken, nicht vorgeben, was unrealistisch ist. Sie soll vielmehr eindeutig und wahrhaftig bleiben, Wirklichkeit benennen, aber auch den Blick auf die Sehnsucht nach dem ganz anderen immer wieder eröffnen.

Wer für die Liturgie des Volkes Gottes komponieren will, muß immer neu nach der musikalischen Gestaltwerdung von Meßfeiern, Vespern usw. fragen. Es wurde bereits gesagt, daß die immer noch zu beobachtende Konzentrierung auf die Ordinariumsgesänge einem eher rubrizistischen Liturgieverstänndis entspricht. J. Gelineau sagte bereits kurz vor dem Vaticanum II: „Die funktionelle Originalität jedes der fünf Stücke des Meßordinariums, die in klar unterschiedenen Vortragsformen und entprechenden musikalischen Gattungen ihren Ausdruck finden müßte, ist in fast allen klassischen Messen rücksichtlos eingeebnet. Man hat es eher mit fünf Sätzen eine Chorkomposition zu tun, als mit spezifischen Handlungen des feiernden Volkes, wie Litanei des Kyrie, Hymnus des Gloria, Rezitation des Glaubensbekenntnisses, einmütige Akklamation des Sanctus, Litaneibitte des Agnus Dei."[10]

Auch das klassische Einteilungsschema von „Ordinarium" und „Proprium Missae" wird den unterschiedlichen oder unterschiedlich funktionalen Ansprüchen im liturgischen Handlungsgeschehen nicht mehr gerecht. Für den aktuellen Vollzug der Liturgie ist es eher unerheblich, ob ein Element gleichbleibend oder wechselnd ist. Von größerer Bedeutung ist die Frage nach der Funktion eines Gesanges (Aktions- oder Begleitgesang), nach seinem primären Träger (Kantor, Schola, Chor, Gemeinde), nach der Gattung Litanei, Hymnus, Akklamation) und nach seinem Charakter (Sammlung, Bitte, Lob, Bekenntnis).

Wichtig für neue Kompositionen wird die Überlegung, wie dem Gottesdienst als ganzem mit seinen Spannungskurven und dialogischen Gesetzmäßigkeiten eine musikalische Einheit zu geben ist.

---

10   J. Gelineau, Die Musik im christlichen Gottesdienst, Regensburg 1965, S. 261f. (franz. Originalausgabe 1962).

4. Die Kirchenmusik der Zukunft nimmt teil am Verkündigungsauftrag der Kirche. Auch wenn sie in den liturgischen Feiern ihr Zentrum hat und haben muß, so ist sie doch auch einbezogen in den Weltdienst der martyria und diakonia.

Die Erfahrungen der letzten Jahre haben gezeigt, daß die Bemühungen von Kirchenmusikern im vor- und außergottesdienstlichen Raum auf erstaunliche Resonanz gestoßen sind. Kirchenkonzerte üben auf viele Menschen eine überraschende Faszination aus. Oft sind es solche, die aus der Kirche ausgewandert sind, Enttäuschte, Ratlose, Ratsuchende. Hier tun sich Möglichkeiten auf, die noch kaum erkannt sind. Ich denke z. B. an die großartige Reihe, die über mehrere Jahre vom WDR in Köln veranstaltet und jeweils live im Hörfunk übertragen wurde: „Alte Liturgien zu Gast in romanischen Kirchen Kölns". Ich denke auch an die „Liturgischen Nächte", die z. B. vor 14 Tagen in der Kirche Maria im Kapitol in Köln gefeiert wurden. Zwischen 8 Uhr abends und 6 Uhr morgens erklang geistliche Musik: gregorianische Vesper, Komplet, Matutin, altjapanische Musik sowie Uraufführung von A. Pärt und der russischen Komponistin S. Gubaidulina.

Aus eigener Erfahrung kann ich sagen, daß zeitgenössische Musik von den Menschen durchaus angenommen wird, wenn sie psychologisch, pädagogisch und theologisch vorbereitet ist, wenn sie kontrastiert wird mit dem überreichen Erbe eigener und fremder Kulturen, wenn Werke von unterschiedlicher Stilistik miteinander in Verbindung gesetzt werden.

Was vor 30/40 Jahren noch Skandale ausgelöst hat – etwa durch die Hereinnahme der Schönbergschen Komposition „Ein Überlebender aus Warschau" in die Bachsche Matthäuspassion –, wird heute bereits bereitwillig und interessiert angenommen. Ich denke weiter an Versuche, die die Gebärde des Tanzes oder der Pantomime mit Musikwerken zu kombinieren sucht. Lohnende Aufgaben sehe ich auch in der Wiederbelebung der Oratorienkunst, der Kirchenoper, des geistlichen Theaters und Musicals. Gerade in der so gewonnenen Vieldimensionalität liegen ungeheure Chancen, den heutigen Menschen anzusprechen, ihn zu öffnen, zu verwandeln. Dann wäre nicht mehr die Frage von Interesse „Was mache ich mit der neuen Musik?", sondern umgekehrt „Was macht die neue Musik mit mir?". Wenn die zeitgenössischen Künste nicht abbilden wollen, sondern sichtbar machen wollen (P. Klee) ist ihnen Aufmerksamkeit, Annahme und Zukunft sicher. Vielleicht können dann auch diejenigen angesprochen werden, die nach der Devise leben. „Mir fehlt nix. Ich glaub an nix." So wird auch die Kirchenmusik zum Grenzgänger zwischen innen und außen, und kirchenmusikalische Arbeit in diesem Sinne kann zum Vorraum der Liturgie werden.

192

…UND WEITER?

Im Jahre 1971 kommentierte ein Berichterstatter die Ergebnisse eines internationalen Kirchenmusikkongresses so: „Die Situation war einigermaßen paradox: Noch nie … war der Freiheitsraum für die katholische Kirchenmusik so groß, noch nie allerdings wurde eine Entwicklung so deutlich, in der die Mehrzahl der Kirchenmusiker gewillt ist, diesen Freiheitsraum einzuengen. Das eigentliche Problem der katholischen Kirchenmusik scheinen in der Tat ihre Kirchenmusiker zu sein."[11]

Und 20 Jahre danach? Manch Erfreuliches hat sich getan. Entscheides aber steht noch aus. Die kirchenmusikalische Wende hat noch nicht stattgefunden. Alte, restaurativ-resignativ gestimmte Denkstrukturen brechen immer wieder durch. Viel Überzeugungsarbeit auf allen Seiten ist noch zu leisten. Ohne Mut und den ausdrücklichen Willen zur Zusammenarbeit wie auch zum verantworteten Experiment wird es kein echtes Fortkommen geben. Auf dem Gebiet der geistlichen wie der liturgischen Musik sehe ich große Möglichkeiten für neue und lohnende Aufgaben auf uns zukommen. Kirchenmusikalische Biotopen sind mein Traum, nicht abgestandene Tümpel.

---

11   Rheinischer Merkur 10.9.1971, zitiert in: H. Hucke, Die Wiederentdeckung der Kirchenmusik durch die Liturgiereform, in : Liturgia Opera Divina eumana 1985, S. 151–170.

Wie findet die Gemeinde Zugang zu den Psalmen?*

Wolfgang Bretschneider

BROT, DAS DEN HUNGER STILLT

Psalmen:

Urgestein des Glaubens,

Felsen einer fernen Küste

Klippen, himmelwärts gerichtet,

unablässige Brandung der Hoffnung.

Psalmen:

gesungen in Tempeln und Palästen,

gestammelt in Folterkammern und Todeszellen.

Gottesnähe und Gottesferne:

Loblied, Klage, Schrei.

Inmitten der Ohnmacht ein Name,

im Untergang das Alphabet der Auferstehung.

Buchstaben aus Fleisch und Blut,

Sprache der Hilflosen, der Entmündigten,

---

*   Erstveröffentlichung in: Wie findet die Gemeinde Zugang zu den Psalmen?, in: Benedikt Kranemann (Hg.), Die Wort–Gottes–Feier. Eine Herausforderung für Theologie, Liturgie und Pastoral, Stuttgart 2006, S. 99–107.

Botschaft der zum Schweigen Gebrachten,

Manifestation der Sehnsucht

Sinn zwischen den leeren Zeilen des Lebens

Freiraum, unsagbar.

„Aus dem Mund der Unmündigen

schaffst du dir Lob" (Ps 8,3).

Die meisten Hoffnungen liegen noch begraben.

Die meisten Lieder sind noch ungesungen.

Aber sie sind schon auf unseren Lippen.

Du, Herr, kennst sie bereits.

Die Höhe und Tiefe, die Länge und Breite der Psalmenwelt wie auch ihre zeitlose Schönheit hat der Schriftsteller Wolfgang Poeplau mit diesen Worten treffend zum Ausdruck gebracht. Auf der Suche nach Brot, das den geistlichen Hunger stillt, stoßen immer mehr Menschen auf die Loblieder Israels. Aufschlussreich war die im Jahr 2003 in Deutschland und Österreich durchgeführte Befragung nach der Akzeptanz des Gebet- und Gesangbuchs „Gotteslob". Dabei erfuhren die Psalmen eine hohe Wertschätzung. Vor allem die jüngeren Probanden plädierten für eine Ausweitung des Psalters.

Berichtet wird immer öfters von Gruppen, die zur Feier der Laudes, der Vesper oder Komplet zusammenkommen. Wo ihnen die Welt der Bilder in den „Preisungen" erschlossen wird, wo sie behutsam mit in die Erfahrungen von Lob und Klage, Bewunderung und Resignation hineingenommen werden, da öffnen sich Herzen für die spirituellen Reichtümer des biblischen Gesangbuches. Nahrung für die Seele suchen vor allem junge Menschen in Zeiten, wo das Beten nicht mehr aus dem Herzen und über die Lippen kommen will, wo das eingravierte Verfallsdatum auf vielen Gebetsformeln längst überschritten ist. Von ihnen werden die Psalmen oft ganz neu entdeckt, nicht als wasserdichte Sentenzen, sondern als Raum, wo ich Erfahrungen machen darf mit meinen Mitmenschen, mit Gott und mit mir selbst.

Was der bedeutende Theologe Johann Baptist Metz in seiner Münsteraner Abschiedsvorlesung zum Gebet gesagt hatte, das trifft in besonderer Weise auf die Psalmen zu: „Die Sprache der Gebete ist nicht nur universeller, sondern auch spannender und dramatischer, viel rebellischer und radikaler als die Sprache der zünftigen Theologie … In ihr kann man auch sagen, dass man nicht glaubt. Sie ist die seltsamste und doch verbreitetste Sprache der Menschenkinder, eine Sprache, die keinen Namen hätte, wenn es das Wort Gebet nicht gäbe."[1]

IMMER NOCH UNGELIEBTE KINDER

In den Gemeindegottesdiensten scheinen sich die biblischen Preisungen keiner großen Beliebtheit zu erfreuen. Trotz großer Anstrengungen, wenigstens hier und dort, wirken die alten Gesänge auf viele Menschen wie Zeugnisse aus fernen Zeiten. Eine persönliche Ansprache stellt sich selten ein. Der garstige Graben der Geschichte scheint unüberwindbar.

Die Gründe dafür sind zahlreich. Wer macht sich schon einmal die Mühe, über einen Psalm zu predigen oder wenigstens den einen oder anderen Vers in seine Verkündigung miteinzubeziehen? Eigentlich sonderbar, da doch das tägliche Stundengebet sich zu großen Teilen aus dem Psalter speist!

Was wird unternommen, um die Fremdheit der Sprache, Bilder und Vorstellungen zu überwinden? Psalmenübertragungen, z. B. von Jörg zink, Arnold Stadler oder anderen, könnten das Wunder des Aha-Erlebnisses sich ereignen lassen.

Viele Psalmlieder wollen Gott loben und preisen, wollen ihm spielen, wollen tanzen und jubeln. In einer trockenen, abgezirkelten Sprache, noch dazu eingezwängt in einen „tonus-rectus-Vollzug", erstirbt jede Emotion, jede Seelenäußerung. (Woher bei den evangelischen Brüdern und Schwestern die Scheu rührt, die Psalmen nicht zu singen, bleibt mir ein Rätsel.)

Wer einmal einen jüdischen Kantor im Gottesdienst erlebt hat, wie er mit allen Fasern seiner Seele dem Lob oder der Klage Gestalt gegeben hat, der kann diese Gesänge gleichsam von Amts wegen nicht mehr persolvieren. Sie wollen gesungen werden!

Im Blick auf unsere Gemeinden weiß aber nun jeder, dem am Psalmengesang viel liegt, wie schwer es ist, einen Kantor oder eine Kantorin zu finden. Die Ansprüche an dieses Amt sind eben höher als die an einen Lektor oder eine Kommunionhelferin.

---

1 Johann Baptist Metz, Gotteskrise. Versuch zur „geistigen Signatur der Zeit", in: Diagnosen zur Zeit. Mit Beiträgen von Johann Baptist Metz, Günther Bernd Ginzel, Peter Glotz, Jürgen Habermas, Dorothee Sölle. Düsseldorf 1994, 76–92, hier 79–81.

Eine weitere Schwierigkeit kommt hinzu: das Fehlen wirklich überzeugender, auch emotional ansprechender Vertonungen. Vieles, was unter Kantorengesängen rangiert, wirkt dürr, leblos, wie ausgebrannt. Da ist wenig zu spüren von echter Freude und Begeisterung oder vom Ruf nach Solidarisierung bei Leid, Verfolgung oder üblen Nachstellungen. Vor allem bei festlichen Gottesdiensten stoßen die staubtrockenen Psalmrezitationen besonders übel auf. Diese Art, früher einmal wegen ihrer sogenannten „liturgischen Objektivität" gerühmt, wird heute zu Recht als Vergewaltigung und Zerstörung von Sprache empfunden. Müssten nicht auch die Sängerinnen und Sänger der Psalmen vom selben Eifer getrieben sein wie die Verkünder der Frohen Botschaft: „Wir können nicht schweigen über das, was wir gesehen und gehört haben" (Apg 4,20)?

Es ist zu hoffen, dass bei der Erarbeitung des neuen Gebet- und Gesangbuches auch überzeugende Formen und ansprechendere Psalmgesänge geschaffen werden. Freilich nützen auch die besten Lieder nichts, wenn sie nicht vor Ort mit Eifer, Engagement und Kreativität zum Leben erweckt werden.

UNBEFRIEDIGEND UND NICHT BEWÄHRT

Die Zeit nach dem II. Vatikanischen Konzil hat sich in vielfältiger Weise bemüht, die Schätze des Psalters wieder ans Tageslicht und in das Bewusstsein der Gläubigen zu heben. Die Praxis des wechselchörigen Lesens ist vor allem im evangelischen Gottesdienst zu Hause, wird aber auch in katholischen Liturgien geübt. Bei dieser Form geht allerdings das Besondere der Psalmenlieder – ihre Poesie, ihre Bilder und die Schönheit ihrer Sprache und Form – verloren, wird eingeebnet und plattgetreten. Das Bemühen, im gemeindlichen Gleichschritt zu bleiben, nicht vorauszueilen oder nachzuhinken, verhindert einen tieferen Zugang zur Dramatik des inneren oder äußeren Geschehens. Der Weg zu einem geschäftigen Geplapper ist oft nicht weit.

Das Psalmsingen in zwei Gruppen ist vor allem von den Klöstern bekannt. Die sogenannte antiphonale Psalmodie verlangt ein hohes Maß an Sensibilität und einen vertrauten Umgang miteinander. Das Aufeinander-Hören und das gemeinsame Schwingen sind Grundvoraussetzung für ein fruchtbares Cantillieren. Deshalb dürfte diese Form festen Gruppierungen, die sich regelmäßig zum Gebet zusammenfinden, vorbehalten bleiben.

Alle Vollzugsformen, die der Routine oder Gedankenlosigkeit Vorschub leisten, sollten vermieden werden. Nicht der liturgisch quantitative Vollzug bringt Nahrung für die Seele, sondern das immer neue Bemühen, in die Geheimnisse des göttlichen und menschlichen Lebens hineinzuhorchen und hineinzuwachsen. Auch hier gilt, was ein Dirigent seinen Sängerinnen und Sängern immer wieder zurief: Singen Sie nicht Töne, singen Sie Worte!

ERPROBT – BESTANDEN

„Danket dem Herrn, denn er ist gütig,

denn seine Huld währt ewig!

Danket dem Gott aller Götter,

denn seine Huld währt ewig!

Danket dem Herrn aller Herren,

denn seine Huld währt ewig!"

Sechsundzwanzigmal fällt die Gemeinde dem Sänger gleichsam ins Wort, um die geschenkte, unfassbare Huld ihres Gottes auszurufen und zu feiern. Dieser 136. Psalm ist zum Prototyp der sogenannten responsorialen Psalmodie geworden. Ein Sänger aus dem Volk erzählt also von den Großtaten seines Gottes, und die Gemeinde hört nicht nur zu, sondern klinkt sich gleichsam in die große Danklitanei ein mit einem gleichbleibenden Ruf (Responsum).

Wir haben gute Gründe anzunehmen, dass dieser Dialog sich nicht in wohlfeilen Tönen vollzog, dass vielmehr die 26 Anrufungen sich zu einem gewaltigen Crescendo steigerten. Der Vitalität und Spontaneität waren auf beiden Seiten wohl keine Grenzen gesetzt.

Diese jüdische Gottesdienstpraxis wurde schnell von den Christen übernommen. Im 4. Jahrhundert ist sie schon fest in der christlichen Kirche verankert, in der Zeit, wo die griechische Liturgiesprache von der lateinischen Muttersprache abgelöst worden war. Die responsoriale Psalmodie ist somit die älteste Form, die Gemeinde an den Erfahrungen der alttestamentlichen Psalmendichter zu beteiligen.

Godehard Joppich, der sich um die Klangrede des Gregorianischen Gesangs und ihre Verlebendigung höchste Verdienste erworben hat, veröffentlichte 2005 in dritter, überarbeiteter Auflage das Buch der „Preisungen". Darin hat er 124 Psalmen für die responsoriale Vortragsweise eingerichtet.[2] Diese Form hat sich sowohl in der Eucharistiefeier, wie in der Tagzeitenliturgie wie in anderen Feierformen bewährt.

THEMA MIT VARIATIONEN

Neben dieser altbewährten, strengen Form der Beteiligung der Gemeinde am Psalmengesang haben sich viele andere im Laufe der Jahrhunderte herausgebildet. Eine erste Erweiterung erfuhr das Respons um durch die Antiphonen und Kehrverse. Auch im Deutschen haben sich durch das „Gotteslob" inzwischen zahlreiche Kehrverse in die Herzen der Gläubigen eingesungen: z. B. Nr. 122,1; 126; 153,l; 171,2; 173,1; 177; 253,1; 496; 627,2; 646,1 u. a. m. Das „Kantorenbuch für das Gotteslob"[3] sowie das „Münchener Kantorale"[4] als Fortentwicklung des Grundgelegten waren Pioniertaten. Dies schließt nicht aus, vielmehr ein, dass die Suche nach variablen und neuen Formen weitergeht. Erfahrungen, vor allem in europäischen Ländern, machen neugierig. Ein faszinierendes Feld der Gestaltung bieten Kombinationen von Liedstrophen, Antiphonen, Akklamationen, Orgel- und Instrumentalimprovisationen, gesprochenen, kantillierten, gesungenen Texten u. a. m.

Wichtig bei allem ist, dass die Gemeinde immer in irgendeiner Weise am Vollzug mitbeteiligt ist. Dabei darf sie nicht überfordert, aber auch nicht unterfordert sein.

Bei festlichen Gottesdiensten fallen die Psalmengesänge oft dürftig und einfallslos aus. Gerade vor dem Hintergrund einer opulenten Kirchenmusik dürften die Psalmlieder nicht so erbärmlich geraten und damit ins Aus fallen. Hier demonstrieren die kirchenmusikalisch Verantwortlichen, dass die Psalmengesänge nicht zu ihren liebsten gehören.

Das inzwischen überreiche und farbige Repertoire aus der Brüdergemeinschaft von Taizé bietet eine Fülle von Antiphonen, Kehrversen, Rufen u. a. Die Gemeinden haben bereits viel von ihnen für ihre Gottesdienste erobert. Es tut unseren manchmal eher trockenen, akademisch stilisierten Liturgien gut, wenn Zeugnisse französischer

---

2 Vgl. Preisungen. Psalmen mit Antwortrufen. Hg. v. Godehard Joppich – Christa Reich – Johannes Sell. 3., erw. u. überarb. Aufl. Münsterschwarzach 2005.

3 Vgl. Kantorenbuch zum Gotteslob. Hg. v. Paul Nordhues. Freiburg/Br. 2001.

4 Vgl. Münchener Kantorale für die musikalische Gestaltung der Meßfeier. Vorschläge zu den Propriumsteilen aus dem „Gotteslob" und Gesänge im Wortgottesdienst: Antwortpsalm, Ruf vor dem Evangelium. Hg. von Markus Eham … Planegg 1991–1996.

Mentalität und Spiritualität in unsere Feiern und Herzen Einzug halten. „Laudate omnes gentes", „Exaltabo te, Deus meus", „Misericordias Domini" usw. sind bereits zu Klassikern geworden. Sie setzen Herzenssaiten in Schwingung, die bei uns Gefahr laufen, zu erschlaffen.

Einen ähnlichen Reichtum an geistlichen Gesängen wie in Taizé kann man auch in Amsterdam bei seinen Protagonisten Huub Oosterhuis und Bernard Huijbers entdecken.[5] Ihre Psalmengesänge haben ihre unverwechselbare Handschrift und strahlen trotz einer bewussten Formelhaftigkeit Ausdrucksstärke und Lebendigkeit aus. Mit deutschen Texten unterlegt sind sie im Osnabrücker „Lehrhaus und Liturgie" erschienen. Ihre leichte Ausführbarkeit und Authentizität haben ihnen bereits den Weg in viele Gemeinden und Gemeinschaften geebnet. Es entspricht ganz dem liturgischen Verständnis der Initiatoren, dass die Gemeinde wesentlich an Gesängen mitbeteiligt wird.

NUR EIN GRENZFALL?

Eine besondere Form des Psalmsingens ist noch nicht erwähnt worden, weil sie in den Augen der Liturgen von der strengen Observanz nicht einmal als Ausnahme zu billigen ist: die Psalmenlieder.

Ihre Geburtsstunde liegt in der Zeit der Reformation und Gegenreformation. Luther und die anderen Reformatoren wollten die Gläubigen an dem Reichtum des Psalters beteiligen. Nachdem sie aber mit den aus der katholischen Liturgie überlieferten Psalmtönen schlechte Erfahrungen gemacht hatten, kreierten sie die Psalmlieder, freie Nachdichtungen, die in klassische Formen von strophischen Liedern gegossen wurden. Zum Teil griffen sie zu bereits bekannten Melodien, was das Erlernen natürlich vereinfachte.

Diese Lieder erfreuten sich allergrößter Beliebtheit und waren aus den Gottesdiensten wie aus den häuslichen Andachten nicht mehr wegzudenken. Es dauerte nicht lange, bis auch die Katholiken Geschmack an den neuen Errungenschaften gefunden hatten. Und so entstand z. B. der bekannte Ulenberg-Psalter. Das „Gotteslob" hat einige Lieder dieser Gattung aufgenommen, etwa „Nun jauchzt dem Herrn alle

---

5   Vgl. u. a. Du bist der Atem meiner Lieder. Gesänge von Huub Oosterhuis – Bernard Hujbers. Übertragen ins Deutsche v. Peter Pawlowsky. Freiburg/Br. u. a. 1976; Huub Oosterhuis, Ich steh vor dir. Meditationen, Gebete und Lieder. Hg. v. Cornelis Kok. Freiburg/Br. 2004. Vgl. auch Alex Stock, Hierhin, Atem. Zur poetischen Theologie von Huub Oosterhuis. Amsterdam 1994.

Welt" (nach Psalm 100), „Nun singt ein neues Lied dem Herrn" (nach Psalm 98) oder „Kommt herbei, singt dem Herrn" (nach Psalm 95). Das neue evangelische Gesangbuch zählt mehr als 30 Psalmlieder.

Die Erfahrung zeigt, dass diese Gesänge von den Menschen sehr gerne gesungen werden wegen ihrer Frische und oft tiefen Emotionalität. Die Liturgen führen vor allem zwei Gründe gegen sie an: 1. Die freien Nachdichtungen würden sich oft vom Urtext zu weit entfernen und seien nicht immer ideologiefrei. 2. Die responsoriale oder antiphonale Form der Psalmgestalt sei eine wichtige liturgische Form, die der gerade in Deutschland eingefleischten „Verliederung" entgegenwirken müsse. Im praktischen Vollzug wird man einen Kompromiss anstreben. Fakt ist, dass einige Psalmlieder zur festen „Speise" für viele geworden sind. Über die Melodien sind die Psalminhalte in die Köpfe und Herzen der Gläubigen gelangt, auf der anderen Seite ist nicht zu bestreiten, dass das Singen von strophischen Liedern wieder zunimmt, „weil es die Leute so wollen". Damit geht nicht nur die liturgische Formenvielfalt verloren, vielmehr wird auch die Grundstruktur der Liturgie als eines dialogischen Geschehens zurückgedrängt.

Ein Kompromiss könnte etwa so aussehen: Wenn in einer Eucharistiefeier die Eröffnungsgesänge, also Introitus, Kyrie und Gloria als Wechselgesänge vollzogen werden, wäre als Antwortpsalm durchaus ein Psalmlied zu vertreten. Auch bei einer solchen Lesung könnte der Chor mitbeteiligt werden, z. B. durch eine Psalmmotette.

Gerade beim Psalmengesang bieten sich attraktive Lösungen an im Zusammenspiel von Gemeinde, Kantor, Schola, Chor (Chören) und diversen Instrumentalisten. Der Kreativität sind keine Grenzen gesetzt. Freilich setzt die Auswahl und der Umgang mit diesen musikalischen Bauelementen eine hohe Sach- und Feierkompetenz voraus.

Viele Modelle, die sich bereits in der Praxis bewährt haben, finden sich z. B. in den drei bisher erschienenen Büchern „Morgenlob – Abendlob. Mit der Gemeinde feiern".[6] Die ganze Palette musikalischer Formen, angefangen von der Gregorianik bis zum Neuen Geistlichen Lied, wurde dort in Dienst genommen. So entstanden z. T. sehr spannungsreiche „Kompositionen", die vertraute Texte in neuem Licht aufleuchten ließen, neue Bezüge herstellten und ihre Relevanz beglückt oder auch bedrängend zur Erfahrung brachten.

---

6   Vgl. Paul Ringeisen u. a., Morgenlob – Abendlob. Mit der Gemeinde feiern. Dienstebuch. 3 Bde., Planegg 2000/2004.

ERMUNTERUNG

„Wir ersticken an unserer Redlichkeit" (F. Steffensky). Wer sich in die Welt der Psalmen begibt, wird diesem Tod mit Sicherheit entgehen. Er wird wahrscheinlich das erfahren, was der hl. Augustinus in die trefflichen Worte gefasst hat: „Du hast mich angerührt – und ich bin in Flammen gestanden von Dir." Dann werden die Psalmen keine Wortgirlanden mehr sein, keine fremde, mich langweilende Landschaft, sondern vielleicht die erste Wegstrecke in das himmlische Jerusalem. Dann „will ich besingen, was ich nicht mehr glauben kann" (Theresia vom Kinde Jesu, wenige Monate vor ihrem Tod).

Kirchenmusik in Gegenwart und Zukunft
Gedanken für das Fuldaer Kirchenmusikinstitut

Im Jahr 2006 hat Professor Bretschneider das Fuldaer Kirchenmusikinstitut zur Feier des 50jährigen Jubiläums besucht. In seinem Grußwort in der damaligen Festschrift hat er dem KMI seine Vision sozusagen „ins Stammbuch geschrieben": Motivation für uns, nicht den zahlreichen Nachrufen noch einen weiteren hinzuzufügen, sondern ihn mit eben diesem Grußwort an dieser Stelle noch einmal selbst zu Wort kommen zu lassen – denn seine Worte sind quasi programmatisch für unsere heutige Situation in Kirche und Kirchenmusik. Mögen sie auch in uns lange nachhallen und uns Verpflichtung in unserem kirchenmusikalischen Tun bleiben.

„Wie sieht es aus mit der Botin, die vom Morgenglanz der Ewigkeit künden soll? Welches Lied singt sie in unserer Zeit der Desorientierung und Desintegration, der elektronischen Vereinsamung und einer oft waghalsigen Wertesuche? Die Musica Sacra will singen, sie muss ihre Stimme erheben, soll unser Glauben, Hoffen und Lieben nicht sang- und klanglos werden. Die Geschichte der Kirche hat es tausendfach bewiesen.

Aber nochmals: Welches Lied liegt auf ihren Lippen? Wem gehorcht sie mehr? Dem, der ihr zuruft: Sing, spiel mir das Lied vom Tod! Oder dem, der – vielleicht sehr leise – Wort für Wort buchstabiert: Sing, spiel mir das Lied vom Leben!?

Die Musik kennt beide Melodien. Auch der Kirchenmusik sollten beide bekannt sein. Ihre Aufgabe aber ist es, die Hymne des Lebens zum Erklingen zu bringen, immer neu das Lied des Auferstandenen zu intonieren.

Durch meinen Tod habe ich euren Tod vernichtet! Diese seine Botschaft ist so revolutionär, dass sie zur Verkündigung nach dem Äußersten menschlicher Sprache verlangt, dem Gesang.

*   Teilveröffentlichung aus: Kirchenmusikalische Mitteilungen des Bistums Fulda, 2021.

Hier hat die Musica Sacra ihr Herz, von hier her bestimmt sich ihr Kerngeschäft. So-lange Kirche Kirche Jesu Christi sein will und immer wieder werden muss, solange gilt der Satz: Das Herz der Kirche schlägt im Gottesdienst. (Oskar Söhngen).

Langsam, oft mühsam, hat sich herumgesprochen, dass die Kirchenmusik wahr-lich ein Geschenk Gottes ist. Sie vermag auszudrücken, was dem Wort allein oft nur schwer fällt; sie kann so tief in die Herzen der Menschen eindringen und diese verwandeln wie kein anderes Medium. Deshalb ist sie ein notwendiger Bestandteil der Liturgie. Kein Luxus, keine Verschönerung, keine „Behübschung"; weder für die Liturgie noch für die Pastoral insgesamt.

Das Gesicht der Kirche wird sich in den kommenden Jahrzehnten gewaltig verän-dern, damit auch die Bedingungen für eine qualifizierte Kirchenmusik. Manches Selbstverständliche und Liebgewonnene wird nicht mehr zu halten sein. Dennoch: Begeisterung, ohne die Kirchenmusik zur „Beamten"-Tätigkeit degeneriert, hängt nicht primär von den Finanzen ab. Das haben die „fetten Jahre" der letzten Deka-den überdeutlich gezeigt. Die spirituellen Brunnen liegen tiefer. Daneben muss allerdings sehr deutlich darauf hingewiesen werden: Jedes kirchenmusikalische Engagement und jede geistig-geistliche Motivation braucht die künstlerische Qua-lifikation. Glaubt man darauf verzichten zu können, so enden alle noch so gut ge-meinten Versuche im Unstabilen und sumpfigen Gefühlswallungen. Auch und ge-rade für die Kirchenmusik gilt der Satz: Ehrenamtlichkeit braucht Hauptamtlichkeit. Diese ist Voraussetzung für eine kirchenmusikalische „Pastoral mit Breitenwirkung" und gleichzeitig eine „Pastoral der Dichte" (M. Kehl).

Dem Kirchenmusikinstitut Fulda wünsche ich für seine verantwortungsvolle Aufga-be immer neue Be-Geisterung, Kreativität und den Mut, die Zeichen der Zeit in Ge-sellschaft und Kirche zu erkennen. Aus Kirchenmüdigkeit könnte Kirchenmündigkeit erwachsen.

Als Präsident des Allgemeinen Cäcilienverbandes für Deutschland erbitte ich auch öffentliche Anerkennung, Ermutigung und Förderung des Instituts, soll es denn auch weiterhin ein Lieblingskind der Diözese Fulda bleiben."

(K)Ein Wort an die Organisten*
Ein-Blicke in Orgelfestschriften

Wolfgang Bretschneider

PRÄLUDIUM

Zum guten Ton gehört es inzwischen, dass zur Einweihung oder Restaurierung einer Orgel eine Festschrift erscheint. Diese Tradition scheint es erst seit gut 100 Jahren zu geben. Aus früheren Zeiten wird bei großen Orgelwerken von der Einweihung berichtet und von dem Eröffnungskonzert und natürlich von dem neuerbauten Instrument. Orgelpredigten oder geistlich-liturgische Betrachtungen über das Kircheninstrument such man vergebens.[1]

In den vergangenen Jahrzehnten erfreuen sich die Orgelfestschriften immer größerer Beliebtheit, was man an ihrer Größe, ihrem Umfang und ihrer qualitätvollen Aufmachung fest machen kann.[2] Ihre Inhalte gleichen sich allerdings sehr: Grußworte kirchlicher und weltlicher Repräsentanten, zur Geschichte der Orgel allgemein, ergänzt durch ein Orgel-ABC, die Genesis des fertig gestellten Instruments, sowie seine Konzeption und Disposition, sein Prospekt und Aufbau, seine Besonderheiten und einmaligen Vorzüge. Natürlich stellen sich auch der Orgelbauer und sein Traditionshaus selbst vor. Das alles illustriert durch qualitätvolle Fotos.

Auffallend zurückhaltend sind Gedanken zum Phänomen Orgel selbst, zu ihrer Funktion als Konzertinstrument, vor allem aber zu ihrem Einsatz in der Liturgie. Das gilt sowohl für den evangelischen wie den katholischen Raum, obwohl gerade ihre liturgischen Funktionen sich nicht unwesentlich voneinander unterscheiden. Es entsteht der Eindruck, dass diese Fragen unbedeutend seien bzw. dass eigentlich alles Entscheidende seit Jahrhunderten geregelt sei.

*   Erstveröffentlichung in: (K)Ein Wort an die Organisten. Ein-Blicke in Orgelfestschriften, in: Benedikt Kranemann u. a. (Hg.), Zwischen–Raum Gottesdienst. Beiträge zu einer multiperspektivischen Liturgiewissenschaft (Praktische Theologie heute 144), Stuttgart 2016, S. 251–264.

1   Vgl. z. B. Notice sur le Grand Orgue de Notre-Dame de Saint-Dizier par M.A. Bourdon, Bar-Le Duc 1863.

2   Ca. 50 Orgelfestschriften aus dem 19. und 20. Jahrhundert wurden durchgesehen.

Bedeutung haben die Aussagen des Trienter und des 2. Vatikanischen Konzils erlangt. Die Konzilsväter von Trient wiederholten, was seit dem Mittelalter immer wieder montiert worden war: das „lascivum et impurum". Vor allem versuchten sie aber, der ungezügelten und aus dem Ruder gelaufenen liturgischen Alternatim-Praxis Einhalt zu gebieten.

In der „Konstitution über die heilige Liturgie ‚Sacrosanctum Concilium'" (4.12.1963) wird auf das Kircheninstrument Orgel der höchste Lobpreis angestimmt: „Die Pfeifenorgel soll in der lateinischen Kirche als traditionelles Musikinstrument in hohen Ehren gehalten werden; denn ihr Klang vermag den Glanz der kirchlichen Zeremonie wunderbar zu steigern und die Herzen mächtig zu Gott und zum Himmel emporheben." (Art. 120)[3] Das „Zeremoniale für die Bischöfe" geht im 18. Kapitel „Die Orgelweihe" erstaunlich detailliert auf ihre verschiedenen Funktionen ein. Sie spiele in der Liturgie eine wichtige Rolle. „Sie begleitet und führt den Gemeindegesang und unterstützt das Singen all jener, die einen besonderen liturgischen Dienst ausüben. Solistisches Orgelspiel dient der Vertiefung der Feier und ihrer Verkündigung, es steigert eine angemessene Festlichkeit, vor allem an den herausragenden Tagen des liturgischen Jahres und an den wichtigen Lebensstationen der Christen, welche diese mit der Kirche feiern."[4]

Diese wohltuende Zurückhaltung der kirchlichen Oberen stellte zumindest einer weiteren Entwicklung der Orgelkultur nichts in den Weg, im Gegensatz zu der Regulierungswut der Cäcilianer.

In den evangelischen Kirchen treffen wir in den Jahrhunderten auf viele Regelungen, Vorschriften und eindringliche Ermahnungen. Ein recht drastisches Beispiel aus dem Jahr 1756 möge dies konkretisieren: „Gottes Ehre leidet darunter, indem an statt der ersten Grade gewisser heiligen Empfindungen, und Regungen, durch ein solches lächerliches, schäckerhaftes und niederträchtiges Spielen, in denen Gemüthern der Zuhörer, nur wile und schädliche Affecten oder die ersten Grade geiler, und böser Regungen erreget werden."[5]

---

3 LThK2, Das Zweite Vatikanische Konzil I, 1966, S. 98f.

4 Zeremoniale für die Bischöfe. In den katholischen Bistümern des Deutschen Sprachgebietes, Freiburg/Br. u. a. 1988, S. 277f.

5 Sonnenkalb, Friedrich Wilhelm (1756), in: Haselböck, Hans, Vom Glanz und Elend der Orgel, Zürich 1999, hier S. 101.

Hier werden die Vorstellungen der damaligen Zeit über Ästhetik, Gottesdienst und geistliche Musik klar erkennbar. Angesprochen und in die Pflicht genommen sind in erster Linie die Organisten und Orgelspieler. Denn an ihnen liegt es, ob ihr Instrument die Erwartungen erfüllt oder sich in den Fängen des Teufels verirrt.

Vor diesem Hintergrund fällt auf, dass in den Festschriften nur selten auf diese Vorstellungen eingegangen wird. Nebulös klingt vieles, sich verflüchtigend, unwirklich, sich jeder Kritik entziehend. Das Vokabular wiederholt sich ständig: Die Orgel erklingt zum Lobe Gottes und zu unserer Freude. Sie ist ein Mittel, um die christliche Botschaft zu verkünden. Ihre Schönheit und Erhabenheit können nicht genug gepriesen werden. Die Orgel, ein Instrument, um die Festlichkeit zu steigern und den liturgischen Notwendigkeiten gerecht zu werden u. a. m.

Häufig werden die Aussagen vom Vatikanum II zitiert oder paraphrasiert. Damit ist man auf der sicheren Seite und kann sich die Anstrengungen der Begriffe und ihre Konkretisierung ersparen. In einer Festschrift, die zum 80. Geburtstag eines Domorganisten erschien, der 37 Jahre an eben dieser Kathedrale Dienst getan hatte, wird ihm im Vorwort dafür gedankt, „dass er mit seiner Musik zur würdigen Gestaltung der Gottesdienste beigetragen habe".[6]

Die in den Festschriften vorgelegten Gedanken über die Organisten und ihre Dienste gehen nur selten auf die sich wandelnden liturgischen Funktionen ein. Aufschlussreich für die Zeit ist z. B. die Festschrift, die zur Einweihung der großen Orgel(n) im Passauer Dom 1928 erschienen war. Dort heißt es u. a., dass „die Orgel zuerst zur Verherrlichung Gottes bei dem hl. Opfer und zu den anderen gottesdienstlichen Verrichtungen da sei". „Sie ist nicht nur eine zuverlässige Stütze für den Chor beim polyphonen und Choralgesang, nicht nur ein färbender Klangfaktor bei Heranziehung des Orchesters, vor allem ist sie ein künstlerisches Bindeglied zwischen den einzelnen Teilen der hl. Handlungen, gleich, ob sie die Brücke vom Introitus zum Kyrie schlägt, ob sie in ätherischen Farben die Elevation umspielt, oder ob sie in machtvoller Fuge am Schluss mit dem Ite missa est die Zuhörer von den hl. Hallen der Kathedrale wieder in das Profane hinüberleitet."[7] Interessant ist, dass von der Gemeindelied-Begleitung keine Rede ist!

In den Festschriften fand sich nirgendwo ein Hinweis darauf, dass die Liturgieerneuerung auch die Organisten in neuer Weise herausfordert, dass ihr Dienst um ein

---

6   Dahlberg, Josef (Hg.), Munus Organistae. FS Josef Zimmermann zum 80. Geburtstag, Köln 1986, S. 9.

7   Dunkelberg, Otto, Die Passauer Domorgel als Kultus- und Konzertinstrument, in: Die große Orgel im Passauer Dom, Passau 1928, S. 20–25, hier S. 24f.

Vielfaches anspruchsvoller und spannender geworden ist, da der Orgel ein neuer liturgischer Stellenwert zugesprochen worden war.

Als geschichtliches Instrument war sie nicht nur technischen Wandlungen und Entwicklungen unterworfen, sondern auch ideologischen. Dazu zwei Beispiele: Wie das alte Kircheninstrument mit zeitgenössischen philosophisch-theologischen Vorstellungen aufgeladen wurde, zeigt der bedeutende französische Komponist Charles-Marie Widor: „Orgelspielen heisst einen mit dem Schauen der Ewigkeit erfüllten Willen manifestieren." Die Orgel stelle „die Objektivierung des Geistes zum ewigen, unendlichen Geist dar, und ihrem Wesen und ihrem Ort werde sie entfremdet, sobald sie nur Ausdruck des subjektiven Geistes" sei.[8]

Im ersten Heft der Zeitschrift „Musik und Kirche" von 1952 veröffentlichte der bedeutende Organist Helmut Walcha einen Aufsatz unter [der] Überschrift „Regers Orgelschaffen kritisch betrachtet". Da erfährt der erstaunte Leser: „Aus dem Lehrplan des Kirchenmusikalischen Instituts der Staatlichen Hochschule für Musik in Frankfurt a. M. ist sein einigen Jahren das Orgelschaffen Max Regers gestrichen. Ich selbst, der ich der Leiter dieses Instituts bin und diese Streichung im Lehrplan veranlasst habe, spiele bereits seit mehr als zehn Jahren kein Orgelwerk von Reger mehr."[9] Im folgenden versucht Walcha seine Entscheidung zu rechtfertigen. Regers Kompositionen widersprächen dem „klassischen Orgelsatz" und zerstörten damit das Wesen der Orgel.

Diese beiden Beispiele zeigen, wie anfällig gerade das Instrument Orgel für Ideologien und Vereinnahmung durch Herrscher aller Art ist.[10]

Die Kirchenmusiker, aber auch die Theologen haben in ihrer Zeit immer wieder versucht, aufzuzeigen, dass die Orgel zwar ein traditionelles Instrument sei, es aber doch in der Gegenwart seinen aktuellen Platz und seine je neue Aufgabe habe. Ein schönes Beispiel dafür liefert der bekannte Benediktiner Francois Lamathe Dom Bedos de Celles (1709–1770), Orgelbauer, Schriftsteller und Gutachter. In seinem Grundlagenwerk „Art du facteur d`Orgues" zeigt er in einem berühmten Kupferstich

---

8   Haselböck, Vom Elend, S. 73.

9   Walcha, Helmut, Regers Orgelschaffen kritisch betrachtet, in: Musik und Kirche (1952), S. 2–14, hier S. 2.

10   Aber auch vom Gegenteil wird berichtet, z. B. aus Calvinistischen Kirchen. „Man habe wol Pferde in die kirche hineinbracht und gebrauchet/ damit die Orgel das ganz Corpus mit Stricken und Ketten umbfasset […] und als ein Grewel hinaus geschaffen worden sey." Frick, Christoph, Musik-Büchlein, Lüneburg (1631), S. 31, in: Haselböck, Vom Elend, S. 197.

den Organisten in der Kleidung seiner Zeit, mit obligatorischen Degen, der nicht fehlen darf.

Dieselbe Absicht verfolgten die beiden Organologen Joseph Guedon und Johann Gottlob Töpfer, wenn sie in ihren Lehrwerken über den Orgelbau (1749 und 1855) die Kleidung ihres Organisten den Gewohnheiten ihrer Zeit anpassen.[11]

Die Orgel muss heute – wie schon immer – um ihre Reputation und Anerkennung kämpfen, außerhalb und innerhalb der Kirchen. Die Zahl ihrer Gegner und Verächter nimmt zu wie auch die der sog. Aufgeklärten, die das kirchliche Instrument entkirchlichen und von seinen sakralen Fesseln befreien wollen. Deshalb ist es wichtig, es vom Staub der Jahrhunderte zu reinigen und es nicht den tauben Orgelveteranen und -fanatikern zu überlassen. Die Orgel trägt zahlreiche, noch weithin unentdeckte Möglichkeiten in sich, um sich gerade den zeitgenössischen Musikbewegungen zu öffnen. Das kann faszinierend sein!

Welche Möglichkeiten täten sich auf, wenn Komponisten und Organisten sich z. B. den Traditionen des Jazz, der Minimalmusic oder auch der Popularmusik öffneten! Das „katholische" Sowohl als auch sollte auch hier Maßstab sein. Dass bei diesen Versuchen Kompetenz und Qualifikation Voraussetzung sind, dürfte keine Frage sein! Kein Geringerer als der Thomas-Kantor J. S. Bach selbst steht dafür.[12]

Nicht wenige Organisten haben den Beweis dafür angetreten, dass man die Orgel sehr wohl von den alten und immer neu strapazierten Urteilen befreien kann: Orgelspiel sei langweilig, einschläfernd, ohne Emphase und Vitalität, entspräche einfach nicht mehr dem Lebensgefühl des heutigen Menschen. Von denen, die mit ihren Kompositionen neue Wege gegangen sind, seien stellvertretend für manch andere die beiden Franzosen Olivier Messiaen (1908–1992) und Thierry Escaich (* 1965) genannt.

Ein Bereich, der – vor allem für die katholischen Organisten – eine besonders reizvolle, aber auch anspruchsvolle Herausforderung darstellt, ist die liturgische Improvisation. Hierbei geht es um die verschiedenen Prozessionsmusiken im Gottesdienst, die Präsentation der Gemeindelieder durch die Vorspiele und deren

---

11   Vgl. Bédos de Celles, Dom Francois, L'Art du Facteur d'Orgues, 1766–1788 Abbildungsband LII; Guédon, Joseph, Facteur d'Orgues, Atlas, Paris 1849, Tafel 15; Joseph Gottlob Töpfer, Lehrbuch der Orgelbaukunst, Weimar 1855, 3. Tafelband, Tafel XXXI.

12   Haselböck, Vom Elend, S. 267–274, bringt eine gute Übersicht über die wichtigsten Quellen und eine profunde Auswahl an Literatur zu den angesprochenen Themen.

Begleitung. Wettbewerbe „liturgische Improvisation" der letzten Jahrzehnte haben immer wieder deutlich gemacht, welch hohe liturgische Sensibilität dabei gefordert ist, ebenso das Gespür für eine Feierkultur, ihre stimmige Dramaturgie und die Fähigkeit zur Kommunikation zwischen Gemeinde, den Vokalisten, dem Vorsteher und dem Organisten. Hier müsste erfahrbar werden, dass sich Gottes-Dienst im Hier und Heute ereignet. Die Orgel kann hier zum Zeitzeugen und -interpreten werden.

Es macht Spielern wie Zuhörern immer wieder Freude, beim Improvisieren klassische Vorbilder nachzuahmen und diesen mit Lustgewinn zu zuhören, also den Fantasien, Präludien, Fugen und Choralvorspielen im Stil von Bach, Mendelssohn oder Widor. Keine Frage: Auch diese Fertigkeiten muss man sich mit viel Einsatz aneignen. Noch wichtiger aber ist es, um eigene Improvisationen zu ringen, gezeichnet durch das persönliche Leben und Kämpfen, durch das Ringen um den eigenen Glauben. So könnte das gelingen, was spannend ist und aufhorchen lässt: das Zusammenklingen von überkommener Tradition und persönlicher Auseinandersetzung im Hier und Heute. Wenn es darum grundsätzlich kein Bemühen gibt, besteht die Gefahr, dass die aus dem Leben sich gestaltende Liturgie zu einem Mysterienspiel verkommt, ästhetisch möglicherweise reizvoll, aber unlebendig, erstarrt.

Seit Jahrzehnten werden die Forderungen nach einer zeitgemäßen Liturgiesprache immer wieder erhoben. Zu Recht! Gleiches gilt für die sog. „Klangrede" der liturgischen Musik, im Besonderen für die der Orgel. Wer sich um eine solche „Rede" bemüht, weiß um ihre Schwierigkeiten, aber auch um ihre Chancen. Dazu braucht es allerdings intensives Leben und eine hohe Sensibilität für die geheimnisvollen Dimensionen der Musiksprache. Ohne Anstrengung geht es nicht. Wie groß dabei die Gefahren der Veräußerlichung und Verflachung sind, haben auch unsere Vorfahren immer wieder festgestellt und beklagt. In seinem „Tractatus musicus compositorio-practicus" von 1745 hatte es der Benediktinerpater Meinrad Spieß, anerkannter Komponist und Musikgelehrter (1683–1761), ziemlich drastisch ausgesprochen: „Als geduldige Kirchgänger hat man zu leiden unter den abgeschmackten, erbarmnus-würdigen Sprüngen, […] mit welchen die melancholischen, oder gar verschnupften Herrn Organisten die gesunden Ohren der andächtigen Zuhörer zu peinigen pflegen." Sie „verursachten ein so ungeheures Geschrei der Orgel-Pfeifen, dass man sie solle einsperren, welche, wie der König Saul, vom bösen Geist geplagt werden".[13]

---

13   Spieß, Meinrad, Tractatus musicus compositorio-praticus, Augsburg 1745, S. 196, in: Haselböck, Vom Elend, S. 119.

Am 27. September 2015 wurde in Leipzig in der neu erbauten und am 9. Mai desselben Jahres konsekrierten katholischen Propstei-Kirche St. Trinitatis eine neue Orgel „geweiht". Aus diesem Anlass erschien eine Festschrift. Verf. war gebeten worden, einen A1tikel zur aktuellen Bedeutung des Kircheninstruments zu schreiben.[14] Der Leser möge entscheiden, ob die zuvor vorgelegten Gedanken hier eingelöst worden sind.

FUGE MIT DREI THEMEN

Drei-Klänge, die Euch umarmen.

Grußwort eines Musikers, der Euch sehr zugetan ist

Anlässlich der Einweihung der neuen Orgel in Eurer St. Trinitatis Kirche habt Ihr mich um ein Grußwort gebeten, obwohl ich nicht von Eurer „Fakultät" bin. Ich habe mich darüber sehr gefreut und nehme die Einladung gerne an.

Die Beziehungen zu Euch „Papisten", wie man Euch damals offiziell nannte, waren nicht eng, obwohl Ihr nur einen Steinwurf entfernt in der Kapelle der Pleißenburg Eure Gottesdienste gefeiert habt.[15] Kein Wunder! Denn erst 13 Jahre, bevor ich 1723 nach Leipzig kam, wurde die erste katholische Kirche wiedereröffnet. Ihr habt uns damals nicht weiter gestört, und wir haben Euch in Ruhe gelassen. Das hat mich aber nicht daran gehindert, mich mit Komponisten katholischer Provenienz aus Frankreich, Italien, Süddeutschland und anderen Ländern zu befassen. Ihre Werke haben meinen Horizont beträchtlich erweitert und mich immer neu inspiriert. So habe ich schon damals Ökumene praktiziert.

Ihr wisst, dass mir die „Alte Orgel Dame", wie man sie manchmal etwas liebevoll, aber auch ein wenig hochnäsig bezeichnete, sehr am Herzen lag.

Mit meinen teilweise recht unkonventionellen Orgelwerken wollte ich mit diesem Vorurteil aufräumen. Durch drei Organistenstellen – in Weimar war ich sogar Hoforganist – hatte ich viele Erfahrungen sammeln können. Dazu kam mein starkes Interesse am Orgelbau. Denn hier fielen die wichtigsten Entscheidungen für ein Op-

14 Erstveröffentlichung in: Freunde der Propsteimusik Leipzig e. V. (Hg.), Die Vleugels-Orgel der Propsteikirche Leipzig, Leipzig 2015. Bezugsquelle: Katholisches Propsteipfarramt St. Trinitatis Leipzig, Nonnenmühlgasse 2, 04107 Leipzig.

15 Harasim, Clemens, Die Kirchenmusik an der Propsteikirche zu Leipzig, Leipzig 2015, S. 17.

timum des königlichen Instruments. Zu meiner Freude hatte sich das schnell herumgesprochen, und so wurde ich wiederholt zu Orgel-Beratungen und -Abnahmen herangezogen.[16]

Die meisten Orgelwerke habe ich in meiner Weimarer Zeit geschrieben. In Leipzig war ich primär Kantor und für die Chormusik zuständig. Ich habe es dort in den 27 Jahren immerhin auf rund 1.500 Aufführungen im Gottesdienst gebracht. Trotzdem ließ mich auch hier die Orgel nicht ganz los. Zum einen komponierte ich noch weitere Orgelwerke, zum anderen nahm ich mir frühere Kompositionen nochmals vor, um sie zu verbessern.

Reine Orgelkonzerte, wie sie später bei Euch aufgekommen sind, gab es bei uns nicht. Das Organon erklang in den Gottesdiensten. Ihre Funktion war eindeutig: Sie nahm teil an der kirchlichen Verkündigung. Optisch überzeugend kam dies z.B. in der Weimarer Schlosskapelle zum Ausdruck. Dort waren Ambo, Altar und Orgel übereinander postiert. Man sprach vom architektonischen Dreiklang. Von diesem Grundgedanken habt auch Ihr Euch in der neuen Kirche leiten lassen. Wunderbar!

Damit habe ich das Wichtigste angesprochen: die Frage nach dem Verständnis von Gottesdienst und dem Stellenwert der Musik in ihm. Wir standen natürlich auf den Fundamenten unseres Vaters Martin (Luther). Er hatte es in klare Worte gefasst: Im Gottesdienst solle sich nichts anderes ereignen, „denn dass unser lieber Herr selbst mit uns rede durch sein heiliges Wort und wir wiederum mit ihm reden durch Gebet und Lobgesang".[17] Gottesdienst als ein Wort-Antwort-Geschehen, als Dialog, als ein zutiefst kommunikatives Geschehen!

Wenn die Orgel in diesen Dialog miteinbezogen werden sollte, dann musste dies natürlich auch für sie Konsequenzen haben. Darüber später mehr! Ich habe meinem Gott oft dafür gedankt, dass ich nicht in der Tradition des Schweizer Reformators Zwingli aufgewachsen bin. Er hatte bekanntlich jede Form von Musik aus dem Gottesdienst verbannt – mit der Begründung, diese lenke von der Andacht ab. Konsequenterweise ließ er 1525 die Orgel im Züricher Großmünster abreißen.

---

16   Schäfertöns, Reinhard, Art. „Orgelprobe/Orgelprüfung", in: Das Bach-Lexikon (2000), S. 408f.

17   Luther, Martin, Kritische Gesamtausgabe, Weimar 1883–2009, hier WA 49, S. 588. Siehe auch: Arnold, Jochen, Liturgische Reformen, in: Hochstein, Wolfgang – Krummacher, Christoph (Hg.), Geschichte der Kirchenmusik. Bd. I, Laaber 2011, S. 228–235.

Als Kontrapunkt unser Reformator! Er sieht die Musik als „Geschenk Gottes". „Ich gebe nach der Theologie der Musica den höchsten Loccum und höchste Ehre."[18]

Das ist eine Liebeserklärung der besonderen Art. Jetzt habt Ihr einen kleinen Einblick in meine Überzeugungen bekommen und könnt – so hoffe ich – das Folgende noch besser verstehen. Ich freue mich, Euch Katholiken schreiben zu dürfen, die Ihr Eure Kirche evangelisch „getauft" habt: Trinitatis, Kirche der Dreifaltigkeit.

Ihr wisst, dass wir die Sonntage nach dem Fest Dreifaltigkeit benannt haben. So werden auch meine Kantaten geordnet: z.B. 3. Sonntag nach Trinitatis. Das hat mich immer neu motiviert und herausgefordert. Denn dieses Fest ist die Zusammenfassung und der Inbegriff unseres Glaubens: der Glaube an Gott, den Vater, den Sohn und den HL Geist. Ausdruck dafür ist z.B. mein großes Orgelwerk: Präludium und Fuge in Es-Dur. Es rahmt die sog. „Messe" (mit den entsprechenden Katechismus-Liedern) ein, die insgesamt 23 Choralbearbeitungen und 4 Duette beinhaltet. Als Symbolzahl für die Trinität war mir die Zahl Drei wichtig: 3 Vorzeichen, 3 Teile des Präludiums, die 3-stimmige Fuge und die symbolische Anlage: 3 x 3 x 3 = 27.

Sie hat mich nun dazu gebracht, die folgenden Gedanken in drei Kapitel aufzuteilen. Damit wären wir am Zentralnerv unseres Glaubens – und das ganz ökumenisch.

Orgel – Du Künderin vom unendlichen Geheimnis GOTT

Das Wort „Gott" scheint wieder Konjunktur zu haben. Gottesstaat, Gotteskrieger, Gottes Gesetze usw. Wie entsetzlich, dass in seinem Namen Menschen ermordet werden und ihre Würde mit Füßen getreten wird! Ich kann verstehen, wenn unter Euch Menschen lautstark rufen: Wenn ihr Gewalt abschaffen wollt, schafft die Religionen ab! Das mag sich gut anhören, wäre aber kein Beitrag zu einer Friedenslösung. Mich hat das Wort des großen jüdischen Religionsphilosophen Martin Buber beeindruckt: „Wir dürfen diesen Namen Gott nicht preisgeben. Wir können dieses Wort Gott nicht rein waschen. Aber wir können es befleckt und zerfetzt, wie es ist, vom Boden erheben und aufrichten über einer Stunde großer Sorge."[19] Vor über 60 Jahren hat er es gesprochen. Wir müssen uns Christen selbstkritisch fragen: Haben wir uns darum bemüht? Oder haben wir uns mit Gott auf unsere Weise arrangiert oder ihn gar domestiziert? So jedenfalls der Eindruck nicht weniger Zeitgenossen! Für mich war Gott immer und zuerst Geheimnis, unergründliches, uneinholbares. Ich

18   Luther, Martin, WA 49, S. 588.
19   Buber, Martin, Begegnung. Autobiographische Fragmente, Stuttgart 1961, S. 43.

habe mit meinen Vokal- und Orgel-Kompositionen dies immer wieder und auf neue Weise zum Ausdruck zu bringen versucht. Hier fallen die Entscheidungen darüber, ob wir Gott-Glaubende sind oder ein gehobener Wellness-Verein.

Was uns Kirchenmusikern damals als die lockende Verführung immer wieder vor Augen gestellt worden war, dürfte auch heute nichts von seiner Aktualität verloren haben: „sich in die eigene Stimme zu verlieben und auf der Orgel eine eitle und üppige Art im Spielen zu entwickeln".[20]

Ich benutze jetzt bewusst ein Wort, das verstaubt klingen mag, aber genau das trifft, worum es geht: Demut. Ich fand es jüngst in einem persönlichen Brief von Albert Einstein, den man bislang als Atheisten eingestuft hatte. „Ich bevorzuge eine demütige Haltung entsprechend der Schwäche unserer intellektuellen Erkenntnis der Natur und unseres eigenen Daseins."[21] Ein erstaunliches Bekenntnis! Es ist wohl die entscheidende Voraussetzung auf dem Weg zum lebendigen Gott. Bei meinen Kollegen habe ich immer sehr schnell gespürt, ob sie in ihrem Herzen von dieser Demut geprägt waren oder nur ihre technischen Fähigkeiten vorführen wollten, um sich dann als „Tastenhengste" feiern zu lassen. Die Orgel besitzt die Fähigkeit, etwas von der Unendlichkeit des absoluten Geheimnisses, das wir Gott nennen, erahnen zu lassen. Mit ihren fast unbegrenzten Farb- und Klangmöglichkeiten ve1mag sie Menschen zu fesseln und zum Staunen zu bringen. Olivier Messiacn, der geniale französische Komponist, der gerade für die Orgel Grandioses geschaffen und dem Thema „Trinite" einen großartigen Orgelzyklus gewidmet hat, wusste um diese Dimensionen. „Je mehr Töne an unser inneres Ohr klopfen und stoßen, […] umso intensiver stellt sich der Kontrast, der Bezug […] zu einer anderen Wirklichkeit ein: ein derart starker Bezug, dass er unser geheimstes, tiefstes, innerlichstes ‚Ich' verwandeln und mit einer höheren Wahrheit, die wir nicht zu erreichen hofften, verschmelzen kann […]. Ein hervorragendes Vorspiel zum Unsagbaren und Unsichtbaren."[22]

Wie solches gelingen kann, wird man in Rezeptbüchern oder Spielanweisungen nicht finden. Entscheidend bleibt der Mensch, der die Orgel spielt, – mit seinen Erfahnmgen, seinem Glauben, seinen Zweifeln. Der immer noch zu hörende Ausdruck „die Orgel spielt" – wie eine fremd- und ferngesteuerte Maschine, ist höchst verräterisch und sollte von Euch für Zeit und Ewigkeit eingestampft werden.

20   Zitiert, in: Das Bach Lexikon, S. 432.

21   Einstein, Albert, in: Sammlung von 27 versteigerten Briefen, zit. Nach: Lingenhöhl, Daniel, Wie dachte Einstein über Gott und Geometrie?, online unter: www.spektrum.de vom 12.06.2015.

22   Messien, Olivier, Conférence de Notre Dame vom 4.12.1997, in: Rößler, Almut (Hg.), Beiträge zur geistigen Welt Olivier Messiaens, Duisburg 1984, S. 69.

Noch eine andere Gefahr möchte ich ansprechen: die Versuchung, die Orgel zur Darstellung von Machtgelüsten und Triumphalismus zu missbrauchen. Diktatoren und Potentaten haben um diese Möglichkeiten gewusst und deshalb viel Geld in Helden- und Freiheitsorgeln investiert. Ein Organo Pleno kann wunderschön sein. Es kann aber auch zur sakralen Machtfassade entarten: hohl, ohne Ausdruck, ein triumphalistisches, verführerisches Getöse. Arnold Schönberg hatte Recht, wenn er – auf die Orgel anspielend – bemerkte: „Es ist begreiflich, dass der, der daran sitzt, sich als Beherrscher der Tasten […] wie ein richtiger König vorkommt. Wie ein Gewaltiger, der mit Schicksalen spielt."[23]

Ich weiß, dass sich die Menschen im 21. Jahrhundert mit der Gottesfrage schwerer tun als zu meiner Zeit. Doch auch bei uns gab es bohrende Fragen und Zweifel. Ich weiß von vielen Menschen, dass gerade die Orgelmusik ihnen Trost und Beheimatung geschenkt hat. Nutzt ihre „unendlichen" Möglichkeiten, gerade auch für die, die nicht mehr zum Gottesdienst kommen! Bleibt neugierig und experimentierfreudig! Zeigt, dass die Orgel noch vielmehr kann, als die meisten für möglich gehalten haben! Ihr werdet selbst überrascht sein. Vor kurzen stieß ich auf eine Sammlung von 99 Psalmen, geschrieben von dem 1947 im Iran geborenen Lyriker Said. Einen möchte ich Euch ins Herz legen – zum Aufrütteln, Nachdenken und zur Ermutigung:

> „Herr/ ich will die differenz nicht anerkennen / zwischen dem schöpfergott und dem erlösergott / dafür gelobe du/ keinen unterschied zu machen / zwischen gottesfürchtigen und gottessuchem / und schaffe die frommen ab / die uns im wege stehen/ denn sie betonen nur das trennende/ vernimm mein täglich gebet / das ich stumm an die schönheit richte."[24]

Orgel – Du Künderin vom neuen Menschen JESUS CHRISTUS

Die Frage nach dem Menschen war für mich immer auch die Frage nach Gott und umgekehrt.

Ich konnte Gott und sein Geschöpf nicht voneinander trennen. Exemplarisch ist er uns Glaubenden in Jesus Christus aufgeleuchtet. Wir nennen ihn auch den „neuen David", den „Sohn Gottes", die „Sonne der Gerechtigkeit". In den meisten meiner geistlichen Werke kommt er vor, nicht wissenschaftlich – präsentiert, sondern

---

23 Schönberg, Arnold, Die Zukunft der Orgel, 1906/07, unveröffentlicht. Dazu: Giesen, Matthias A., Schönberg und die Orgel. Organologische Informationen aus der Österreichischen Kunsttopographie 1985, S. 14.

24 Said, Psalmen, München 2010, S. 46.

aus dem Herzen kommend, Neugier weckend. Gerade in den Choralbearbeitungen müsste es auch für Euch noch zu spüren sein. Auch hier habe ich mich als „Prediger" und Mystiker verstanden. Den meisten Zeitgenossen konnte ich diese Botschaft vennitteln, denn sie hatten im Musikunterricht die barocke Musik„sprache" mit ihrem eigenen Vokabular gelernt. Euch ist dieses verloren gegangen. Ihr müsstet es Euch wieder aneignen. Wer aber diese Mühe auf sich nimmt, wird reichlich belohnt. Davon bin ich fest überzeugt. Ihr Organisten, entschlüsselt die Botschaft der wunderbaren Choräle! Ihr habt es doch gelernt – ich hoffe es jedenfalls! Stellt sie in Eure Lebenskontexte mit ihren spannenden Lebensentwürfen und -visionen!

Das braucht Mut und den Geist des Aufbruchs – hier und heute im neuen Missionsland! Geht auf Reisen, so wie ich es getan habe. Erweitert Eure Horizonte! Auch in der Kirchenmusik können wir uns nicht mehr auf das Nationale beschränken. Vielleicht könnt Ihr auch unter den Zugewanderten Menschen finden, die Euch mit ihrer Musik bereichern. Wie viel Spannendes gibt es z.B. im Vorderen Orient oder Süd-Amerika zu entdecken! Lasst Euch davon inspirieren! Davon könnte auch die Orgel profitieren und zu einem neuen Erlebnis werden.

„Jesus Christ, you are my life".[25] Dieses inzwischen überall bekannte Lied des Italieners Marco Frisina bringt es auf den Punkt: Um diesen Jesus Christus versammeln wir uns und feiern den Gott unseres Lebens. Das wollen unsere Gottesdienste tun. Sie sind keine Informationsstunden, keine Solo Veranstaltungen, keine mit Musikgirlanden verzierte Lese- und Prediger-Events. Alle, die zusammen gekommen sind, bilden eine Feiergemeinschaft. In 2000 Jahren haben sich natürlich ihre Formen und Ausgestaltungen verändert. Zu unserer Zeit dauerte z. B. ein Sonntagsgottesdienst etwa 4 Stunden, in dessen Verlauf ca. 8 Lieder von der Gemeinde gesungen wurden. Heute kaum mehr vorstellbar! In ihrer Grundstruktur aber sind die Liturgien gleich geblieben, bei Euch wie bei uns.

Die Musik gehörte immer dazu, in den ersten 1000 Jahren waren es nur Gesänge, danach kamen die Orgel und andere Instrumente hinzu.

Die Orgel ist zu *dem* Kircheninstrument geworden – bis heute, mit einer wechselvollen Geschichte. Das solltet Ihr wieder stärker betonen, weil es nicht wenige Stimmen gibt, die das „tolle Instrument" aus seiner kirchlichen Gefangenschaft befreien wollen.

---

25   Gotteslob. Katholisches Gebet- und Gesangbuch, Stuttgart 2013, Nr. 362.

Heute könnt Ihr es vielfliltiger einsetzen als zu meiner Zeit. Es ist inzwischen ans seiner Engführung als Begleitinstrument, als Pausenfüller, akustische Tapete oder Ziergirlande, die es oft im 19. Jahrhundert hatte, befreit worden. Die Orgel hat einen wichtigen Part in der liturgischen Dramaturgie erhalten. Das habt Ihr vor allem dem 2. Vatikanischen Konzil zu verdanken. Es geht nicht mehr nur um die Begleitung der Gemeindechoräle, sondern auch um die Ein- und Auszugsspiele, Prozessionen, um Überleitungen im liturgischen Geschehen, um Meditationen, Deutung von Texten und Predigten. All das verlangt sachlich fundierte, liturgische Kompetenz, technisches Können und einen hohen Grad an Sensibilität. In diesen Punkten könntet Ihr manches vom Theater lernen. (Gewissensfrage an Euch Kirchenmusiker: Wann ward Ihr zum letzten Mal im Theater oder in der Oper?)

Es kommt letztendlich darauf an, dass der Gottesdienst nicht in eine unverbindliche und unstimmige Aneinanderreihung von verschiedenen Elementen zerfällt. Die Folge wären: Spannungslosigkeit, Langeweile, Desinteresse und Bestätigung des Vorurteils: Kirchenmusik – eine verstaubte und weltfremde Angelegenheit!

Das sind nicht nur belanglose Fragen der Ästhetik, sie bestimmen vielmehr mit über das Entscheidende: Kommt es im Gottes-Dienst zur gemeinsamen Feier, zum gottmenschlichen Dialog, zur Anbetung, zur Andacht? Diese Aspekte sind viel entscheidender, als wir gemeinhin vermuten. Stellt Ihr Euch diesen Herausforderungen?

Nach wie vor ist die Begleitung der Gemeindelieder – neben der von Kehrversen, Psalmen, Akklamationen··· ein Stiefkind. Das war auch zu meiner Zeit schon so, auch wenn wir erheblich langsamer gesungen haben als Ihr heute. Was die meisten Christen …. damals wie heute – nicht wissen und nicht vermuten: Die Lied-Begleitw1g stellt höchste Ansprüche an uns Organisten. Wenn diese nicht gelingt, wenn sie zu schnell oder zu langsam, zu laut oder unrhythmisch ist und auf die Texte keine Rücksicht nimmt, dann erregt sie den Zorn der Gemeinde. Verständlich! Denn im Lied will sie zur „Hochform auflaufen“, will dazu ermuntert und nicht ausgebremst werden.

Die richtige und stimmige Begleitung der Lieder setzt voraus, dass ich mich gründlich mit ihren Texten auseinandersetze. Nur dann kann ich ihre „Botschaft“, ihre Emotionalität und Expressivität, ihren „Sitz im Leben“ erfassen. Nur dann vermag ich sie durch packende und attraktive Vorspiele vorzustellen und die Gemeinde kreativ, vielseitig und anspornend zu begleiten. Alle Parameter wie Registrierung, Harmonisierung, Klangfarbengestaltung, Rhythmisierung, Tempo, Impulsgebung usw. kommen hierbei ins Spiel. Das „ewige Einerlei“ mit der ungenießbaren Orgelsauce führt gerade bei der Liedbegleitung zum sicheren Singtod. Das sog. „liturgische Orgelspiel" gehört zum Anspruchsvollsten, macht aber auch am meisten Freude, denn es eröffnet der Kreativität, der Improvisation und dem Gestaltungswillen (hoffentlich!) unendliche Freiräume.

Hinweisen darf ich noch auf etwas, das für das Gelingen w1serer Gottesdienste entscheidend ist und an dem auch der Organist seinen Anteil hat: die Stille. Sie muss natürlich vorbereitet sein, damit sie von den Herzen der Menschen gefüllt werden kann und nicht zur Leere verkommt. Das wäre ein eigenes Thema!

Wenn Gemeinde als Volk Gottes in unserer Zeit so Gottesdienst feiern würde, dann könnte etwas von dem „neuen Menschen" aufleuchten, etwas von seiner Freiheit und Würde, seiner Einzigartigkeit und seinem jesuanischen Charme.

Orgel – Du Künderin vom Feueratem Gottes HEILIGER GEIST

Der Heilige Geist ist mein „Lieblingsheiliger". Ihr werdet erstaunt sein, ein solches Bekenntnis von einem Lutheraner zu hören. Aber ich bin zutiefst von seinem Wirken hier und heute überzeugt. Heiliger Geist, das ist Kraft, Energie, Bewegung, Luft, Sturm, zuweilen auch ein Säuseln. Als Komponist habe ich es immer wieder erfahren, dass die formal und satztechnisch perfekten Kompositionen noch längst keine Garantie für ihre Ausstrahlungs- und Überzeugungskraft sind. Wenn sie nicht mit Leben, mit Feuer erfüllt sind, springt kein Funke über. Nicht umsonst hat man die Orgel immer wieder mit dem Wirken dieses Geistes verglichen. Die besten und teuersten Pfeifen bleiben tot, wenn sie nicht durch Wind zum Klingen gebracht werden.

So ist es auch im Glauben. Im lateinischen Wort „credo" stecken zwei Worte: cor (Herz) und dare (geben). Glauben meint also: Sein Herz geben, sein Herz verschenken. Wie in der Liebe so geht es auch hier um ein personales Geschehen. Der Hl. Geist lässt VerdolTtes und Vertrocknetes sich wieder aufrichten, erweckt Totes zum Leben, zerreißt finstere Nächte. Deshalb ist die Bitte um diesen Geist für uns Christen so wichtig. Beim Komponieren meiner Pfingstkantaten und -motetten und den entsprechenden Choralbearbeitungen ist mir dies immer wieder bewusst geworden, ich habe es gleichsam im Inneren gespürt.

Im Blick auf Eure Situation will ich nur ein Beispiel nennen, wo ich die Abwesenheit des Gottesgeistes besonders schmerzlich empfinde: in der gottesdienstlichen Sprache. Betroffen gemacht hat mich ein Wort Eures Schriftstellers Martin Walser: „Mit Lissa in der Kirche. Konnte nicht beten […], die feierliche Amtssprache in der Kirche klang fremd. Kunstgewerbe-Vokabular. Luft aus einem Fön […]. Mein Leben ist in der Gebetssprache nicht mehr unterzubringen. Ich kann mich nicht mehr so verrenken. Ich habe Gott mit diesen Formeln geerbt, aber jetzt verliere ich ihn durch diese Formeln."[26]

Wie steht es um Eure Musik„sprache"? „Feueratem Gottes". Ihr könnt ihn noch er-leben. Wieder einmal in der Musik, und da vielleicht spürbarer als in den Texten. Auch da will und kann die Orgel zum Werkzeug des Hl. Geistes werden. Allerdings nur, wenn sie zum Instrument des Feueratems wird, wenn sie aufbraust, stürmt, die Menschen aus ihrer Lethargie reißt und entflammt, und – im „Schweigen", wo sie gerade noch mit gespitzten Ohren zu vernehmen ist und von der „ewigen Stille" singt. Hier besitzt die Orgel Fähigkeiten, die nur ihr eigen sind. Nutzt sie! Erfüllt Eure Kirchen mit Feuerzungen! Traditionen sind ein Schatz, den es zu pflegen gilt. Aber mottet ihn nicht ein! Tut aber auch dies: Sprengt Grenzen, brecht mit Überkomme-nem! Holt Überraschendes, Aufwühlendes, Nachdenkliches in Eure Kirchen! Lasst Euch begeistern und setzt andere in Flammen! Es könnte ein neues Pfingsten wer-den. Und die Orgeln würden zum Dramaturgen des Hl. Geistes. Welch eine Vision!

Und noch etwas, das nur Ihr habt: die Kirchenräume. Ich habe oft den Eindruck, dass Ihr gar nicht wisst, was Euch da geschenkt ist. Warum nutzt Ihr ihre Möglichkeiten so wenig9 Die Haupt- und Nebenschiffe, die Emporen und Galerien, Krypten und andere Orte! Nagelt die Sänger und Instrumentalisten nicht an einen Ort fest! Durch Video-Technik könntet Ihr auch die Orgel mobil machen. Werdet neugierig, haltet Euch offen und wagt das „Unmögliche"! Das alles hat für mich viel mit dem Hl. Geist zu tun. Nicht umsonst habe ich ihn mir zum „Lieblingsheiligen" erkoren.

Ich wollte Euch nur ein Grußwort schicken. Nun ist es aber doch ein kleiner Artikel geworden. Mich hat es einfach dazu gedrängt. Zur neuen Orgel gratuliere Euch ich von Herzen und erbitte für Euch beim Dreifaltigen Gott Segen und Begeisterung.

Lasst Euch vom göttlichen Dreiklang umarmen!

Euer
Johann Sebastian Bach
Leipziger Thomas-Kantor
und
königlich-polnischer und
kurfürstlich-sächsischer Hofcompituer

---

26   Walser, Martin, Halbzeit, Frankfurt/M. 1973, 230f.

Musik in der Liturgie – Dienerin oder Rivalin?
Zum 50. Jahrestag der Veröffentlichung der Instruktion *Musicam sacram*

Wolfgang Bretschneider

> „In der Konzilsaula hat es nicht an Verwunderung darüber gefehlt, daß der Kirchen-
> musik ein Kapitel gewidmet wird, das fast so umfangreich ist wie dasjenige über die
> Messe. Immerhin kann gesagt werden, daß kein Teilgebiet der Liturgie von der Re-
> form so sehr in seinen Fundamenten getroffen wird wie die Kirchenmusik. Darum
> hatte auch die Liturgische Bewegung von keiner Seite mit so starkem Widerstand zu
> rechnen wie von Seiten der Kirchenchöre und nicht weniger Vertreter der Kirchen-
> musik."[1]

Josef A. Jungmann, der renommierte Liturgiewissenschaftler, sollte mit dieser Feststellung auch für die folgenden Jahrzehnte Recht behalten. Denn die beiden vom
Konzil verabschiedeten liturgischen Prinzipien „Einführung der Volkssprache" und
„Tätige Teilnahme des Volkes Gottes"hatten gerade auf die Kirchenmusik erhebli-
che Auswirkungen. Die Diskussionen nach Erscheinen der Liturgiekonstitution waren äußerst kontrovers, zum Teil auch aggressiv. Das Konzil konnte und wollte nur
Grundsätze zur Kirchenmusik verabschieden, deren Umsetzung danach erfolgen
sollte. So erschien bereits im September 1964 eine Instruktion zur Ausführung der
Liturgiekonstitution. Auffällig war, dass darin die musica sacra mit keinem Wort erwähnt wurde. Das ließ darauf schließen, dass bald ein eigenes Dokument veröffentlicht werden würde, das sich ausschließlich mit der Kirchenmusik beschäftigen sollte. Dies schien notwendig, weil die Interpretationen der Konzilsaussagen in Bezug
auf die musica sacra weit auseinandergingen und immer mehr Kirchenmusiker und
sogar Musiker aus der säkularen Welt in den Medien sich zu Wort meldeten mit dem
Tenor: Der Untergang der abendländischen Kirchenmusik muss gestoppt werden!

Am 5. Marz 1967 erschien schließlich die Instruktion *Musicam sacram* über die Musik
in der Liturgie (mit 69 Artikeln). Ihre Vorgeschichte muss äußerst bewegt gewesen

---

* Erstveröffentlichung in: Musik und Liturgie – Dienerin oder Rivalin? Zum 50. Jahrestag der Veröffentlichung der Instruktion „Musicam sacram", in: MS (D) [= Musica sacra] 137 (4/2017), S. 196–
200.

1 In: *Lexikon für Theologie und Kirche*, 2. Aufl., Bd. 12, Das Zweite Vatikanische Konzil. Dokumente
und Kommentare, Freiburg i. Br. 1966, S. 94.

sein. Eigentlich hätte sie schon 1965 erscheinen sollen, nachdem sie in der fünften Fassung vom Rat zur Ausführung der Liturgiekonstitution (Consilium) verabschiedet worden war. Doch es vergingen noch weitere 14 Monate, bis das Dokument schließlich am 5. März 1967 in der zehnten Fassung erschien. Diese holprige Wegstrecke ist dem Text anzumerken. Dass die verschiedenen Parteiungen das päpstliche Dokument für sich und ihre Standpunkte vereinnahmten, überrascht nicht.

PARADIGMENWECHSEL

Musicam sacram will kein erschöpfendes Dokument über die Musik im Gottesdienst sein. Es greift wichtige Prinzipien und Aspekte aus der Liturgiekonstitution auf und verdeutlicht und konkretisiert sie auf die gegenwärtige Situation hin. Damit setzt sie den eingeschlagenen Reformweg fort: das stufenweise Vorgehen und Sammeln von Erfahrungen. Von den vielen Themen des Dokuments seien einige zentrale vorgestellt bzw. in Erinnerung gerufen:

- Bereits die Überschrift weist auf den Paradigmenwechsel hin: „Musik in der Liturgie". Die bisherige Formulierung „Kirchenmusik" oder „musica sacra" wird an dieser Stelle nicht mehr gebraucht. Die Musik ist wichtiger Teil der Liturgie selbst, nicht mehr schmückendes Beiwerk.
- Besonders auffällig und hartnackig pocht die Instruktion auf die „volle und tätige Teilnahme aller Gläubigen". Sie sieht hierin den Knackpunkt dafür, ob die liturgische Reform insgesamt gelingt oder nicht. Voraussetzung dafür ist und bleibt die „innere Teilnahme".
- Das Singen aller sowie der einzelnen Gruppen und Solisten ist liturgisches Ereignis. Es ist leibhaftiger Ausdruck eines inneren Geschehens sowie geistliche und körperliche Kommunikation der feiernden Menschen – damit weit mehr als akustischer Schmuck oder Steigerung der Festlichkeit!
- Das Ernstnehmen der unterschiedlichen Gesänge und ihrer Funktionen ist Voraussetzung für eine lebendige Liturgie. Die Pluralität ihrer Formen und ihrer Personen bietet gerade für die Kirchenmusik einen lohnenden Anreiz der Gestaltung und Kreativität. Deshalb ist es nicht zu „billigen […], den Gesang des gesamten ›Proprium‹ und gesamten ›Ordinarium‹ einem Sängerchor zuzuweisen […]." (Art. 16)
- Die starre Einteilung der Gesänge in Ordinarium und Proprium widerspricht dem neuen Verständnis von Liturgie, weil die einzelnen liturgischen Elemente ihre ursprüngliche Bedeutung zurückerhalten haben. So werden die Möglichkeiten einer variablen Gestaltung erheblich erweitert.

- Der Kantorengesang erhält in der erneuerten Liturgie eine zentrale Bedeutung. Er wirkt nicht nur der Ver-Liederung entgegen, sondern bereichert die Feier durch eine größere und farbige Vielgestaltigkeit.
- Starre, rubrizistische Regulierungen stehen einer lebendigen Liturgiefeier im Wege und zerstören ihren Geist. Deshalb ermutigt die Instruktion immer wieder dazu, die musikalischen Möglichkeiten vor Ort zu prüfen. Dabei sollen die Gemeinden weder

unter- noch überfordert werden. Wer allerdings aus dieser Ermutigung einen Freibrief für alles und jedes rechtfertigen möchte, hätte den Geist des Dokuments nicht verstanden.

»PRÜFT ALLES UND BEHALTET DAS GUTE!«

Was für die Kirche insgesamt gilt, das trifft auch auf die Liturgie zu: Liturgia semper reformanda est. Gerade die Jahrzehnte seit der Veröffentlichung der Liturgiekonstitution (1963) haben die Notwendigkeit permanenter Inkulturation bestätigt. Deshalb ist es notwendig, von Zeit zu Zeit innezuhalten und eine Bestandsaufnahme zu machen. Der 50. „Geburtstag" von Musicam sacram bietet Anlass dazu. So hatte der Päpstliche Kulturrat zu einem internationalen Kongress in den Vatikan eingeladen (2. bis 4. Marz 2017) unter dem Thema „Musik und Kirche: Gottesdienst und Kultur 50 Jahre nach Musicam sacram". Die Kirchenmusik und die sog. Sakralmusik waren die beiden Schwerpunkte.[2] Papst Franziskus sprach aktuelle Probleme der musica sacra an: unbesonnene Modernisierung und Banalisierung, gewisse Mittelmäßigkeit, Oberflächlichkeit und mangelnde Qualität. „Die Begegnung mit der Moderne und die Einführung der Alltagssprache in die Liturgie haben gewisse Probleme sprachlicher, formaler und musikalischer Art gebracht."[3] Der Beschreibung des Papstes wird man allgemein zustimmen. Es ist allerdings notwendig, dabei nicht in Schwarz-Weis-Malerei zu verfallen, genau hinzuschauen und zu differenzieren. Bei einer Gesamtbeurteilung der Situation muss man feststellen, dass die Musik in der Liturgie seit dem Zweiten Vatikanischen Konzil eine erstaunliche Entwicklung genommen hat, indem sie viele spirituelle Kräfte freisetzte, die Gemeinschaft von Kirche hat neu erleben lassen und wertvolle Zugänge zu den Reichtümern der Liturgie erschlossen hat. Dass der anfängliche „liturgische Frühling" nicht Ewigkeitsstand haben würde, war vorauszusehen. Deshalb sollte für die weitere Entwicklung

---

2   Die *Musica sacra* berichtete in Heft 3/2017, S. 126.

3   Ebd.

auch hier das Paulus-Wort gelten: „Prüft alles und behaltet das Gute!" (1 Thess 5,21) Deutlicher als in früheren Zeiten ist vielen bewusst geworden, dass auch die Liturgie nicht im Niemandsland gefeiert wird und die Gläubigen als Menschen ihrer Zeit mit ihren Fragen nach Gott und dem Sinn all dessen, was sie erleben und erleiden, zusammenkommen. Wo die Gottesdienste davon mitgeprägt sind, werden sie zu Oasen des Himmels schon auf dieser Erde – beglückende Erfahrungen!

Die folgenden zwölf Fragen wollen zur Standortbestimmung ermutigen und die Inkulturation mit geschärftem Blick behutsam fortsetzen:

- Ist es gelungen, die Musik überzeugend als integralen Bestandteil der liturgischen Dramaturgie zu verstehen, oder herrscht der Eindruck vor, dass sie den gottesdienstlichen Ablauf eher aufhält oder stört?
- Woran liegt es, dass die Vielfalt der musikalischen Formen immer noch nicht erkannt ist?
- Was wird für die Kultur des Singens vor Ort investiert?
- Warum halten viele Kirchenchore noch immer verbissen an den Ordinariumsvertonungen fest und verweigern sich den übrigen Möglichkeiten wie Propriums- und Prozessionsgesängen, Akklamationen usw.? Ist ihnen bewusst, dass die liturgischen Feiern von der Versammlung der Gläubigen her zu verstehen sind?
- Ist der zunehmende Trend, in der Vergangenheit „das Heil zu suchen", als Ghettoisierung und kulturelle Selbstisolation zu verstehen? Oder sieht man den „Schatz der Kirchenmusik" mit seinen faszinierenden Inhalten von 1500 Jahren als eine aktuelle, nicht museale Herausforderung?
- Wo liegen die Gründe für die Ablehnung zeitgenössischer Musik, obwohl viele gute und praktikable Kompositionen vorliegen? Gibt es einen Dialog zwischen Komponisten und Theologen? Warum werden die Bereiche von Jazz und Pop von nicht wenigen immer noch kategorisch ausgeblendet?
- Welche Botschaft beinhaltet das neue Zauberwort „Niederschwelligkeit"?
- Wie kann die liturgische und musikalische Kreativität im Inhaltlichen wie im Formalen gefordert werden bei gleichzeitiger Qualitätssicherung?
- Wie ist das Ziel aller Liturgien, die „innere Beteiligung", zu fördern?
- Wo liegen die Grunde für das zuweilen fehlende Vertrauen zwischen Kirchenmusikern und pastoralen Mitarbeitern?
- Welche Konsequenzen haben das »Ende der Volkskirche« und die Ausweitung der pastoralen Räume für die Gottesdienste und die Kirchenmusiker?
- Warum gelingt es nur schwer, das Fach Kirchenmusik in die theologischen Ausbildungsgänge und pastoralen Planungen einzugliedern?

- Müsste ich von den vielen Fragen, die gestellt worden sind, eine herausgreifen, so wäre es die des Münsteraner Theologen Arnold Angenendt: „Wird in der erneuerten Liturgie nicht zu viel vorgelesen, vorgesungen, vorgebetet und vorgestanden? Müssen wir nicht feststellen, dass die innere Beteiligtheit eher zurückgegangen ist?"[4]

Musik in der Liturgie – Dienerin oder Rivalin? Keines von beiden! Sie ist Partnerin im gott-menschlichen Dialog. Sie spricht eine Sprache ohne Sprachverbote. So wird sie immer neu zur Vergewisserung der eigenen Wurzeln und Werte sowie des gelebten Glaubens und damit auch zur Visitenkarte der Christinnen und Christen sowie zur Zeitansage an eine suchende Welt.

---

4   Arnold Angenendt, *Lobpreis der Alten Liturgie?*, in: *Stimmen der Zeit* 228 (2010), S. 660.

Auferstehung ohne Musik*
Drei Gründe, weshalb Komponisten bisher zwar vielfach Jesu Passion vertont, Ostern musikalisch aber meistens gemieden haben.

Wolfgang Bretschneider

Die Liturgie feiert Ostern mit allen ihr zur Verfügung stehenden Symbolen und Farben. In der abendländischen Musiktradition dagegen spielt das Fest nur eine untergeordnete Rolle – und das, wo sich doch am Bekenntnis zur Auferstehung Jesu alles entscheidet. Ostern ist und bleibt schließlich der Testfall des christlichen Glaubens.

Für die Schieflage gibt es drei Gründe. Da ist zunächst die abstrakte Botschaft von Ostern. Im Gegensatz zu den Passionserzählungen bleibt sie unsinnlich, den Erfahrungen der Menschen entzogen. Mit dem leidenden Jesus kann man sich solidarisieren. Vor dem Bild des in den Himmel auffahrenden Jesus stehe ich bestenfalls staunend und hoffend. Aufgeklärter Verstand und freier Wille stellen Fragen.

Ein Blick in die Kunstgeschichte bestätigt dies. So grandios die Darstellung des Auferstandenen auf dem Isenheimer Altar ist, so fragwürdig bleibt sie unter theologischen Aspekten. Überraschen muss das nicht. Geben doch schon die biblischen Auferstehungsberichte alles andere als ein einheitliches Bild. Es will nicht gelingen, sie zu vereinheitlichen. Den Verfassern ist wichtig aufzuzeigen, dass der Weg zum österlichen Glauben ein mühsamer ist, wie etwa die Emmaus-Geschichte bei Lukas zeigt. Genau von diesen Erfahrungen wollen die alten gregorianischen Ostergesänge künden. Der Einzugsgesang der Ostermesse „Resurrexi" („Ich bin auferstanden"; Verse aus Psalm 139, christologisch interpretiert) ist an Zurückhaltung kaum zu überbieten. Er wählt eine äußerst zurückhaltende Tonart und verzichtet auf große, ausdrucksstarke Intervalle. Viele Töne werden auf derselben Stufe wiederholt. Damit wird dieser Gesang eher zu einem Sprechgesang, einem intimen Dialog zwischen dem Auferstandenen und seinem Vater. Erst im „Halleluja" und in der „Sequenz" bricht der Osterjubel langsam durch.

---

*   Erstveröffentlichung in: Auferstehung ohne Musik. Drei Gründe, weshalb Komponisten bisher zwar vielfach Jesu Passion vertont, Ostern musikalisch aber meistens gemieden haben, in: CIG (= Christ in der Gegenwart) 69 (16/2017), S.174.

225

Ein zweiter Grund: Der Glaube an die Auferstehung Jesu bleibt eine Herausforderung – für jede Zeit neu. Dies schlägt sich auch in den künstlerischen Werken nieder. Ein Beispiel ist das „Credo" aus der „Es-Dur Messe" von Franz Schubert, die er wenige Monate vor seinem Tod (1828) komponiert hatte. Während der Glaubenssatz von der Menschwerdung und vom Tod Jesu ergreifend und dramatisch geschildert wird, erscheint das Bekenntnis zur Auferstehung seltsam distanziert, unpersönlich. Dass Schubert mit diesem Glaubensartikel Probleme hatte, ist belegt. Ähnliche Beobachtungen lassen sich bei vielen anderen Komponisten vor allem des 18. sowie des 19. Jahrhunderts machen.

Ein dritter Grund: die mangelnde Nachfrage. Christen, die Ostern nicht als *das* Hochfest feiern, erwarten auch keine repräsentative Ostermusik. Bei Johann Sebastian Bach fällt auf, dass er nicht annähernd so bedeutende Ostermusiken geschrieben hat wie Passionen. Die Erklärung ist einfach: In den evangelischen Kirchen wurde und wird der Karfreitag als höchster Festtag gefeiert. Festliche Ostermusik war deshalb nicht gefragt. Es gibt zwar ein Osteroratorium und einige Osterkantaten. Doch ihre Qualität reicht nicht an die der großen Passionen heran.

Ostermusiken hatten im Mittelalter und in der Renaissance ihre große Zeit. Sie waren zunächst Teil der offiziellen Liturgie, verselbstständigten sich aber später zu eigenen Osterspielen in den Kathedralen, Pfarreien und Klöstern. Sie waren dramatisch und sinnfällig, vom Volk heiß geliebt. Im 18. und 19. Jahrhundert hat es dann noch vereinzelt Ostermusiken gegeben. Durchgesetzt haben sie sich aber nicht. „Auferstehung" passte nicht in die gesellschaftlich-kirchliche Landschaft. Zudem fiel die musikalische Qualität gegenüber anderen Werken oft ab.

Einige Komponisten haben sich dennoch Ostern genähert. So Franz Liszt in seinem Oratorium „Christus", in Fortführung von Händels „Messias", dessen zweiter Teil die Überschrift „Passion und Auferstehung" trägt. Auch der Franzose César Franck wollte mit seinem Oratorium „Redemption" (1870/71) gegen den Geist seiner Zeit Stellung beziehen. Im 20./21. Jahrhundert hat es neue Anläufe gegeben. Max Baumann schuf das Oratorium „Auferstehung" (1980). Krysztof Penderecki schrieb „Utrenja I und II" (1969–1971). Beide Werke fanden keine größere Akzeptanz. Viel beachtet wurde „Johannes-Ostern" (2002) von Sofia Gubaidulina, der zweite Teil des Diptychons über Tod und Auferstehung.

Seit 1986 ist die Kirche Sankt Pantaleon in Köln zu einem festen Ort für Ostermusiken geworden. Ihr Leiter, Richard Mailänder, hat es sich zur Aufgabe gemacht, an jedem Ostermontag eine Auferstehungsmusik zur (Ur-)Aufführung zu bringen.

Auferstehungsmusik ist und bleibt eine Herausforderung. Ein international bekann-
ter gläubiger Komponist wurde um eine Ostermusik gebeten. Seine Antwort: „Ich
möchte gerne eine solche Musik schreiben. Aber mir will dies nicht gelingen."

Osterpredigt*

Wolfgang Bretschneider

Ostern! Christ ist erstanden! Verklärt ist alles Leid der Welt! Nun singt dem Herrn ein neues Lied, in aller Welt ist Freud und Fried!

Glauben wir daran? Machen wir uns da etwas vor? Machen wir uns mit diesen überkommenen Liedern selbst Mut?

Ostern, was verstehen die Menschen um uns herum darunter? Was bedeutet dieses Fest aller Feste für uns? Es muss uns stutzig machen, wenn nach einer neuen Umfrage jetzt an Ostern drei von vier Personen nicht zum Gottesdienst gehen werden. Ist doch dieses Fest das Zentrum unseres Glaubens, mit dem alles steht oder fällt.

Versuchen wir heute Abend, uns dem Geheimnis Ostern zu nähern.

Ein jüdischer Rabbi erzählte oft eine Geschichte, wenn verfolgte Menschen zu ihm kamen, Menschen, die ihren Glauben an ihren Gott verloren hatten. Es war die Zeit der spanischen Inquisition. Einem Juden war es in letzter Minute gerade noch gelungen, mit Frau und Kind den Häschern zu entkommen. In einem kleinen Boot trieben sie über das Meer. Da kam ein Blitz und erschlug seine Frau. Es kam ein Sturm und schleuderte das Kind ins tobende Meer. Nach langer Fahrt strandete er schließlich auf einer einsamen Felseninsel. Barfuß, nackt, mit verwirrtem Haar. Mit letzter Kraft erhob er seine Hände zu seinem Gott: „Gott von Israel, ich bin hierhin geflohen, auf diese einsame Insel. Ich wollte dir dienen, deine Gebote studieren und ein heiligmäßiges Leben führen. Du aber hast alles getan, dass ich nicht an dich glaube. Solltest du meinen, dies würde dir gelingen, so sage ich dir: Es wird dir nicht gelingen. Du kannst mich schlagen, mir das Beste und Teuerste nehmen, das ich auf der Welt habe. Du kannst mich zu Tode peinigen – ich werde immer an dir fest halten. Ich werde dich immer liebhaben – Dir selbst zum Trotz! Du hast alles getan, dass ich an Dir verzweifle! Ich aber sterbe, genau, wie ich gelebt habe, im felsenfesten Glauben an Dich!"

*   Unveröffentlichte Osterpredigt von Wolfgang Bretschneider aus dem Jahr 2017

Diese Erzählung hat es in sich. Damals und immer wieder – angesichts der unfasslichen Leidensgeschichten und brutalen Katastrophen und persönlichen Schicksalsschläge. Da ist nichts harmlos, nichts nett und anmutig. Da wird der Mensch herausgefordert bis zum Letzten. Gott, wer bist du? Was treibst du mit den Menschen? Bist Du der liebe Gott? Wo warst Du, als letzten Sonntag im Palmgottesdienst mehr als 40 Christen in Ägypten von Bomben zerrissen wurden? Als tausende Muslims durch eigne Glaubensbrüder gejagt und erschossen wurden? Oh, wie bitter können solche Fragen werden!

Solche Fragen zu Ostern? Werden Sie jetzt mit innerer Entrüstung mir entgegen halten. Wer solche Fragen nicht zulässt, wird zum Geheimnis von Ostern nie hin finden. Denn Ostern ohne den vorausgegangen Karfreitag wird zum Blendwerk, zum Selbstbetrug.

Schauen wir noch einmal auf die jüdische Erzählung! Schauen wir auf das Wunder, das sich da ereignet! Nach dem, was dieser Mensch alles erlitten hatte, alles verloren, nur noch die nackte Existent gerettet, hätte er seinen Gott nicht anklagen müssen, ihm seine Gefolgschaft kündigen müssen? Dafür hätten wir Verständnis. Aber nein, das tut er nicht. Im Gegenteil! Du kannst machen, was du willst, ich lasse nicht von Dir. Das ist nicht zu begreifen. Der Verstand versagt seinen Dienst, er rebelliert sogar.

Aber das ist das Wunder aller Wunder. Im Verlust, in der äußersten Anfeindung geschieht das Wunder des Lebens. Das Wunder des Vertrauens, das Unbegreifliche der Treue. Ich lasse nicht von Dir. Könnten uns hier an dieser Geschichte vielleicht die Augen für das aufgehen, was uns die Bibel über Ostern überliefert? Katastrophe, Hinrichtung vor aller Welt, abgrundtiefe Enttäuschung. Karfreitag, Golgota, Finsternis, Erdbeben, höllische Abgründe! Aus jeder Traum vom neuen Leben, von der neuen Zukunft!

Und dann das Wunder aller Wunder! Tod, wo ist dein Stachel? Tod, wo ist dein Sieg? Das Unvorstellbare, das Unbegreifliche ist Wirklichkeit geworden. Nicht Untergang, sondern Leben, nicht Finsternis, sondern Licht, nicht Angstterror, sondern: Fürchtet euch nicht!

Gottes Wort aus der Tiefe: Ich lasse euch nicht, ich halte euch.

Dieses Wort ist leise, unendlich leise, denn es ist so zerbrechlich. Man kann mit ihm keine Politik machen, es lässt sich nicht vermarkten. Gott sei Dank! Es bleibt geheimnisvoll. Wollte man es verzwecken, würde es seine Kraft verlieren.

229

Die Christen im 1. Jahrtausend haben darum gewusst. Ein Beispiel: Der Gesang zur Ostermesse – Text und Melodie stammen aus dem 8. Jahrhundert – beginnt ganz zaghaft: „Ich bin auferstanden, ich bin bei dir," sagt Jesus zu seinem Vater. Es ist ein intimer Dialog zwischen Vater und Sohn. Die Melodie bewegt sich kaum von der Stelle. Da ist noch nichts von Jubel und festlichem Geschmetter. Erst im Verlauf der Messe kommt es zum glanzvollen Crescendo. Alle Jünger bestätigen dies: Der Glaube an den Auferstandenen fordert Geduld, oft viel Geduld.

Christen, die Geduld aufbringen, die einander in der Geduld stärken: Das könnte Kirche hier und jetzt sein. Eine Gemeinschaft, die Visionen hat, Mut-Menschen, die auf ihre Fahnen geschrieben haben: Die Kirche schafft sich nicht ab, auch Deutschland schafft sich nicht ab, und Europa schafft sich nicht ab!

Nicht weil wir Patentantworten hätten, wohl aber, weil wir dem Wort trauen: Wer nicht an Wunder glaubt, ist kein Realist. Ich darf damit rechnen, dass es mehr gibt als das Sichtbare. Die Wirklichkeit ist größer als das, was wir vermessen können.

Wir vertrauen auf den lebendigen Gott in unseren Herzen, den Gott, dem es scheinbar Freude macht, uns immer wieder zu überraschen, der uns dann zuflüstert: Geht in die Welt, engagiert euch – für das Leben. Tretet dem entgegen, was Menschen kaputt macht, ihn entmündigt und missbraucht! Und seid gewiss: Ich lasse euch nicht allein.

In diesem Sinne: Gesegnete, zuversichtliche Ostertage!

Die Nähe des Unsagbaren spüren lassen – Von den Chancen der Kirchenmusik in Zeiten der Gotteskrise*

Festrede beim ACV in der Hochschule für katholische Kirchenmusik und Musik-pädagogik Regensburg am Samstag, 22. September 2018

Wolfgang Bretschneider

Am Menschen gibt es mehr zu feiern als zu kritisieren. Diese Behauptung könnte gerade heute als Provokation verstanden werden. Zeigt der Mensch nicht in einer atemberaubenden Drastik, zu welchen Ungeheuerlichkeiten er imstande ist, zumal, wenn sie sich noch mit anmutenden und frommen Etiketten präsentieren.

Dennoch hält der Christ fest an der Überzeugung: Am Menschen gibt es mehr zu feiern als zu kritisieren. Die Begründung dafür sieht er nicht in sich, in seinen Leistungen, sondern im Glauben, dass er von dem unendlichen, geheimnisvollen Gott geschaffen, von seinem Atem beseelt ist, dass er etwas von der göttlichen Schöpferkraft, ja auch von dessen Schönheit in sich trägt. Das macht ihn so wertvoll, verleiht ihm Würde, Menschenwürde.

Darin liegt der erste und letzte Grund, weshalb es den Menschen drängt, seine Stimme zu erheben, zu singen, aus sich herauszugehen, Grenzen zu sprengen, etwas von der unendlichen Weite des Sagbaren und Unsagbaren zu spüren, zu erahnen. Gerade der glaubende, liebende und hoffende Mensch findet im Singen seine eigentliche Sprache. Was der Theologe Johann Baptist Metz einmal über das Gebet gesagt hat, trifft ebenso, vielleicht noch mehr für das Singen zu: „Die Sprache der Gebete – ergänzen wir: der Musik – ist viel umfassender als die Sprache des Glaubens; in ihr kann man auch sagen, dass man nicht glaubt. Sie ist die seltsamste und doch verbreitetste Sprache der Menschenkinder, eine Sprache, die keinen Namen hätte, wenn es doch Wort, Gebet, Musik, nicht gäbe. Sie ist die Sprache ohne Sprachverbote und zugleich die Sprache voll schmerzlicher Diskretion."

---

* Erstveröffentlichung in: https://www.acv-deutschland.de/media/pdf/49/38/1a/Festrede-Wolf-gang-BretschneiderMaH1q9UYJhbt7.pdf

Das ist unser kirchenmusikalisches Glaubensbekenntnis. Davon erneut Zeugnis zu geben, tun wir am 150. Geburtstag unseres Cäcilien-Verbandes, bewusst und überzeugt. Wir bekennen uns dazu, allerdings nicht außer Raum und Zeit, vielmehr in unserer Zeit, die einmalig ist mit ihren Chancen und Herausforderungen. Wenn wir die Kirchenmusik nicht zur Ideologie machen oder sie im Plusquamperfekt ansiedeln wollen, dann müssen wir sie in unsere Zeit einpflanzen, inkulturieren.

Zumindest für unser Land können wir feststellen: Die Musik liegt voll im Trend der Gesellschaft. Mehr als drei Millionen Menschen singen in Chören oder spielen in Orchestern. Köstlich zusammengefasst in dem Wort „Von der Früherziehung bis zum Silberlockenorchester, vom Kathedralchor bis zum Rudelsingen". Auch im Bereich der Kirchenmusik können wir mit Zahlen aufwarten, um die uns viele andere Länder beneiden. Dafür sind wir dankbar, wissen aber auch, wie viel engagierten Menschen wir dies zu verdanken haben. Jedem von uns ist aber bewusst, dass wir uns darauf nicht ausruhen können. Kirche und damit die Kirchenmusik leben aber nicht in sich, gleichsam wie in einer Blase, sondern in einer lebendigen, immer neu herausfordernden Gesellschaft. Deshalb muss es uns geradezu drängen, immer wieder in sie hineinzuhören, sind wir doch selbst ein Teil ihrer. Einige Aspekte mögen genügen: Im letzten Jahr haben 660.000 Menschen ihre Kirchen verlassen. Bald werden nur noch 50 Prozent der Bevölkerung einer christlichen Gemeinschaft angehören. Im Wendejahr 1989 waren es noch 70 Prozent. Die beschämenden Nachrichten aus diesen Tagen werden ihre eigene Wirkung haben. Gerade die Katholische Kirche ist in besonderer Weise herausgefordert, steht das Wertvollste, was sie ausmacht, auf dem Prüfstand: die Glaubwürdigkeit.

Bis vor kurzem galt noch die Überzeugung nicht weniger Menschen: Gott ja, Kirche nein! Aber auch hier deutet sich eine Veränderung an. Vor zwei Jahren gab es in Düsseldorf eine Ausstellung unter der Überschrift „The problem of God". 33 Künstler setzten sich mit der Frage nach Gott auseinander. Im ersten Ausstellungsraum hing eine Kirchenglocke. Aber das, was sie zum Klingen bringen sollte, fehlte: der Klöppel. Vom Gottesglauben haben wir nur noch die äußere Hülle. Diese aber schweigt, ihre Botschaft ist verstummt. Steht im Fokus der Kirchen noch das Zentrum, der Glaube? Gott in Jesus Christus? Haben andere Themen ihn verdrängt? Wer oder was ist Gott? Niemand hat Gott je gesehen, auch der Frömmste nicht. Sind wir so ehrlich, das zuzugeben? Oder tun wir so, als ob wir über Gott eigentlich ganz gut Bescheid wüssten? Wir verraten Gott, wenn wir nicht immer wieder bekennen: Gott ist und bleibt undurchdringliches Geheimnis, unendlich fern und – das ist das Paradox – doch so nah. Diese Überzeugung zu leben und zu verkünden heißt die Spannung aushalten, die damit verbunden ist, heißt Fragen stellen, auf die es keine rationale Antwort gibt, heißt kämpfen und ringen mit ihm. Die ganze Bibel berichtet von Menschen, die davon Zeugnis geben. Wer Gott domestizieren, wer aus ihm einen Kuschelgott machen will, hat verloren. Thomas Mann hatte recht: „Gott ist anstrengend, die Götter sind ein Vergnügen."

Auf der anderen Seite aber machen wir eine erstaunliche Erfahrung. Martin Walser hat es eindringlich formuliert: „Ich glaube nicht an Gott. Aber ich sehne mich nach ihm." Der Gott, der ihm in seiner Kindheit nahe gebracht worden war, hat ausgedient. In seinen Lebenswelten war er zum Nichts geworden. Dennoch spürte er eine Sehnsucht nach dem Geheimnisvollen. Der niederländische Schriftsteller Cees Nooteboom (*1933) hat es klar auf den Punkt gebracht: „Gott klingt wie eine Antwort, und das ist das Verderblichste an diesem Wort, das so oft als Antwort gebraucht wird. Er hätte einen Namen haben müssen, der wie eine Frage klingt."

Jetzt wird es einen liturgischen Frühling geben. Davon waren wir junge Priester in den 1960er-Jahren fest überzeugt. Dank dem Zweiten Vatikanischen Konzil! Dass nach frühlinghaften Aufbruchsjahren so schnell der Herbst und auch der Winter kommen würden, hat uns verunsichert und zu schaffen gemacht. Was der ehemalige Bischof von Mainz, Kardinal Hermann Volk, 1964 gesagt hatte, sollte sich bestätigen: „Heute wollen viele mehr, als sie dürfen, aber schon morgen werden viele mehr dürfen, als sie können." Liturgie feiern ist anspruchsvoller geworden, für alle Beteiligten, auch für die Kirchenmusiker. Erschreckend sind die Klagen über blutleere, oberflächliche routinehafte Gottesdienste. Pauschalvorwürfe helfen ebenso wenig wie Pauschallösungen oder monokausale Antworten. Ich darf einen Aspekt erwähnen, der bei den guten Erneuerungsbemühungen oft vergessen worden ist. Er findet sich in dem Werk von Romano Guardini *Besinnung vor der Feier der heiligen Messe*, 1939: „Wenn mich aber jemand fragte, womit liturgisches Leben anfange, würde ich antworten: dass man die Stille lernt. Ohne sie bleibt alles unernst oder doch vergeblich." Den Sinn für Liturgie neu zu wecken ist uns gerade heute aufgetragen, ganz besonders auch für die Kirchenmusiker. Voraussetzung dafür ist die Erschließung der Glaubenswahrheiten. Ein traditionalistischer Ritualismus, eine feierlich-folkloristische Beigabe zum Familienfest tötet auf Dauer. Liturgie kann letztlich nur vom gelebten Glauben, verstanden als eine Liebesbeziehung zwischen Mensch und Gott, Überzeugungskraft entfalten. „Daher muss Liturgie unbequem sein, wie die menschliche Unruhe, aufmüpfig wie die Sehnsucht, laut wie die Verzweiflung, still wie die Erwartung, widerborstig wie Leben, Leiden, Tod und Auferweckung Christi. Es braucht Gottesdienste, in denen Menschen lernen können, achtsam zu sein, zu staunen, zu beten und vor allem – wirklich zu feiern, angesichts des Todes die Auferstehung, das ewige Leben, die Neuschöpfung der Unsterblichkeit inmitten

der Sterblichkeit. Gottes Ja zum Leben ist gottesdienstlich und sakramental hinein-
zuspiegeln in Herz und Kopf, in die Sinne, in die Seele – mit den besten Kräften der
Kunst, der Musik, der Dichtung und ebenso der wissenschaftlichen Erkenntnisse
der Gegenwart." (*Christ in der Gegenwart* 44/2017).

Das Herz der Kirche schlägt im Gottesdienst. Ein treffendes Wort des evangelischen
Theologen Oskar Söhngen. Ich führe den Satz gerne weiter: Das Herz des Gottesdienstes schlägt in der Musik. Das letzte Konzil hat die Bedeutung der Musik für
die Liturgie wiederentdeckt. Sie ist weit mehr als nur schmückendes Beiwerk oder
klangvolle Berieselung, sie ist Teil des Gottesdienstes selbst. Damit erfuhr sie eine
Auszeichnung, die nicht mehr gesteigert werden kann. Die Gemeinde bzw. der
Chor, wieder ihre ursprünglichen Rechte zurückerhaltend, sangen nicht mehr zum
Gloria, sondern das Gloria selbst. Die Konsequenzen aus diesem Paradigmenwechsel von der Priester- zur Gemeindeliturgie waren gravierend. So hat die Kirchenmu-
sik so viele Möglichkeiten der vielfältigen Gestaltung erhalten wie noch nie in ihrer
Geschichte. Man denke an die ersten Jahrhunderte, wo Instrumente verboten wa-
ren als Abgrenzung gegen die heidnischen, teilweise orgiastischen Theaterspiele.
Bis zum Zweiten Vatikanum war nur das Latein als offizielle Liturgiesprache erlaubt.
Heute können wir in jeder Sprache singen.

Die Kirchenmusik muss sich nun aber auch auf ihre Liturgiefähigkeit prüfen lassen. Natürlich dürfen die Grenzen nicht eng gezogen werden, wie es lange, un-
heilvolle Praxis war. Deplatziert ist aber eine Haltung, wie sie sich in dieser humorvollen Anekdote widerspiegelt: Sagt die Kirche zur Kirchenmusik: Ich liebe
dich. Antwortet die Kirchenmusik: Ich mich auch. Ein schönes Wort des großen Geigers Gidon Krämer mag auch für die gottesdienstliche Musik gelten:
„Musik, die nur Gedanken auslöst, reicht nicht an die Flamme der Wahrheit."
So ist es ihr gegeben, das Vertraute zu verfremden und das Fremde vertraut zu
machen. Damit ist sie hineingenommen in die drei wichtigen Ziele der liturgisch-
musikalischen Bildung: Nachdenklichkeit, Empathie und Herzensbildung.

Zum Schluss lassen Sie mich drei Aufgaben nennen, die uns kreativ herausfordern
sollen.

MUT, DIE GANZE BANDBREITE DER KIRCHENMUSIK ZU PRAKTIZIEREN

Uns stehen musikalische Reichtümer aus fast 2000 Jahren zur Verfügung, um die
uns viele beneiden. Arbeiten wir mit ihnen, innovativ, kreativ, mutig, kompetent!

Jede Monokultur läuft sich tot und wird der Pluralität der Menschen mit ihren unterschiedlichen Hörgewohnheiten nicht gerecht. Ja, die Herausforderungen an die Kirchenmusiker und die Chöre sind groß. Die Bandbreite geht von der Kunstmusik bis zum Kindermusical. Aber genau das kann den Reiz von Kirchenmusik ausmachen. Ein besonderes Plädoyer für die zeitgenössische Musik! Denn in ihr können wir unsere Lebens- und Glaubenserfahrung besonders authentisch zum Ausdruck bringen. Autoritäre Herrscher haben die Komponisten ihrer Zeit immer scharf beäugt. Sie wussten, dass sie gefährlich werden konnten. Denn hier konnte sich die ehrliche Überzeugung der Menschen, eben auch ihr Protest, Ausdruck verschaffen, oft widerständig, gefährlich, nicht zurechtgestutzt und feingeschliffen.

IM HEUTE FEIERN WIR LITURGIE

Gottesdienst ist keine Flucht in die Vergangenheit, aber auch keine nostalgische Vorwegnahme des himmlischen Jerusalem. Liturgie ereignet sich im Heute, im Hodie. Erstaunlich, wie oft die liturgischen Texte vom Heute sprechen. Ein Beispiel: Im Introitus von Heilig Abend heißt es: „Heute sollt ihr es erfahren: Der Herr kommt, um uns zu erlösen." Wir leben aus der Vergangenheit auf Zukunft hin, aber jetzt. Die Erfahrung zeigt, dass sich Kirche schwer tut, sich wirklich und ehrlich auf die Gegenwart einzulassen. Bedenkenträger melden sich zu Wort, oft lautstark und zuweilen aggressiv, und warnen vor dem Untergang des christlichen Abendlandes. Misstrauen und Ängstlichkeit waren allerdings noch nie kluge Ratgeber. Musik, gerade ungewohnte und zunächst verunsichernde, kann helfen, die Zeichen der Zeit zu erkennen und in ihnen die Stimme Gottes zu vernehmen. Was will Gott uns in diesen Zeiten der Gottes- und Kirchenkrise und den vielen anderen sagen – jetzt! In welcher Form kann die Musik dabei eine Hilfe sein? Im Sinn der Sensibilisierung und Achtsamkeit. Mit Sicherheit nicht nach dem Motto: Weiter so!

HABT AUCH DIE IM BLICK, DIE DRAUSSEN SIND!

Grenzen sprengen und Neues zu wagen fällt schwer in einer Zeit, wo das Wort Wut mehr Konjunktur hat als die Aufforderung Mut. Hier äußern sich Verunsicherung und Ängste, wo bisherige Sicherungen zerbrechen. Handeln nicht viele Menschen auch in der Kirche nach dem Motto: Wir möchten schon an die Zukunft denken, doch uns fehlt die Kraft der Visionen. Deshalb: Ein Blick nach vorn und zwei zurück zur Tradition! Der Begründer von Apple, Steve Jobs, rief in einer Vorlesung kurz vor seinem Tod Studenten zu: „Bleiben Sie hungrig und tollkühn!" Wäre das nicht auch ein Motto für uns Kirchenmusiker? Malt die Zukunft in leuchtenden Farben! Denn ihr habt die Zusage Gottes: „Ich bin bei euch." Musik in ihrer Unbegreiflichkeit, manch-

235

mal auch Unheimlichkeit vermag all dies zu vermitteln. In ihr können Menschen auf Widerspenstiges, Zartes, Berauschendes, schwer Verdauliches stoßen. Sie können lächeln und fluchen und hinter dem Teufel den Engel erkennen. (nach P. N. Wilson, *Miles Davis, Sein Leben*). Das wären Botschaften, die auch Menschen ohne kirchliche Bindung packen könnten. Mit ihnen ins Gespräch kommen, würde auch uns, den so genannten Treuen gut tun. Mit einer Haltung der Mittelmäßigkeit, heute der größten Versuchung für die Christen, würden wir allerdings Schiffbruch erleiden. Letztlich können wir nur Aufmerksamkeit erwarten, wenn wir vom Geheimnis künden. Das kann in einfachen Werken ebenso geschehen wir in kunstvollen Kompositionen. Dann könnte sich das wiederholen, was Menschen schon immer fasziniert hat: Je mehr ich von einem Geheimnis verstehe, desto geheimnisvoller wird es.

Lassen Sie mich noch einen Punkt ansprechen, der mir zunehmend Sorge bereitet! Sie werden vielleicht jetzt sagen: Das waren beeindruckende Gedanken. Aber die Wirklichkeit sieht bei uns aber ganz anders aus. Wir erfahren als Chöre, als Kirchenmusiker kaum Anerkennung, oft wird uns Misstrauen und Ablehnung entgegengebracht. Das passiert in Pfarreien, aber auch auf Diözesanebene. Gerade in Zeiten großer Umstrukturierungen, Neuordnungen, Rätebildungen usw. erfährt die Kirchenmusik wenig Beachtung. Ob man sie als pastoral bezeichnet oder nicht, spielt zunächst nicht die Rolle. Entscheidend bleibt, welchen Stellenwert ich ihr im Gesamt der Pastoral gebe. Ich wünsche mir, dass den Kirchenmusikern und Chören die Aufmerksamkeit, Achtung, Ernsthaftigkeit und der Respekt entgegengebracht werden, die der Bedeutung ihres geistlichen Tuns entsprechen. Am runden Geburtstag gilt es Dank zu sagen für das überirdische Geschenk der Musik, für die unendlich vielen engagierten Menschen, die die Kirchenmusik als ihre Berufung entdeckt und gelebt haben. Ich bin fest überzeugt, dass es uns auch in Zukunft gelingen wird, „die Tradition der Erneuerung fortzuführen und die Erneuerung der Tradition zu wagen." (Klaus Hemmerle), mit begeisterten Menschen.

„Musik für Gott – Mit den Menschen" – so wie es unser Festtagslogo genial ins Bild gesetzt hat: Partnerin im gott-menschlichen Dialog – zur Vergewisserung der eigenen Wurzeln und Werte sowie des gelebten Glaubens, und damit zur Visitenkarte der Christen als Zeitansage an eine suchende Welt.

Gott gebe uns die Fähigkeit, uns immer neu zu wundern und andere zu verwundern.

War Beethoven ein gläubiger Mensch?*
Predigt im ökumenischen Gottesdienst[1] zur Eröffnung des Beethoven-Jahres am Taufstein Beethovens in der Bonner Kirche St. Remigius

Wolfgang Bretschneider

Unübersehbar ist es auf dem Münsterplatz: das Beethovendenkmal. Enthüllt wurde es zum 75. Geburtstag des größten Sohnes der Stadt Bonn am 12. August 1845. Hohe Prominenz war angereist, u. a. der Preußische König Friedrich Wilhelm IV. und die Königin Victoria von Großbritannien. Im Sockel gestaltete der Künstler Ernst Julius Hähnel vier Reliefs mit allegorischen Darstellungen von Musikgattungen, die für Beethoven bedeutend sind: die Symphonie, die Oper, die Klaviermusik und schließlich die geistliche Musik, dargestellt durch die heilige Cäcilia, die Patronin der Kirchenmusik, Orgel spielend. Die Aussage ist eindeutig: Religiöse Werke gehören wesentlich zu Beethoven. Seinen Zeitgenossen war das klar. Ab Mitte des 19. Jahrhunderts nahm dann aber das Interesse an seinen religiösen Kompositionen immer mehr ab. Warum? Sie passten nicht in die gesellschaftliche Landschaft der aufgeklärten Bürger, der freiheitsliebenden und selbstbewussten Menschen. Auch dem liberal-protestantischen Preußen lag ein katholisch-gläubiger Beethoven quer, zumal die katholische Kirche als antiliberal und reaktionär galt. Diese Sicht wird bis heute landauf landab immer noch vertreten. Ich habe in den vergangenen Wochen viele Beiträge zum Jubiläumsjahr verfolgt. Das Thema Beethoven und Religion kam, wenn überhaupt, nur in einem Nebensatz vor. Glaube, erst recht christlicher Glaube, war für den emanzipierten Weltbürger Beethoven bedeutungslos geworden. Stimmt das oder pflegt man auch heute noch in guter aufgeklärter Tradition altbekannte Klischees?

BEETHOVENS CHARAKTER

Wir wollen dieser Frage nachgehen. Wir wollen dabei weder Weihrauch streuen, noch eine Heiligsprechung versuchen, sondern uns an Fakten halten, die uns über-

---

* Erstveröffentlichung in: War Beethoven ein gläubiger Mensch? Predigt im ökumenischen Gottesdienst zur Eröffnung des Beethoven-Jahres am Taufstein Beethovens in der Bonner Kirche St. Remigius, in: MS (D) (= Musica sacra) 140 (6/2020), S. 305–306.

1 Der Gottesdienst hat am 22. Dezember 2019 stattgefunden.

liefert sind. Werfen wir zuvor einen kurzen Blick auf Beethovens Charakter. Es wird sich zeigen, dass jede Art von Klischee der vielschichtigen Persönlichkeit nicht gerecht wird. Unzählig sind die Bezeichnungen, die man ihm angeheftet hat: Genie, Kunstpriester, Revolutionär, Titan, prophetischer Lichtbringer, Menschheitsverbesserer, Außenseiter, Schicksalsbezwinger, bizarrer Sonderling, Nationalheiliger, Dränger und Stürmer. Beethoven war kein Mensch, den man in irgendeine Schublade einordnen kann. Schon die Zeitgenossen sahen oft nur seine Außenseite. Das hat Beethoven nicht nur geärgert, sondern es hat ihm auch weh getan. Ein Beispiel: Von Mai bis Oktober 1802 weilte der Komponist zur Kur in Heiligenstadt; gastritische Beschwerden plagten ihn. Sein Arzt versprach ihm auch Besserung seines fortschreitenden Gehörleidens. Was dieses für einen jungen Musiker – Beethoven war 31 Jahre alt – bedeutet, kann man sich kaum ausmalen. Sogar Selbstmordgedanken trieben ihn um. In dieser Situation verfasste er sein Testament, gerichtet an seine beiden Brüder Kaspar Karl und Nikolaus Johann. Dieses berühmte Heiligenstädter Testament beginnt mit diesen Worten: »O ihr Menschen, die ihr mich feindselig, störrisch oder misanthropisch haltet oder erklärt – wie unrecht tut ihr mir: Ihr wisst nicht die geheime Ursache von dem, was euch so scheinet.« Also: die zunehmende Ertaubung. Dieser Beethoven war keine in sich ruhende, vornehme Persönlichkeit wie etwa Goethe. Sein Äußeres verunsicherte viele Menschen. Eigenwillig erlebten sie ihn, oft nicht zu bändigen, er tobte und stampfte beim Komponieren, Ausbrüche von Zorn und Wut bis hin zu Gewaltausbrüchen gegenüber seinem Personal, die katastrophale Unordnung in seiner Wohnung, je älter er wurde, desto ungepflegter und verwahrloster wurde dieser seltsame Kauz. Das war die eine Seite. Und die andere: Er konnte ungemein charmant sein, liebevoll, gutmütig, ein durch und durch herzensguter Mensch. So zeigte er sich immer wieder hilfsbereit und großzügig, wenn Menschen in Not waren. Damit gab er Einblick in sein Inneres: Ein Menschenfreund, von Herzen gut. Im Innersten war Beethoven sensibel, schnell verwundbar, hoch empfindlich, er hatte ein weiches Herz. Ein Zeitgenosse (Ignaz von Seyfried) hat diesen merk-würdigen Menschen treffend charakterisiert:

> „Während die halbe Welt wiederhallt in Lob und Preis des verklärten Sängers, dürften nur wenige seinen hohen Menschenwert im vollsten Umfang zu würdigen fähig sein. – Warum wohl? Weil die Mehrzahl sich abgestoßen fühlte durch die rauhe Außenschale, und den inliegenden Kern gar nicht einmal entfernt ahnen konnte. Birgt nicht auch den köstlichen, öfters unschätzbaren Diamant eine fahle, – matte, – farb- und glanzlose Hülle?"[2]

---

2   Ignaz von Seyfried, Ludwig van Beethoven's Studien im Generalbasse, Contrapuncte und in der Compositions-Lehre, Wien 1832.

Dieser Ludwig van Beethoven, der vielen Menschen Rätsel aufgab, war eine Kämpfernatur in aufgewühlten Zeiten. Er kämpfte für die Menschenwürde gegen die politischen Unterdrücker, für die Freiheit des Denkens gegen Ideologen und Fundamentalisten, für die biblische Freiheit gegen die Dogmenverwalter. Er kämpfte mit seinem Gott angesichts der aufziehenden Tragödie der Taubheit. Und er rang ständig mit sich selbst in Welten, die kaum gegensätzlicher sein können. Dabei war er sich seiner außerordentlichen Begabung sehr bewusst. Daraus erwuchs sein leidenschaftliches, unbändiges Nach-vorne-Drängen. Er hatte für die Menschen eine Botschaft, die Welt und Menschheit verändern sollten – raus aus den tausenden Formen der Versklavung, hin zu den befreienden Utopien. Im Komponieren sah Beethoven weit mehr als einen Beruf, es war seine Berufung. Umso schmerzlicher war dann die Erfahrung, dass viele Hoffnungen nicht in Erfüllung gingen. Napoleon mit seinen kriegerischen Unternehmungen und brutalen Kampfmitteln ist nur ein Beispiel dafür.

RELIGIÖSE SPURENSUCHE

Stellen wir nun vor diesem Hintergrund die Frage vom Anfang: War Beethoven ein gläubiger Mensch, hat er aus dem Glauben seiner Kinder- und Jugendzeit gelebt? Einige Fakten: Er ist in einem katholischen Land aufgewachsen und erzogen worden; mit zwölf Jahren wurde er stellvertretender Bonner Hoforganist für zehn Jahre, ausgestattet mit einer Galatracht, versehen mit dem Titel »Vikar Beethoven«. In Wien war er kein Kirchgänger, hatte aber Beziehungen zu katholischen Geistlichen, war über lange Zeit in Kontakt mit dem großen Theologen und späteren Bischof von Regensburg Michael Sailer, drei Tage vor seinem Tod empfing er die Sterbesakramente und, so wird eigens berichtet, der Todkranke dankte dem Pfarrer für seinen Dienst. Und es war Beethovens ausdrücklicher Wille, dass ihm ein katholisches Begräbnis zu teil würde. In Beethovens Bibliothek befanden sich etliche Bücher, die sich mit Fragen des Glaubens befassen: zwei Bibeln, ein katholisches Messbuch, Meditationsbücher, die die Bibel erklären, und andere geistliche Schriften. Insgesamt hat Beethoven nur wenige dezidiert religiöse Werke komponiert: zwei Messen, ein Oratorium Christus am Ölberge und einige geistliche Gesänge. Wir wissen aber, dass er noch zahlreiche religiöse Werke geplant hatte. Wer sich gründlich mit Beethovens Schaffen beschäftigt, ist erstaunt, dass das Thema Religion für den Aufklärer Beethoven ein permanentes war. Es zog sich wie ein roter Faden durch sein Leben und seine Werke, auch durch die weltlichen. Das ließe sich an vielen Beispielen belegen. Nehmen wir seine große Messe, die Beethoven für sein Hauptwerk hielt. Er besorgte sich eine genaue deutsche Übersetzung der lateinischen Texte. Denn er wollte sicher gehen, dass die Worte richtig vertont wurden. Das heißt, er wollte den ursprünglichen Sinn der Texte für die Zuhörer erschließen, für die katholischen, die evangelischen und auch für die, die außerhalb der Kirchen stehen. Gerade mit der *Missa solemnis* wollte er Zeugnis von seiner gläubigen Überzeugung geben, die in dem Gott, den Jesus von Nazareth verkündet hat, ihre Mitte hat.

Das tat er nicht rückwärtsgewandt, sondern nach vorne gerichtet. Dafür stand die sogenannte katholische Aufklärung, vergleichbar der Erneuerung der katholischen Kirche nach dem Zweiten Vatikanischen Konzil. Sie wollte zurück zu den Quellen des Glaubens, wollte die Theologie, die Pastoral und die Gottesdienste erneuern. Auch die Natur wurde wiederentdeckt als Schöpfung Gottes, an der man die Größe Gottes, aber auch sein Geheimnis erkennen bzw. erahnen kann. Ein Beispiel: 1803 hatte Beethoven sechs Lieder des namhaften Dichters Christian Gellert vertont. Alle beziehen sich auf die Bibel. Im zweiten Gesang heißt es:

> „So jemand spricht: ich liebe Gott! Und haßt doch seine Brüder, der treibt mit Gottes Wahrheit Spott und reißt sie ganz darnieder. Gott ist die Liebe und will, dass ich den Nächsten liebe, gleich als mich."

Das ist Beethovens persönliches Glaubenszeugnis. Aus diesem Glauben hat er gelebt, gekämpft, gearbeitet, Zeugnis gegeben – bis heute. Dafür dürfen wir dankbar sein, die Christen und die anderen, wozu sie sich auch bekennen. Beethoven heute, für heute? Ja, man muss ihn nur neu entdecken. Das kann bisweilen Mühe machen. Dann braucht unser Jubilar nicht auf einen Sockel gestellt werden, auch nicht im Mythos oder in der heiligen Reihe der Rockstars verehrt werden. Wegweisend ist und bleibt seine Musik. Mit ihr und durch sie wollte er die Menschen herausfordern, motivieren und ermutigen für eine Welt, die immer neu erwächst aus der Botschaft des Jesus von Nazareth. Noch einmal der Weltburger Ludwig van Beethoven: „Die Leute sollen nicht weinen vor Rührung, sondern Musik soll Feuer aus den Köpfen schlagen."

V. Anhang

Vita

Wolfgang Bretschneider (* 1941; † 2021)

Theresa Seitz

7. August 1941	geboren in Dortmund
1948	erster Klavierunterricht
1952	Erster Organistendienst in Godesberg
1952–1961	Besuch des Aloisiuskolleg Bonn
1954	Erster Orgelunterricht beim Bonner Münsterorganist Hubert Brings
1955	Erste Begleitung des Chores der Bonner Münsterbasilika an der Orgel; Heinrich Weber, Festmesse in D
ab 1961	Studien der Philosophie, Theologie, Musikwissenschaft, katholischen Kirchenmusik und Pädagogik in Bonn, München und am Erzbischöflichen Priesterseminar in Köln
27.01.1967	Empfang der Priesterweihe im Kölner Dom durch Josef Kardinal Frings
1967–1969	Kaplan am Quirinus-Münster in Neuss
ab 1969	Organist am Bonner Münster
1969–1997	Dozent für Kirchenmusik und Pastoralliturgie am Erzbischöflichen Collegium Albertinum in Bonn
1977–2011	Professor für Liturgik und Kirchenmusik am Priesterseminar des Erzbistums Köln
1979	Promotion bei Prof. Dr. Philipp Eggers (Universität Bonn) im Fach Erziehungswissenschaften mit einer hymnologischen Arbeit über die Funktion des deutschen Kirchenlieds zwischen Aufklärung und Restauration am Beispiel von Kaspar Anton von Mastiaux;

	Orgelstudien bei Franz Lehrndorfer (München), Jean Langlais (Paris), und Guy Bovet (Basel)
1985	Vorstand und geistlicher Berater der Werkgemeinschaft Musik e. V.; Gründung und Leitung der Münster-Schola, Bonn
ab 1987	Professor für Liturgik und Kirchenmusikgeschichte an der Robert Schumann Hochschule Düsseldorf
1989–2018	Präses/Präsident des Allgemeinen Cäcilienverbandes für Deutschland, gleichzeitig Vertreter im Zentralkomitee der deutschen Katholiken
1992–2016	Berater der Liturgiekommission der Deutschen Bischofskonferenz
ab 1994	Professor für Liturgik und Kirchenmusikgeschichte an der Hochschule für Musik und Tanz in Köln
ab 1997	Subsidiar am Bonner Münster
2002–2013	Berater der Unterkommission „Gemeinsames Gebet- und Gesangbuch" der Liturgiekommission der Deutschen Bischofskonferenz
2003	Ernennung zum Honorarprofessor für Kirchenmusik an der theologischen Fakultät der Universität Bonn
2006	Erstunterzeichnung des 2. Berliner Appells „Wer das Eigene nicht kennt, kann das Andere nicht erkennen" der AG Kirchenmusik des Deutschen Musikrats
2010	Engagement beim Kirchenmusik-Kongress des Deutschen Musikrats
2011	Leiter des Fachbeirates Musik in der Guardini-Stiftung Berlin
2012	Mitherausgeber der Resolution „Vorfahrt für Musik" der AG Kirchenmusik des Deutschen Musikrats
2018	Ernennung zum Ehrenpräsidenten des ACV auf Lebenszeit; Berufung zum Ehrenmitglied des Deutschen Musikrats aufgrund seines kulturellen und musikalischen Engagements

| 12. März 2021 | verstorben in Bonn |
| | Requiem am 17. März 2021 in St. Remigius, Bonn |

Bei seiner internationalen Konzerttätigkeit setzte er seinen Schwerpunkt auf die französische Orgelmusik des 19. und 20. Jahrhunderts. Außerdem war er über Jahrzehnte hinweg musikalischer Berater bei allen kirchlichen Großveranstaltungen wie etwa Papstbesuche oder Katholikentage.

Ehrungen und Auszeichnungen

29.07.1987	Verleihung des päpstlichen Ehrentitels Monsignore durch Papst Johannes Paul II.
1988	Investitur in den Ritterorden vom Heiligen Grab zu Jerusalem
2003	Bundesverdienstorden (Verdienstkreuz am Bande)
2009	Orlando-di-Lasso-Medaille des Allgemeinen Cäcilien-Verbandes für Deutschland

Mitgliedschaften

seit 1990	Mitglied im Zentralkomitee der Deutschen Katholiken (ZdK)
seit 1994	Mitglied in der Görres-Gesellschaft
seit 2008	Gründungsmitglied der AG Kirchenmusik des Deutschen Musikrats (DMR)
1989–2018	Mitglied in der Europäischen Konferenz der katholischen Kirchenmusikverbände (CEDAME)

Publikationsliste von Msgr. Prof. Dr. Wolfgang Bretschneider (*1941; † 2021)

Theresa Seitz

1. Monographie

Dissertation: Pädagogische Bedeutung und Funktion des deutschen Kirchenliedes zwischen Aufklärung und Restauration. Dargestellt am Werk des Kaspar Anton von Mastiaux (1766–1828), Bonn 1980.

2. Herausgeberschaften

„Aus dem Reich des Glaubens in das Reich des Schauens" Philipp Nicolai, Wachet auf ruft uns die Stimme, 1599, in: Ders. / Michael Theobald (Hg.) Das Paulus-Oratorium von Felix Mendelssohn Bartholdy (Bibel & Musik), Stuttgart 2012.

(zusammen mit Matthias Schneider / Günther Massenkeil) Enzyklopädie der Kirchenmusik in 7 Bänden, Laaber 2011.

(zusammen mit Harald Schützeichel) „Mehr als Worte sagt ein Lied". Zur Musik in der Liturgie, Freiburg i. Br. 1990.

3. Aufsätze

Ein Meer des Glaubens – Ein Mehr des Glaubens. Wie Komponisten ihren Glauben bekennen, in: Barbara Stühlmeyer (Hg.), Auf Christus getauft. Glauben leben und verkünden im 21. Jahrhundert, Kevelaer 2019, S. 418–428.

Der Name, der wie eine Frage klingt, in: Johannes Röser (Hg.), Gott? Die religiöse Frage heute, Freiburg i. Br. u. a. 2018, S. 158–160.

(K)Ein Wort an die Organisten. Ein-Blicke in Orgelfestschriften, in: Benedikt Kranemann u. a. (Hg.), Zwischen-Raum Gottesdienst. Beiträge zu einer multiperspektivischen Liturgiewissenschaft (Praktische Theologie heute 144), Stuttgart 2016, S. 251–264.

„Alles Weltliche nicht beachtend und verschmähend". Bemühungen der Cäcilianer um die Erneuerung der Kirchenmusik, in: Arnold Jacobshagen u. a. (Hg.), 1863 – der Kölner Dom und die Musik (Musik – Kultur – Geschichte 2), Würzburg 2016, S. 161–170.

Te Deum laudamus – Wir lieben dich, o Gott. Das neue Gebet– und Gesangbuch ‚Gotteslob' (2013), in: Albert Gerhards (Hg.) Der Gottesdienst und seine Musik, Bd. 2 Liturgik: Gottesdienstformen und ihre Handlungsträger, Laaber 2014, S. 245–250.

(zusammen mit Christoph Krummacher) Aufbrüche im frühen 20. Jahrhundert, in: Wolfgang Hochstein u. a. (Hg.), Geschichte der Kirchenmusik in 4 Bänden, Bd. 3: Das 19. und frühe 20. Jahrhundert. Historisches Bewusstsein und neue Aufbrüche, Laaber 2013, S. 219–230.

Die unangefochtene Autorität. Gregor der Große, in: Matthias Schneider u. a. (Hg.), Zentren der Kirchenmusik, Laaber 2011, S. 56–58.

Geleitwort (Prof. Dr. Wolfgang Bretschneider als Präsident des Allgemeinen Cäcilien–Verbands für Deutschland), in: Peter Hahnen, Liederzünden! Theologie und Geschichte des Neuen Geistlichen Liedes, Kevelaer 2009, S. 9f.

Von „Et incarnatus est" bis „crucifixus etiam pro nobis". Gott wird Mensch – Gott bleibt Mensch „Ich erkenne aber auch seine Liebe, sein Mitleiden und seine Barmherzigkeit gegen seine Geschöpfe", in: Joachim Herten (Hg.), Wie hast Du´s mit der Religion? Wolfgang Amadeus Mozart und die Theologie, Würzburg 2009, S. 73–92.

Zum Geleit: Dem Freund und Lehrer von Wolfgang Bretschneider, in: Günther Massenkeil (Hg.), Wort und Ton in christlicher Musik. Ausgewählte Schriften (Beiträge zur Geschichte der Kirchenmusik 13), München 2008, S. 9–12.

„Also: Ich halte am wichtigen Stellenwert der Kirchenmusik fest". Ein Resümee, in: Marius Schwemmer (Hg.), Erde singe! Spiegel der Katholischen Kirchenmusik in Deutschland (Schriftenreihe des Allgemeinen Cäcilien-Verbandes für Deutschland 16), Stuttgart 2008, S. 71–74.

„… aus pastoralen Gründen". Die Spannung zwischen künstlerischem Anspruch und praktischen Erfordernissen, in: Winfried Bönig (Hg.), Musik im Raum der Kirche. Fragen und Perspektiven. Ein ökumenisches Handbuch zur Kirchenmusik, Ostfildern 2007, S. 386–397.

Die Stille hören. Die Liturgiereform zwischen Aufbruch und Ermüdung, in: Martin Hobi (Hg.), Im Klangraum der Kirche. Aspekte, Positionen, Positionierungen in Kirchenmusik und Liturgie, Luzern 2007, S. 21–25.

„Erklären können wir´s nicht, schweigen aber dürfen wir nicht, also lasst uns singen!" Musik zwischen Faszination und Verführung, in: Winfried Haunerland (Hg.), Liturgie und Mystagogie, Trier 2007, S. 90–99.

„Messen im Gottesdienst" – Nostalgische Flucht oder willkommene Bereicherung, in: Thomas Hochradner (Hg.), Mozarts Kirchenmusik, Lieder und Chormusik Mozart-Handbuch 4), Laaber 2006, S. 483–498.

Wie findet die Gemeinde Zugang zu den Psalmen?, in: Benedikt Kranemann (Hg.), Die Wort–Gottes–Feier. Eine Herausforderung für Theologie, Liturgie und Pastoral, Stuttgart 2006, S. 99–107.

Vom Motuproprio Pius X. (1903) bis zur Instructio „Musicam sacram" (1967). Historische Anmerkungen zum Verhältnis zwischen Liturgie und Musik, in: Stefan Klöckner u. a. (Hg.), Liturgie und Musik, Trier 2005, S. 38–51.

Gottesdienste im Fernsehen und ihre musikalischen Elemente, in: Stefan Klöckner u. a. (Hg.), Liturgie und Musik, Trier 2005, S. 76–80.

Lied– und Liturgiepläne. Die Zusammenarbeit von Gottesdienstleiter/in und Kirchenmusiker/in, in: Stefan Klöckner u. a. (Hg.), Liturgie und Musik, Trier 2005, S. 181.

„Dem Sprachlosen eine Stimme geben" – Verstummt das Singen in der Kirche?, in: Albert Gerhards (Hg.), Kirchenmusik im 20. Jahrhundert. Erbe und Auftrag, Münster 2005, S. 39–50.

„Urgestein des Glaubens – unablässige Brandung der Hoffnung" Psalmen im Gottesdienst, in: Irene Mildenberger (Hg.), Klage, Lob, Verkündigung. Gottesdienstliche Musik in einer pluralen Kultur, Leipzig 2004, S. 187–201.

Abbruch oder Aufbruch in der katholischen Kirchenmusik, in: Klemens Richter (Hg.), Liturgiereform. Eine bleibende Aufgabe. 40 Jahre Konzilskonstitution über die heilige Liturgie, Münster 2004, S. 114–125.

Das Katholikentags–Liederheft „Unterwegs" und seine Vorgänger, in: Hermann Kurzke (Hg.), Gotteslob-Revision: Probleme, Prozesse und Perspektiven einer Gesangbuchreform (MHS (= Mainzer Hymnologische Studien) 9) (2003), S. 129–135.

„… Bösewichter haben keine Lieder". Gegen ein tödliches Missverständnis, in: Baldur Hermans, Kreuzungen: Christliche Existenz im Diskurs, Mülheim a. d. Ruhr 2002, S. 275–284.

Orgelmusik – eine sakrale Fassade? Zu einer Anfrage von Hans Zender, in: Johann Trummer (Hg.), Orgelmusik, Kirchenraum und Aufführungspraxis, Regensburg 1997, S. 75–81.

Wie geistlich sind die geistlichen Konzerte? Anfragen an die Programmgestaltung von Kirchenkonzerten, in: Johann Trummer (Hg.), Kirchenraum – Konzert – Aufführungspraxis, Regensburg 1996, S. 73–83.

Dokumentation des Vigil–Gottesdienstes zum 2. Sonntag im Jahreskreis am 14. Januar 1995 in Maria Regina Martyrum, Berlin, in: Karl Lehmann (Hg.), Autonomie und Verantwortung. Religion und Künste am Ende des 20. Jahrhunderts. Regensburg 1995, S. 157–169.

"… sondern lehrte sie die Sehnsucht nach dem weiten, endlosen Meer!" Zur Leitungskompetenz des Kirchenmusikers, in: Matthias Kreuels, Institutio et praxis. Perspektiven kirchenmusikalischer Ausbildung. Festschrift aus Anlass des 25jährigen Bestehens der Konferenz der Leiter Katholischer Kirchenmusikalischer Ausbildungsstätten Deutschlands, Regensburg 1992, S. 33–46.

Wortgottesdienst, in: Harald Schützeichel (Hg.), Die Messe. Ein Kirchenmusikalisches Handbuch, Düsseldorf 1991, S. 49–89.

4. Artikel
4.1 ZEITSCHRIFTENARTIKEL

War Beethoven ein gläubiger Mensch? Predigt im ökumenischen Gottesdienst zur Eröffnung des Beethoven–Jahres am Taufstein Beethovens in der Bonner Kirche St. Remigius, in: MS (D) (= Musica sacra) 140 (6/2020), S. 305f.

Tagzeitenliturgie mit dem Gotteslob, Chorheft 2: Jahreskreis, in: MS (D) 140 (3/2020), S. 176f.

„Denk, o Mensch, an deinen Tod; säume nicht, denn eines ist not". Beethovens Gellert–Lieder als autobiographisches Zeugnis, in: MuK (= Musik und Kirche) 90 (3/2020), S. 172–175.

Erstaunliche Akzeptanz. Rückblick auf fünf Jahre „Gotteslob", in: MS (D) 139 (4/2019), S. 190–192.

Die Nähe des Unsagbaren spüren lassen. Von den Chancen der Kirchenmusik in Zeiten der Gotteskrise. Festrede beim ACV in der Hochschule für Kirchenmusik und Musikpädagogik Regensburg am Samstag, 22. September 2018, in: KMM (= Kirchenmusikalische Mitteilungen) 145 (2019), S. 7–10.

Musikalisch beten – Singen mit Taizé, in: CIG (= Christ in der Gegenwart) 71 (26/2019), S. 284.

Die Nähe des Unsagbaren spüren lassen. Von den Chancen der Kirchenmusik in Zeiten der Gotteskrise, in: MS (D) 138 (6/2018), S. 334–337.

Musik in der Liturgie – Dienerin oder Rivalin? Zum 50. Jahrestag der Veröffentlichung der Instruktion „Musicam sacram", in: MS (D) 137 (4/2017), S. 196–200.

Eine bleibende Herausforderung. Ostern konnte Komponisten bislang kaum faszinieren, in: MS (D) 137 (3/2017), S. 140f.

Wer sich nicht mehr wundern kann, ist sozusagen tot. Perspektiven für die Kirchenmusik, in: Musikforum 15 (2/2017), S. 50–52.

Auferstehung ohne Musik. Drei Gründe, weshalb Komponisten bisher zwar vielfach Jesu Passion vertont, Ostern musikalisch aber meistens gemieden haben, in: CIG 69 (16/2017), S. 174.

„Unterschiedliche Meinungen sind belebend". Ein Interview mit Wolfgang Bretschneider zur Arbeit der Liturgiekommission, in: Gottesdienst 50 (20/2016), S. 157–159.

Herzlich willkommen!, in: MS (D) 136 (1/2016), S. 2.

Mit der „Kraft der Vielstimmigkeit", in: MS (D) 136 (1/2016), S. 2.

Fürbitten, in: MS (D) 135 (5/2015), S. 289.

Editorial, in: MS (D) 135 (2/2015), S. 61.

Cantare amantis est. Predigt anlässlich der Exequien von Günther Massenkeil am 23. Dezember 2014 in Bad Honnef, in: MS (D) 135 (1/2015), S. 21f.

Drei Personen aus drei Ländern haben sich um die Kirchenmusik verdient gemacht. Laudatio zur diesjährigen Verleihung des Ehrenpreises der Fondazione Pro Musica e Arte Sacra, in: MS (D) 135 (1/2015), S. 34f.

„Hoffen wider alle Hoffnung". Heinz Martin Lonquich ist gestorben, in: MS (D) 134 (5/2014), S. 278f.

„Die Orgel spielt" – Von der neuen Chance eines alten Instruments. Oder: Einige Überlegungen anlässlich der Herausgabe des neuen „Orgelbuchs zum Gotteslob", in: Gottesdienst 48 (23/2014), S. 189–191.

Singen im Gottesdienst. Interviewreihe (3), in: MS (D) 134 (3/2014), S. 145.

Editorial, in: MS (D) 134 (2/2014), S. 65.

"Das Herz der Gemeinde schlägt im Gottesdienst". Rückblick auf das dritte Jahresforum im Gesprächsprozess der Deutschen Bischofskonferenz, in: MS (D) 133 (6/2013), S. 351.

Editorial, in: MS (D) 132 (5/2012), S. 285.

Hier sitze ich – ich kann noch ganz anders, Gott helfe euch! Ein Pfingstbrief von Johannes XXIII., in: MS (D) 132 (4/2012), S. 220f.

Editorial, in: MS (D) 132 (2/2012), S. 69.

"Du sollst Gott nicht langweilen!" Reiner Schuhenn zum 50. Geburtstag, in: MS (D) 132 (2/2012), S. 104.

Gottes Sohn, o wie lacht – Vor deiner Krippe gähnt das Grab. Von welcher Weihnacht singen wir?, in: Heiliger Dienst. Zeitschrift für Liturgie und Bibel 66 (1/2012), S. 45–50.

„Das Herz der Kirche schlägt im Gottesdienst". Gegen liturgische Durchblutungsstörungen, in: Diakonia. internationale Zeitschrift für die Praxis der Kirche 43 (1/2012), S. 25–27.

Das verblasste Gloria Dei. Die Gloria–Gesänge im „Evangelischen Gesangbuch" und im „Gotteslob", in: MuK 80 (6/2010), S. 420–427 (= Das verblasste Gloria Dei. Die Gloria–Gesänge im „Evangelischen Gesangbuch" und im Gotteslob, in: Guido Schlimbach (Hg.), Der Gottesdienst als privilegierter Ort der Ästhetik. Zeit – Kunst – Liturgie, Aachen 2011, S. 99–105.

„In Jesu Namen nehmt Erbarmen". Ein Experiment, das überzeugte, in: MS (D) 130 (4/2010), S. 245.

Ein himmlisches Instrument: Predigt beim 1. Bonner Orgelfest am 26.09.2009, in: Gottesdienst 43 (22/2009), S. 182.

Lasst uns Windmühlen bauen! Predigt im Festhochamt aus Anlass des 175. Geburtstags von Franz Xaver Witt in Walderbach, in: MS (D) 129 (2/2009), S. 91f.

Bewundert – verstoßen – wiederentdeckt: die Sequenz „Dies irae". Ein musiktheologischer Beitrag, in: BuK (= Bibel und Kirche) 63 (4/2008), S. 233–237.

Trouvère–Messe für 1–2–stimmigen Chor, Orgel, Gitarre ad libitum und 2 Blockflöten, in: MS (D) 128 (2/2008), S. 88.

Zweifelhafte Begeisterung. Zum Gebrauch der römischen Liturgie in der Gestalt vor der Reform Papst Pauls VI., in: MuK 78 (1/2008), S. 16–19.

Orgel, spiel uns das Lied vom Leben! Predigt zur Weihe einer neuen Orgel, in: MS (D) 127 (3/2007), S. 185.

„Hinter die Grenzen des Lebens schauen". Petr Eben, Hiob, eine Einführung in den Orgelzyklus, in: Religionsunterricht an höheren Schulen: Zeitschrift des Bundesverbandes der Katholischen Religionslehrer und Religionslehrerinnen an Gymnasien e. V. 47 (1/2004), S. 3–9.

Musikalisches Zeugnis von der befreienden Botschaft. Ein Brief an Professor Franz Lehrndorfer zum 75. Geburtstag, in: MS (D) 123 (5/2003), S. 9.

Offener Brief des ACV–Präsidenten, in: MS (D) 123 (1/2003), S. 5.

Ein Leben für die Musica sacra. Erich Weber zum 65. Geburtstag, in: MS (D) 122 (4/2002), S. 14.

„Rückkehr zu den lauteren Quellen geheiligter Urgesänge". Johannes Overath zum Gedenken, in: MS (D) 122 (4/2002), S. 16.

„Wie ein Vogel im Nest – Kyrieleis". Anspruch im Widerspruch; zum Verhältnis von Neuem Geistlichen Lied und Gottesdienst, in: Arbeitsstelle Gottesdienst. Zeitschrift der Gemeinsamen Arbeitsstelle für Gottesdienstliche Fragen der Evangelischen Kirche in Deutschland 16 (2/2002), S. 69–75.

Musik und Bibeltext, in: CIG 54 (20/2002), S. 167.

„Ihr gehörte seine ganze Liebe". Rheinbergers Orgelschaffen bewundert – vergessen – wiederentdeckt, in: Singende Kirche 48 (3/2001), S. 127–130.

(zusammen mit Stefan Klöckner) Zwei kraftvolle Jubilare. Günther Massenkeil zum 75. Geburtstag; Josef Schneider 70 Jahre alt, in: MS (D) 121 (2/2001), S. 12.

Musikalische Impulse aus Kirchen– und Katholikentagen, in: Lebendige Seelsorge. Zeitschrift für praktisch–theologisches Handeln 51 (6/2000), S. 292–295.

Kryszof Penderecki – Versuch einer Positionsbestimmung, in: KmJb (= Kirchenmusikalisches Jahrbuch) 84 (2000), S. 51–57.

Nützlich oder schädlich? – Braucht die Liturgie eine Orgel?, in: MS (D) 119 (5/1999), S. 364–368.

ACV–Präsidiumsmitglied Karl Jonkisch 65 Jahre alt, in: MS (D) 119 (3/1999), S. 179.

Vorstellung Stefan Klöckner und Robert Göstl, in: MS (D) 119 (3/1999), S. 158f.

Dr. Franz A. Stein, in: MS (D) 119 (1/1999), S. 1.

Franz A. Stein zum 70. Geburtstag, in: MS (D) 118 (4/1998), S. 330.

(zusammen mit Wilm Geismann / Matthias Kreuels / Richard Mailänder) Das Chorbuch „Advent" liegt jetzt vor, in: MS (D) 118 (3/1998), S. 266.

Dr. Stefan Klöckner mit Ruhrpreis ausgezeichnet, in: MS (D) 118 (1/1998), S. 53–56.

Welche Rolle spielen Chöre und Bands?, in: Lebendige Seelsorge 48 (4/1997), S. 196–199.

Konzert für Trompete und Orgel mit „Sinn", in: MS (D) 115 (6/1995), S. 495–497.

„Macht Lieder aus meinen Geschichten!". Notizen zu den Magnificat–Vertonungen, in: BuK 50 (1/2/1995), S. 116–120.

„Denn wir essen Brot, aber wir leben von Glanz", in: MS (D) 115 (1/1995), S. 2–6.

Der Musikverlag Dr. Josef Butz wird 70 Jahre alt, in: MS (D) 114 (6/1994), S. 500f.

In memoriam Heinrich Rennings, in: MS (D) 114 (6/1994), S. 501–503.

Eine immer neue Quelle der Freude und Inspiration. Zehn nachdenkliche Fragen an Kinder-, Jugend- und Erwachsenen-Gottesdienste, kurz: an den Gottesdienst überhaupt, in: MS (D) (4/1993), S. 288–290.

Worte des Dankes an Dr. Franz A. Stein – FAS durch den Präsidenten des ACV, Dr. Wolfgang Bretschneider, in: MS (D) 113 (4/1993), S. 313f.

Eine Bonner „Missa solemnis" in Spanien. Josef Lammerz komponiert in Spanien weiter, in: MS (D) 112 (6/1992), S. 487f.

(zusammen mit Albert Gerhards), Neue Musik und erneuerte Liturgie. Einladung zu einer Wiederbegegnung, in: MS (D) 112 (6/1992), S. 445–452.

„So sie´s nicht singen, glauben sie´s nicht." Überlegungen zum Ort des Kirchenmusikers in der kirchlichen Pastoral. Festvortrag zum 25jährigen Jubiläum des Referates Kirchenmusik im Bistum Limburg, in: MS (D) 112 (1/1992), S. 2–7.

Liturgie – Fessel oder Anregung Neuer Geistlicher Musik?, in: MS (D) 111 (2/1991), S. 106–112.

Vorwort, in: KmJb 75 (1991), S. 1.

Zum Bericht „Der Katholikentag und das Zentrum für Kirchenmusik und Liturgie", in: MS (D) 110 (5/1990), S. 400.

Aus der Tiefe – loben. Kommt unser Gottesdienst ohne Musik aus? Eröffnungsreferat auf dem Diözesan–Kirchenmusiktag der Erzdiözese Freiburg, gehalten am 13. Oktober 1989 in Karlsruhe, in: MS (D) 110 (1/1990), S. 3–10.

„Du bist der Atem meiner Lieder" Eine Zeitschrift stellt sich vor, in: MS (D) 108 (6/1988), S. 487–489.

Giuseppe Verdi, Messa da Requiem, in: MS (D) 108 (5/1988), S. 387–389.

Kirchenmusik und Pastoral, in: MS (D) 107 (1/1987), S. 5–9.

Eine Karfreitags"predigt" von 1729 – oder Bachs Matthäuspassion ist noch nicht vollendet, in: MS (D) 104 (2/1984), S. 112–117.

Das Magnifikat (14). Leih mir deine Stimme!, in: Katholisches Sonntagsblatt. Kirchenzeitung für die Diözese Rottenburg-Stuttgart 130 (15/1982), S. 2.

Das Magnifikat (13). Die Armen sollen es hören, in: Katholisches Sonntagsblatt (14/1982), S. 2.

4.2 LEXIKONARTIKEL

„Mastiaux, Kaspar Anton von", in: Die Musik in Geschichte und Gegenwart. Allgemeine Enzyklopädie der Musik, zweite, neubearbeitete Ausgabe, hrsg. von Ludwig Finscher, Personenteil, Bd. 11, Kassel u. a. 1997, Sp. 1298f.

5. Festschrift (Gefeierter)

Stefan Klöckner u. a. (Hg.), Brückenschlag. Wolfgang Bretschneider zum 60. Geburtstag, Regensburg 2001.

Marius Schwemmer (Hg.), CD Laudatio sonanda – Eine klingende Festschrift für Wolfgang Bretschneider, Allgemeiner Cäcilien Verband, Classicophon 2011.

6. Musikalien

Chorbuch Advent (als Mitherausgeber), Stuttgart 2008 (Carus–Verlag).

Gemeinsam unterwegs. Lieder und Texte zur Ökumene. Ihr sollt ein Segen sein – Ökumenischer Kirchentag 26. Mai – 1. Juni 2003 in Berlin, Stuttgart 2003 (Carus–Verlag).

Chorbuch Ostern (als Mitherausgeber), Stuttgart 2002 (Carus–Verlag).

Geistliche Chormusik. Musik für Chor, Stuttgart 2001 (Carus–Verlag).

Magnificat anima mea. Marianische Orgelmusik aus dem 16. – 20. Jahrhundert. Magnisficat K 203. L'organiste partique. L'organiste liturgiste. Ave maris stella. Fantasien (1610), Sankt Augustin 1996 (Butz–Verlag).

Zum Leben erstanden. Orgelmusik für die Fasten– und Osterzeit aus dem 17.–20. Jahrhundert, Sankt Augustin 1995 (Butz–Verlag).

Ein Kind ist uns geboren. Orgelmusik für die Advents– und Weihnachtszeit aus dem 17.–19. Jahrhundert. Pièces dans différents styles op. 15. Stücke, Org op. 90. Vorspiele, Org op. 67. Stücke, Org op. 145. Choralvorspiele, Sankt Augustin 1994 (Butz–Verlag).

Seht das Brot, das wir hier teilen. Musik zur Kommunion und zum Abendmahl, Sankt Augustin 2003 (Butz-Verlag)

Freiburger Chorbuch (als Mitherausgeber), Freiburg i. Br. 1994 (Carus–Verlag).

Unterwegs. Lieder und Gebete (als Mitherausgeber), Köln 1994 (Deutsches Liturgisches Institut Trier).

Johann Friedrich Fasch, Trisonate c-Moll Orgeltranskription, Sankt Augustin 1990 (Butz-Verlag).

Felix Mendelssohn Bartholdy, Orgeltranskriptionen Band 1 und 2, Sankt Augustin 1987 (Butz-Verlag).

Josef Gabriel Rheinberger: Drei Präludien und Fugen für die Orgel JWV 16, 10, 13, Sankt Augustin 1993 (Butz–Verlag).

Zwei Fugen für die Orgel, Sankt Augustin 1993 (Butz–Verlag).

Sechs kurze Stücke WoO 26, Sankt Augustin 1992 (Butz–Verlag).

Sonate Nr. 1 c–Moll op. 27, Sankt Augustin 1991 (Butz–Verlag).

Sonate Nr. 2 As–Dur op. 65, Sankt Augustin 1991 (Butz–Verlag).

Sonate Nr. 3 G–Dur op. 88, Sankt Augustin 1991 (Butz–Verlag).

Sonate Nr. 4 a–Moll op. 98, Sankt Augustin 1991 (Butz–Verlag).

Sonate Nr. 5 Fis–Dur op. 111, Sankt Augustin 1991 (Butz–Verlag).

Sonate Nr. 6 es–Moll op. 119, Sankt Augustin 1991 (Butz–Verlag).

Sonate Nr. 7 f–Moll op. 127, Sankt Augustin 1991 (Butz–Verlag).

Sonate Nr. 8 e–Moll op. 132, Sankt Augustin 1991 (Butz–Verlag).

Sonate Nr. 9 b–Moll op. 142, Sankt Augustin 1991 (Butz–Verlag).

Sonate Nr. 10 h–Moll op. 146, Sankt Augustin 1991 (Butz–Verlag).

Sonate Nr. 11 d–Moll op. 148, Sankt Augustin 1991 (Butz–Verlag).

Sonate Nr. 12 Des–Dur op. 154, Sankt Augustin 1991 (Butz–Verlag).

Sonate Nr. 13 Es–Dur op. 161, Sankt Augustin 1991 (Butz–Verlag).

Sonate Nr. 14 C-Dur op. 165, Sankt Augustin 1989 (Butz–Verlag).

Sonate Nr. 15 D–Dur op. 168, Sankt Augustin 1991 (Butz–Verlag).

Sonate Nr. 16 gis-Moll op. 175, Sankt Augustin 1991 (Butz–Verlag).

Sonate Nr. 17 H–Dur op. 181, Sankt Augustin 1991 (Butz–Verlag).

Sonate Nr. 18 A–Dur op. 188, Sankt Augustin 1991 (Butz–Verlag).

Sonate Nr. 19 g–Moll op. 193, Sankt Augustin 1991 (Butz–Verlag).

Sonate Nr. 20 F–Dur op. 196, Sankt Augustin 1991 (Butz–Verlag).

Zwölf Trios op. 189, Sankt Augustin 1990 (Butz–Verlag).

Zehn Trios op. 49, Sankt Augustin 1989 (Butz–Verlag).

Zwölf Monologe für Orgel op. 162, Sankt Augustin 1986 (Butz–Verlag).

Zwölf Meditationen für Orgel op. 167, Sankt Augustin (unbekannt) (Butz–Verlag).

Zwölf Charakterstücke für Orgel op. 166, Sankt Augustin (unbekannt) (Butz–Verlag).

Zwölf Miscellaneen (Band 1 und 2) op. 174, Sankt Augustin 1988 (Butz–Verlag).

24 Fughetten strengen Stils op. 123, Sankt Augustin (unbekannt) (Butz–Verlag).

Zur Trauung. Festliche Orgelmusik, Sankt Augustin (unbekannt) (Butz–Verlag).

Mitten wir im Leben sind mit dem Tod umfangen. Orgelmusik für Trauer und Beerdigung aus dem 16.–20. Jahrhundert, Sankt Augustin (unbekannt) (Butz–Verlag).

(zusammen mit Hanns Dieter Hüsch) CD Meine Bibel – mein Gebet. Hanns Dieter Hüsch liest Stücke aus dem Alten und Neuen Testament, aus dem Psalter und eigene poetische Texte. Live–Mitschnitte von zwei Veranstaltungen im Rahmen der Sommerakademie des Katholischen Bildungswerkes Bonn und der Katholischen Hochschulgemeinde Bonn am 3. Juli 1995 (Mein Gebet) und am 14. Juni 1998 (Meine Bibel) in der Bonner Namen–Jesu–Kirche (Jesuitenkirche), Verlag Katholisches Bibelwerk Stuttgart, 2005.

(zusammen mit Stefan Klöckner / Heinz Martin Lonquich) CD„Morgenlob und Abendlob mit der Gemeinde feiern", Deutsches Liturgisches Institut Trier, 2005.

(zusammen mit Stefan Klöckner / Heinz Martin Lonquich) CD „Morgenlob und Abendlob" Feste und Anlässe im Kirchenjahr, Deutsches Liturgisches Institut Trier, 2003.

(zusammen mit Godehard Joppich / Schola Gregoriana Berlin) CD Juble laut, Tochter Zion! Vespern der Advents– und Weihnachtszeit nach dem Antiphonale zum Stundengebet. Wie schön leuchtet der Morgenstern, Deutsches Liturgisches Institut Trier, 2003.

(zusammen mit Hanns Dieter Hüsch) CD Meine Bibel. Hanns Dieter Hüsch liest Stücke aus dem Alten und Neuen Testament und eigene poetische Texte. Mit Orgelimprovisationen von Wolfgang Bretschneider, Verlag Katholisches Bibelwerk Stuttgart, 1999.

(zusammen mit Hanns Dieter Hüsch) CD Was sind wir Menschen doch. Hanns Dieter Hüsch liest Gedichte von Andreas Gryphius und eigene Texte. Mit Orgelimprovisationen von Wolfgang Bretschneider, Verlag Katholisches Bibelwerk Stuttgart, 1997.

(zusammen mit Stefan Klöckner) CD Der Kreuzweg (Marcel Dupré). Le chemin de la croix op. 29, Motette–Ursina–Schallplattenverlag, Düsseldorf, 1996.

(zusammen mit Hanns Dieter Hüsch) CD Mein Gebet. Hanns Dieter Hüsch liest biblische Psalmen und eigene Texte. Mit Orgelimprovisationen von Wolfgang Bretschneider, Bildungswerk der Diözese Köln, 1995.

(zusammen mit Clemens Ganz) CD Josef Rheinberger, Düsseldorf (Jahr unbekannt).

7. Liturgische Arbeitshilfen

(zusammen mit Paul Ringseisen u. a.), Morgenlob – Abendlob mit der Gemeinde feiern. Fastenzeit – Osterzeit. Gemeindebuch, Planegg 2000.

(zusammen mit Paul Ringseisen u. a.), Morgenlob – Abendlob mit der Gemeinde feiern. Advent – Weihnachtszeit. Gemeindebuch, Planegg 2000.

(zusammen mit Paul Ringseisen u. a.), Morgenlob – Abendlob mit der Gemeinde feiern. Feste und Anlässe im Kirchenjahr. Gemeindebuch, Planegg 2004.

(zusammen mit Paul Ringseisen u. a.), Morgenlob – Abendlob mit der Gemeinde feiern. Mit Gruppe und Gemeinde feiern, Stuttgart 2009.

Abbildungsnachweise

Cover, 139: Robin Mödder

1–5, 13–15 Fotoarchiv Bonner Münster

6 Alfons Adelkamp

7–11 Privatarchiv Stefan Klöckner

12 Privatarchiv Michael Theobald

16, 19, 26, 27 Privatarchiv Reiner Schuhenn

17, 18, 20–22 Fotoarchiv Allgemeiner Cäcilien-Verband für Deutschland

23 Foto: Dr. Karl Emmert

24, 25 Deutscher Musikrat

28–33 Foto: Boecker, Kirchenzeitung Köln

Autorenverzeichnis

Markus Bosbach

stellvertretender Generalvikar im Erzbistum Köln; Hauptabteilungsleiter Entwicklung Pastorale Einheit; Präses des Diözesan-Cäcilien-Verbandes Köln

Albert Gerhards

Dr. theol. habil., emer. Universitätsprofessor für Liturgiewissenschaft, Katholisch-Theologische Fakultät Bonn

Julia Götting

Kirchenmusikerin an der Ev.-Luth. Ansgar-Kirche, Hamburg-Langenhorn

Stefan Klöckner

Dr. theol., Professor für Musikwissenschaft/Geschichte der Kirchenmusik an der Folkwang Universität der Künste, Essen. Leiter des international renommierten „ensembles VOX WERDENSIS" (Gregorianischer Choral, Musik des Mittelalters)

Sr. Emmanuela Kohlhaas OSB

Dr. phil., Priorin der Benediktinerinnen in Köln

Ulrich Konrad

Dr. phil., Dr. phil. habil., Ordinarius für Musikwissenschaft an der Julius-Maximilians-Universität Würzburg; Sektionsleiter Musikwissenschaft der Görres-Gesellschaft

Matthias Kopp

Dipl. theol. Lic. arch., Pressesprecher und Leiter der Pressestelle/Öffentlichkeitsarbeit der Deutschen Bischofskonferenz, Bonn

Hans Langendörfer SJ

Dr. theol., ehemaliger Sekretär der Deutschen Bischofskonferenz, Bonn

Markus Magin

Regens des Priesterseminars und Leiter der Ausbildung aller pastoralen Berufe im Bistum Speyer sowie Dozent für Liturgik. Geistlicher Beirat im Präsidium des Allgemeinen Cäcilien-verbandes für Deutschland (ACV)

Richard Mailänder

Erzdiözesankirchenmusikdirektor im Erzbistum Köln, Honorarprofessor an der Hochschule für Musik und Tanz in Köln

Robin Mödder

* 1980 in Hamm, interdisziplinärer Medienkünstler; lebt und arbeitet im Ruhrgebiet

Wolfgang Picken

Dr. theol., Stadtdechant in Bonn

Paul Ringseisen

Pfarrer im Ruhestand, Bad Wörishofen

Marius Schwemmer

KMD Dr. phil., Diözesan- und Dommusikdirektor von Passau, Ständiger Diakon am Exerzitien- und Bildungshaus Spectrum Kirche, ehrenamtlicher Präsident des Allgemeinen Cäcilien-Verbandes für Deutschland

Theresa Seitz

M. A., promoviert an der Eberhard Karls Universität Tübingen im Fach Liturgiewissenschaft, nebenberufliche Kirchenmusikerin und freie Mitarbeiterin im Referat Kirchenmusik der Diözese Passau

Michael Theobald

Dr. theol. habil., emer. Universitätsprofessor für Neues Testament, Katholisch-Theologische Fakultät Tübingen

Joachim Werz

Dr. theol., Kirchenhistoriker, Leiter der Forschungsstelle „Ordensgeschichte seit der Frühen Neuzeit". Projektleiter und Mitglied im Präsidiums des Allgemeinen Cäcilien-Verbandes für Deutschland